| 개정판 | 과학 저널리즘의 이해

| 개정판 |

SCIENCE JOURNALISM

| 과학 저널리즘의 이해 |

진달용 지음

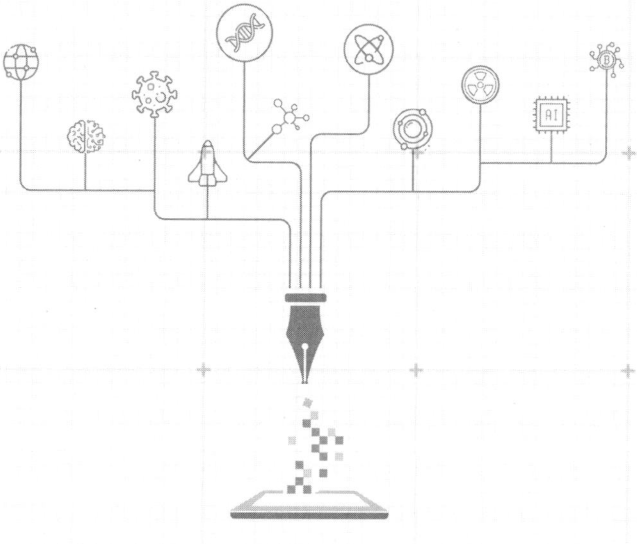

한울
아카데미

개정판 머리말

21세기 초반 인류는 과학과 기술 분야에서 지금까지 전혀 경험하지 못한 새로운 세상을 맞이하고 있다. 과학 분야에서는 2019년 12월부터 시작된 코로나 바이러스가 전 세계인들의 삶을 송두리째 바꾸어놓았다. 원인을 알 수 없는 여러 바이러스와 질병, 그리고 재해 등이 항상 인류를 위협했던 것을 감안하더라도, 코로나19는 지금까지 그 어떤 인류도 예측하지 못한 대규모의 인명 피해를 초래하여, 전 세계인들을 두려움 속으로 몰아넣었다. 바이러스 감염을 방지하기 위해 사회적 거리두기가 일상화되었고, 학교와 직장에 가는 대신 집에서 온라인으로 수업을 듣고 일을 하는 생활이 일 년 반 이상 지속되었다. 각 나라마다 사정은 다소 다르지만, 음식점이나 운동시설에도 갈 수 없었고, 상황이 다소 호전된 이후에도 서로 만날 수 있는 인원이 제한되었다. 백신과 치료제 개발에 인류의 운명이 달려 있을 때 미국과 유럽의 일부 국가 과학자들과 제약사들이 밤낮으로 백신 개발에 나선 결과, 전문가들조차 예상하지 못한 빠른 속도로 백신이 개발되고 투여됨으로써, 일상으로의 회복을 앞당긴 것이 그나마 다행이라고 할 수 있을 정도였다.

기술 분야에서도 전 세계인들은 새로운 세상을 목격하고 있다. 스마트폰의 개발과 사용, 소셜 미디어의 확산, 그리고 넷플릭스와 같은 OTT(over-the-top) 서비스 플랫폼 사용으로 인해 미디어 환경 자체가 급격히 변화하고 있기 때문이다. 인공지능과 알고리듬, 빅데이터, 그리고 메타버스(metaverse)로 이어지는 뉴미디어 기술의 발전 역시 새로운 미디어와 저널리즘 시대를 실현하고 있다. 우주 개발과 관련해서도, 국내적으로는 2021년 10월 누리호가 발사되면서 국내에서도 우주 시대가 멀지 않다는 것을 예고한 가운데, 미국에서는 이미 사람들이 상업용 우주선을 타고 비행하는 시대로 접어들었다.

과학과 기술 분야에서 숨 돌릴 겨를 없이 이어지는 발전과 변화는 과학 저널리즘을 연구하는 학자들과 과학 저널리즘 분야의 실행가들인 과학 저널리스트들로 하여금 급변하는 과학기술 환경에 걸맞은 지식 획득과 함께, 필요한 재교육을 받도록 요구하고 있다. 소셜 미디어 시대에 뒤처지지 않기 위해 페이스북과 트위터를 검색하고 사용하던 과학 저널리스트들은 빅데이터와 알고리듬, 그리고 인공지능이 급속도로 변화시키는 미디어 환경에 적응하도록 강요받고 있다고 할 정도다.

이 개정판은 2015년 해당 저서의 발간 이후 이어진 과학기술 분야의 발전, 그리고 이에 따른 과학 저널리즘의 변화를 반영할 필요성에서 시작되었다. 최근 발전되거나 변화된 과학기술 분야를 다 담아내지는 못하더라도, 최소한 새로운 미디어 환경을 기록하고 이에 따른 새로운 지식의 전달을 실현하는 것을 주요 목적으로 하고 있다. 2015년도 판에서 다루지 못한 내용들을 보강했을 뿐만 아니라, 이를 통해 2010년대 초반까지의 과학기술 분야의 발전과 2010년대 중반 이후부터 2020년대 초반까지의 발전을 비교할 수 있는 기회를 제공하고자 한다.

구체적으로는 코로나19와 과학 저널리즘의 대응, 누리호 발사와 이에 따른 우주 시대의 전개, 그리고 디지털 플랫폼과 인공지능의 발달에 따른 과학 저널리즘의 변화와 새로운 윤리, 그리고 과학 저널리즘의 현 위치와 향후 위상 등이 새롭게 논의된 내용들이다. 2015년도 초판에 있던 내용들 중 필요한 경우 관련된 자료와 정보를 최신 데이터 해석을 통해 보강하거나 새로 첨부했다. 다만, 당시 자료가 현재 상황과 비교됨으로써 과학 저널리즘 이해를 돕는다고 판단되는 부분은 해당 정보를 유지하면서 새로운 정보를 새로 포함하는 방식으로 정리했다. 물론 이 과정에서 여러 기존 자료와 논의는 개정판에서 제외했다.

이 개정판은 과학 저널리즘이 급변하는 과학기술의 발전에 따라 새로운 기회를 제공하고 있다는 점을 강조하고자 한다. 2010년대 초반까지도 경제위기와 맞물려 과학 저널리즘의 미래를 우려하는 연구들과 보도들이 많이 나온 것이 사실이나, 최근 들어 그 상황이 크게 바뀌었기 때문이다. 코로나19와 새로운 우주 시대의 개막, 그리고 디지털 플랫폼 사용의 확대는 과학 저널리즘 연구자와 저널리스트들에게 과거와는 전혀 다른 대응을 요구하고 있으며, 역설적으로 과학 저널리즘의 부흥을 알리는 신호탄으로 간주되기까지 한다는 점을 강조한다.

과학 저널리즘은 이제 국내외 언론사의 선택적 영역이 아니다. 과학기술 분야에 들어가는 막대한 연구개발비와 해당 직종에서 근무하는 연구자 수의 급증이 증명하듯이 과학기술 분야는 국내외 경제와 정치에도 직접적으로 연계되어 있으며, 전 세계인들의 삶과도 직결되는 핵심 분야로 인식되고 있다. 코로나19 시대는 물론 포스트코로나 시대에도 과학 저널리즘은 과학계와 일반인을 연계시키고, 상호 소통할 수 있도록 요구받고 있다. 물론, 21세기 과학 저널리즘은 앞으로도 예측할 수 없는 여러 위기와 발전을 동시에 경험할 것으로 보인다. 따라서 국내외 언론사들이 과학 저널리즘 분야를 확대 강화하고, 필요한 재교육을 단행해서 과학기술의 변화에 대비하는 것이 매우 중요할 것으로 전망된다.

과학 저널리즘 분야를 체계적으로 정리한 교과서가 부족한 실정에서, 이 개정판이 코로나19 시대와 포스트코로나 시대, 그리고 새로운 디지털 기술의 발전으로 인해 급변하고 있는 과학기술 영역의 중요성과, 이에 따른 과학 저널리즘의 변화 필요성을 이해하는 데 일조하기를 기대한다. 그리고 과학 저널리즘과 과학 커뮤니케이션을 공부하는 미디어 · 저널리즘 분야 학자나 저널리스트, 그리고 학생들은 물론, 과학 저널리즘 분야에 관심이 있는 일반인에게 좋은 자료로 사용되기를 희망한다.

머리말

21세기 들어 과학기술이 시민들의 생활에서 차지하는 비중이 크게 늘고 있다. 최근 스마트폰과 빅데이터, 사물 인터넷(Internet of Things: IoT) 등에서 잘 알 수 있듯이, 정보통신(Information Technology: IT) 분야는 하루가 다르게 발전하면서 사용자인 시민들의 관심을 불러 모으고 있다. 또 줄기세포 연구부터 나노 기술에 이르기까지 과학 분야에 대한 성장과 그에 따른 경제효과에 시민들의 관심이 확대되고 있다. 그러나 과학기술의 발전이 시민들에게 혜택만 가져다준 것은 아니다. 쓰나미와 원전 폭발, 광우병, 구제역, 항공기 실종 사고부터 자연재해에 이르기까지, 과학기술은 시민들의 생활에 부정적인 영향을 미치기도 한다. 이처럼 과학기술은 긍정적인 형태든 부정적인 형태든 시민들의 생활과 밀접한 관계를 맺고 있다. 과학기술이 일반 시민의 일상과는 동떨어진 채 일부 과학자와 기술자 사이에서만 논의되는 시대는 지나갔다. 이제 과학기술 정책을 결정하는 것부터 새로운 과학기술을 사용하는 것까지 시민들이 핵심적인 역할을 수행하고 있다.

과학기술 분야의 발전이나 재난과 관련해 시민들에게 필요한 정보를 전달하고, 참여의 공간을 제공하며, 새로운 기회를 만들기 위해 과학 저널리즘 또는 과학 커뮤니케이션의 역할이 필요하다. 따라서 미디어가 과학자와 시민 사이에서 교량 역할을 할 수 있도록 제대로 된 과학 저널리즘을 수행해야 한다. 과학기술 분야의 윤리 문제를 철저히 검증함은 물론, 시민들이 과학기술 분야의 발전에 기여할 수 있도록 주도적인 역할을 담당해야 한다. 그러나 국내에는 일부 신문과 방송 기관을 제외하면 과학 · 기술 분야를 보도할 과학 부서와 과학 전문기자조차 없는 것이 현실이다. 과학기사를 단순 사건 위주인 사회면 기사로 취급하는 등 중대한 오류를 범하는 경우도 비일비재하다.

과학 저널리즘의 부재 및 현실적 제한은 현대사회를 사는 시민들의 삶을 구성하는 데 필수 요소가 된 과학적 · 기술적 지식을 제대로 전달하지 못하는 부작용을 낳았다. 첨단 기술이 포함된 제품이나 복잡한 과정을 거친 의약품, 의료 기술처럼 우리가 과학과 쉽게 연결할 수 있는 서비스뿐만 아니라 식음료를 선택하는 데에도 과학적 지식과 상식이 필요하다. 그러나 미디어가 전달하는 기사가 지나치게 어렵거나, 기자가 해당 분야를 제대로 이해하지 못한 채 보도를 함으로써 잘못된 정보를 전달하는 경우가 많다. 따라서 과학 저널리스트는 과학 저널리즘에 대한 이해를 바탕으로 시민에게 이를 제대로 전달해야 하는 과제를 안고 있다.

따라서 이 책은 과학 저널리즘의 필요성에 기초하고, 과학기술의 발달과 과학 대중화에 기여하기 위해 이론적 측면과 실증적 측면 모두에서 과학 저널리즘을 어떻게 발전시켜야 하는가에 대한 질문에서 출발한다. 특히 과학 저널리즘이나 과학 커뮤니케이션을 공부하는 학생과 일반인이 과학 저널리즘 및 커뮤니케이션을 어떻게 공부하고 실행해야 하는가를 고민하면서 기본적인 지식을 얻는 데 주안점을 두었다. 또 과학 저널리즘에 있어 과거 신문과 방송 위주의 미디어에서 최근 등장한 소셜 미디어와 빅데이터 등 뉴미디어의 중요성을 살펴보고, 과학 저널리즘 윤리의 중요성을 감안해 해당 부분에 대한 심도 있는 논의를 전개했다. 이 책은 과학 저널리즘과 과학 커뮤니케이션을 공부하는 언론학자나 언론인, 대학생, 대학원생, 그리고 과학 저널리즘 분야에 관심이 있는 일반인에게 21세기 한국의 과학 저널리즘을 이해하고 미래를 전망할 수 있는 지침서가 될 것이다.

마지막으로 이 책 제8장 위험보도와 과학 저널리즘은 ≪언론과 사회≫에 게재된 「TV 뉴스의 과학기술위험 보도태도 분석: 부안과 경주 방폐장 TV뉴스 분석을 중심으로」(고영준 · 진달용)를 발전적으로 재구성한 것이며, 제9장 디지털 플랫폼 시대의 과학 저널리스트 재교육은 ≪신문과 방송≫ 미디어 포럼란에 게재된 「소셜미디어 시대 언론인 재교육 실태」를 대폭 발전시킨 것이다. 해당 논문을 이 책에서 새로운 형태로 게재할 수 있도록 기꺼이 허락해 준 ≪언론과 사회≫, ≪신문과 방송≫, 그리고 고영준 EBS PD에게 따듯한 감사의 뜻을 전한다.

차례

제1부

현대사회에서의 과학 저널리즘

제1장
과학 저널리즘이란 무엇인가

1. 논의의 출발점

2019년 12월 중국 우한에서 시작된 것으로 알려진 코로나 바이러스 감염증-19(이하 코로나19)로 전 세계인들은 전례 없는 새로운 세상을 경험했다. 코로나19는 기존의 바이러스와 달리 전파 속도가 빠른 데다 치명적이어서 막대한 피해를 초래했다. 미국, 영국, 프랑스 등 선진국은 물론 아프리카 국가에 이르기까지 코로나 바이러스 감염자가 속출하면서 병원을 제외한 전 기관이 사실상 마비 상태를 경험할 정도였다. 일부 병원들은 밀려드는 환자들 때문에 그 기능을 다하기 어려웠다. 사회적 거리두기는 물론, 마스크 쓰기와 외출 후 손 씻기 캠페인이 일상화되었으며, 백신과 치료제 개발이 초고속으로 단행되기도 했다. 코로나19는 그러나 이러한 노력에도 불구하고 코로나가 공식적으로 알려진 시점으로부터 2년이 채 안 되는 2021년 11월 1일 현재 전 세계에서 500만 명의 사망자가 발생할 정도로 인류 역사상 최대 재앙 중 하나로 기록됐다(Slotnik, 2021).

코로나19는 이후 여러 백신의 개발과 주사 덕분에 그 강도가 진정되었으며, 2021년 가을부터 서서히 일상으로의 복귀가 이루어졌다. 물론, 코로나19의 여파는 지속되고 있다. 부분적 일상으로의 복귀와 함께 사용된 위드 코로나(with corona)라는 용어 자체가 설명하듯, 코로나19가 완전히 없어진 것이 아니라 코로나19와 함께 살아가는 새로운 세상을 맞이한 것이다. 2022년 1월 현재, 치료제로 쓰이는 알약도 사용되고 있으나 전염성이 강한 오미크론 변이 바이러스가 우세종이 되면서 지속적으로 인류를 괴롭히고 있다.

코로나 바이러스는 과학 저널리즘 학계와 과학 저널리즘 실무에서 모두 새로운 형태의 연구와 보도 행태를 요구했다. 전 세계 대학 등에서 한동안 코로나 바이러스와 직접 연계된 연구만이 가능했을 정도로, 각 대학과 민간 연구소 등에서 초미의 연구 대상으로 등장했으며, 이에 따른 과학계의 연구 논문이 쏟아졌다. 코로나 바이러스 관련 소식이 신문에서 연일 머리기사로, 그리고 방송에서는 전체 뉴스 시간의 절반 이상을 사용할 정도로 많은 보도가 이어졌다.

과학 저널리즘 학계와 과학 저널리즘 실무 두 분야는 과학 저널리즘에서 바늘과 실처럼 직접적인 연관이 있다. 학문으로서 과학 저널리즘이 언론계 현장에서 일어나는 과학 저널리즘을 분석하고, 이는 거꾸로 과학 저널리즘의 현장을 되돌아보게 만들기 때문인데, 코로나 바이러스에서 과학 저널리즘 학계와 실무의 긴밀한 관계를 다시 한번 확인할 수 있었다.

예를 들어, 커뮤니케이션/저널리즘 분야에서 가장 큰 국제 학술대회인 국제커뮤니케이션학회(International Communication Association: ICA)에서는 매년 과학 저널리즘/커뮤니케이션 분야에 관한 연구들이 이어지고 있는바, 2021년 5월에 온라인으로 열린 학회에서는 이미 코로나 바이러스에 관련된 수백 개의 논문이 발표됐다. 해당 논문들은 2020년 11월 초에 마감되어 리뷰 과정을 통해 선정된 논문들로 거의 전 학문 분과별로 코로나19 관련 특별 세션이 마련되었다. '글로벌라이제이션과 사회변화 분과'에서는 「위기 커뮤니케이션 내의 코로나19」, 「코로나19를 커버하는 저널리스트들의 스트레스에 대한 비교연구」, 「코로나19 시기 아프리카에서의 COVID-19 연구」, 「코로나19 팬데믹 시기의 커뮤니케이션, 연계」, 그리고 「사회정의의 디지털 실행」과 같은 논문들이 발표되었다. 또 '저널리즘 분과'에서는 「미디어에서의 COVID-19」, 「코로나19 시기의 뉴스 소비와 공중 지식」, 「팬데믹 뉴스 요소들」, 그리고 「코로나19가 저널리스트들의 일상 업무에 미치는 영향」 등이 논의됐다.

이상의 논문 제목에서 알 수 있듯이 연구자들은 코로나19에 관련된 다양한 연구 결과를 내놓았다. 코로나19가 가지고 있는 여러 과학적 문제를 저널리즘에서 어떻게 보도하고 있으며, 그리고 팬데믹이 저널리즘 실행에 어떻게 영향을 미쳤는지에 대해 심도 있는 논의를 전개했다. 특히 국제커뮤니케이션학회가 열린 2021년 5월은 아직 전 세계적으로 백신을 맞은 인구 비중이 미국, 영국, 그리고 이스라엘 등 일부 국가를 제외하고는 초기 단계여서, 백신이 미치는 영향 등에까지는 연구 결과가 이어지지 못했다. 하지만 2021년 말로 접어들면서 백신 접종을 완료한 인구의 비중이 크게 는 가운데, 다음 단계로 치료제 개발 등이 주요 관건으로 등장하고 있다. 따라서 해당 사안들에 관한 연구는 2022년 5월에 열리는 학회에서 주류를 이룰 것으로 예상되고 있다. 코로나19 사례에서 볼 수 있듯이, 전 세계적으로 현대사회를 위협하는 여러 위기들은 모든 사람에게 큰 영향을 미치고 있으며, 반드시 이해와 적절한 대응이 필요한 요소가 되었다.

한편, 21세기 초반 스마트폰, 초고속 인터넷, 줄기세포, 인공지능, 그리고 메타버스(metaverse) 등 과학기술 분야가 전 세계인들의 관심을 끌고 있다는 것에 이의를 제기할 사람은 거의 없다. 최근 들어 국내에서는 4차 산업혁명의 중요성이 강조되면서, 과학기술 분야가 경제와 사회의 핵심 요소로 등장했다. 이런 상황에서 코로나19와 관련해 복잡한 과정을 거쳐 만든 백신과 의약품, 그리고 의료 기술과 같이 과학과 쉽게 연결시킬 수 있는 물건이나 서비스뿐만 아니라 사람들이 마시는 물과 먹는 음식을 선택할 때에도 과학 지식과 상식이 필요하게 되었다. 과학 발전에 따른 사고와 천연재해로부터 사람과 재산을 보호하고, 일상생활에 잘 활용할 수 있는 새로운 과학 지식을 보급하는 것이 절대적이다. 그러나 과학 저널리즘을 현장에서 실행하는 저널리스트들이 과연, 제대로 된 과학기술 정보를 제공하고 있는지 깊이 생각해 봐야 한다. 미디어가 전달하는 과학기술 기사가 지나치게 어렵거나, 저널리스트들이 해당 분야를 제대로 이해하지 못한 채 보도를 해서 시민들이 잘못된 정보를 얻는 경우도 허다하다.

현대사회에서 과학기술 분야를 더욱 체계적으로 보도하는 것이 무엇보다 중요하다. 그러나 국내의 일부 신문과 방송 기관을 제외하고는 과학기술 분야를 보도할 과학 부서와 과학 전문기자조차 없는 것이 현실이다. 코로나19와 누리호 발사 같은, 과학기술 분야에서 초대형 사안이 발생했을 때, 해당 기사를 단순 사건 위주의 사회면 기사로 취급하는 오류를 반복하는가 하면, 일부를 제외하고는 과학 저널리즘을 저널리즘의 주요 분야로 인식하지 못하고 있다.

과학 저널리즘을 연구하는 학자들도 이러한 현상을 제대로 분석해 국민과 소통하고 있지 못하다. 과학 저널리즘에 관한 학계의 관심 역시 제한적이었기 때문이다. 과학 저널리즘에 관한 책들은 주로 과학 저널리스트들의 현장 경험을 토대로 하고 있다. 박종인의 『사이언스 저널리즘』(커뮤니케이션북스, 2012), 김영욱 · 박성철의 『과학보도와 과학 저널리즘』(한국언론재단, 2005), 조항민의 『과학기술, 미디어와 만나다』(한국학술정보, 2014), 그리고 일본의

히라츠카 치히로(平塚千尋)가 쓰고 김경환이 옮긴 『재해보도와 미디어(災害情報とメディア)』(논형, 2012) 등이 비교적 최근에 발간된 학술 서적이다. 이 중 박종인의 『사이언스 저널리즘』은 한국과 일본 등에서 발생한 과학 분야의 주요 사건을 20여 년간 기자로 재직하면서 얻은 경험을 토대로 사례 위주로 구성한 책이다. 조항민은 현대사회에서의 과학기술의 의미, 과학과 대중의 새로운 관계 설정, 그리고 과학과 대중의 중요 매개체로서 미디어의 의미 등에 초점을 맞추었다. 김경환이 옮긴 『재해보도와 미디어』는 2011년 일본에서 발생한 쓰나미와 원전 폭발로 인한 재해보도를 집중적으로 다루었다. 조항민·김원제·박성철이 공저자로 참여한 『과학기술 저널리즘 쟁점과 사례』(커뮤니케이션북스, 2017)는 대표적인 과학기술 쟁점으로 나노기술, 생명공학, 항공우주, 원자력, 건강, 인공지능, 자연재해, 감염병, 화학제품, 환경 분야의 언론 보도를 분석했다.

한편 한국언론재단의 연구서로 나온 김영욱과 박성철의 책은 과학자가 본 한국의 과학 보도와 미국의 과학 보도 등을 분석했다. 이 외에도 일본과학기술저널리스트회의에서 엮고, 박성철과 오카모토 마사미(岡本昌己)가 옮긴 『과학 저널리즘의 세계(科学ヅャーナリズムの世界: 真実に迫り, 明日をひらく)』(한울, 2010)와 빈센트 키어넌(Vincent Kiernan)이 쓰고 이종민이 옮긴 『엠바고에 걸린 과학: 엠바고와 과학 저널리즘의 짧은 역사(Embargoed Science)』(알마, 2008) 등이 과학 저널리즘에 대한 중요한 논리적·실증적 사례를 보여준다. 또 의료와 보건 분야의 중요성을 반영해 노바 코코란(Nova Corcoran)이 엮고 정의철·이희복이 옮긴 『헬스커뮤니케이션(Communicating Health: Strategies for Health Promotion)』(한울, 2009)은 유럽의 사례를 중심으로 헬스커뮤니케이션의 이론과 모델을 제시했다.

국내에서 많은 학생과 시민이 이들 책을 통해 과학 저널리즘을 배우고 이해했다는 점에서, 이 책들은 한국 과학 저널리즘이 발전하는 데 많은 기여를 했다. 다만 이들 책이 상당수 일회성 에세이를 모아서 출간하거나, 이론적 배경 없이 사례 위주로 작성되었다는 점, 그리고 일부는 우리나라 체제와는 다소 성격이 다른 외국의 책을 번역한 것이어서 개념적이고 체계적인 과학 저널리즘에 관한 논의를 좀 더 발전시켜야 할 필요성이 있다.

무엇보다 기존 책들은 최근 코로나19의 발생, 인공지능과 빅데이터, 누리호 발사, 그리고 소셜 미디어와 메타버스를 비롯한 디지털 플랫폼 등 새로운 형태의 과학기술과 뉴미디어 시대가 본격적으로 시작되기 이전에 쓰인 것이어서, 현대사회에 적절한 과학 저널리즘 모델을 제시하지 못했다. 이 책은 이러한 문제의식을 갖고 과학 저널리즘을 공부하는 학생이나 이에 관심이 있는 일반인, 그리고 과학 저널리즘을 현장에서 수행하는 저널리스트들이 더 체계적이고 쉽게 과학 저널리즘을 이해할 수 있게 하는 데 주목적이 있다.

2. 과학 저널리즘이란 무엇인가

1) 과학 저널리즘의 정의

코로나 바이러스 사태는 전 세계적으로 수많은 관심을 불러일으켰다. 앞에서도 설명했듯이, 코로나 바이러스는 발병 2년이 채 못 돼 500만 명 이상의 목숨을 앗아갈 정도로 치명적이고 광범위했다. 물론 이전에도 여러 치명적인 바이러스가 출현했다. 에볼라 바이러스는 1976년 아프리카 중부 내륙의 콩고민주공화국에서 처음 발견되었는데, 당시 감염자 318명 중 88%에 이르는 280명이 목숨을 잃었을 정도로 치명적인 바이러스이다. 에볼라 바이러스는 이후 아프리카 여러 국가에서 간헐적으로 나타나다가 2014년 초 기니, 시에라리온, 라이베리아, 나이지리아 등 서아프리카 여러 국가에서 발병했다. 2015년 1월 6일 현재는 미국을 포함한 9개국에서 2만 1007명의 환자가 발생했으며, 이 중 39.4%인 8274명이 사망해 전 세계를 긴장시켰다(World Health Organization, 2014; Centers for Disease Control and Prevention, 2015).

당시에는 무척이나 큰 충격을 던진 에볼라 바이러스는 그러나 코로나19와 비교해 볼 때는 그 정도와 파급에 있어 비교가 안 될 정도다. 코로나 바이러스의 증상은 감기와 비슷하게 갑작스러운 고열, 두통, 근육통, 복통, 구토, 설사 등이 나타난다. 이후 더 진행되면 호흡기와 폐에 직접적인 영향을 미쳐, 심할 경우 사망에 이른다. 코로나19에 대한 적절한 지식이 부족한 데다 해당 바이러스의 치료제가 나오지 않아, 전 세계 시민들의 불안감도 극도로 높아졌다.

따라서 코로나 바이러스 사태는 과학 저널리즘의 역할을 되돌아보게 만들었다고 할 수 있다. 과학 저널리즘은 과학과 관련된 주제들을 미디어 보도를 통해 국민들에게 전달하는 과정을 의미한다. 에볼라 바이러스 사태는 물론 코로나19 사태에서도 온라인 · 오프라인 매체와 소셜 미디어가 해당 바이러스에 대한 내용을 시민들에게 전달하면서, 과학 저널리즘의 중요성을 다시 한번 되새기는 계기가 됐다. 에볼라 바이러스와 코로나 바이러스 사례에서 보듯 “과학 저널리즘은 과학과 저널리즘이 연결되는 영역”이다(김영욱 · 박성철, 2005: 13). 물론 과학 저널리즘을 어떻게 정의해야 하는가는 다음과 같이 여러 가지 요인을 함께 고려해야 한다.

* 어떤 종류의 과학적 이슈들이 뉴스 가치가 있는가?
* 해당 과학적 이슈들을 어떻게 보도해야 하는가?

* 과학적 이슈의 보도는 어떻게, 어떤 근거에 따라서 실행되어야 하는가?

이러한 기본적인 요인들은 과학 저널리즘이 저널리즘 일반론과는 어떻게 다른지, 그리고 어떻게 과학 저널리즘의 독특한 특성들을 설명해야 하는지에 대한 해석을 요구한다(Badenschier and Wormer, 2012; Volpers, 2014). 좀 더 구체적으로 과학 저널리즘은 최근까지 자연과학, 의학 및 첨단 과학의 문제를 보도하는 저널리즘의 한 영역으로 정의되었다(Volpers, 2014; 조항민, 2014). 과학 및 기술을 다루는 과학 저널리즘은 크게 두 가지로 나눌 수 있다. 전통적 의미의 과학 저널리즘은 주로 과학적 발견, 과학적 프로젝트, 그리고 과학 콘퍼런스 등과 같이 과학 시스템 자체가 제공하는 뉴스를 보도하는 것이다. 이러한 형태의 과학 저널리즘은 과학면을 통해서 주로 보도된다. 아주 특수한 경우에 과학 저널리즘 보도가 정치면과 사회면에 등장하는데, 노벨상을 수상하거나 우주선을 발사할 경우, 줄기세포 연구에서 혁신적인 발견을 했을 때 등이다. 즉, 전통적인 의미의 과학 저널리즘은 신문과 방송 등 전통 미디어에 나오는 자연과학, 기술, 의료 · 보건 분야에 대한 보도이다. 노벨 화학상 · 물리상 수상, 우주선 발사와 줄기세포와 관련된 과학 분야를 신문의 과학면이나 방송의 과학 섹션 등에서 보도하는 것도 전통적 의미의 과학 저널리즘에 속한다고 할 수 있다. 한국형 발사체 누리호가 발사된 2021년 10월 21일 한국의 수많은 미디어가 이를 보도한 것 역시 과학 저널리즘의 주요 영역이라고 할 수 있다.

그러나 더 넓은 의미의 과학 저널리즘은 이러한 제한된 형태의 과학 저널리즘을 넘어서 일상생활에서 발생할 수 있는 여러 자연재해에 대한 보도나 위기보도 등까지 확대된다. 이는 일반적인 뉴스가 과학 저널리스트들에 의해 과학적 전문성, 연구, 그리고 여러 과학 분야의 행위자 등을 통해 설명될 때이다. "쓰나미와 태풍, 그리고 지진과 같은 자연재해 시 비과학 저널리스트들이 해당 사안을 보도하는 것도 큰 테두리 안에서 과학 저널리즘의 영역으로 간주해야 한다"라는 것이다(Schäfer, 2011: 404, 2012: 653~654; Volpers, 2014). 기후변화, 전염병 감염, 에너지 문제 등은 물론이고, 쓰나미 같은 자연재해도 과학적 지식과 발견 없이는 이해하기 어렵다. 저널리스트가 과학적 데이터와 사실, 그리고 전문가에 의존하는 비중이 갈수록 커지기 때문이다.

넓은 의미에서 과학 저널리즘은 과학 뉴스가 과학 시스템에서만 나오는 것이 아님을 인식하는 것이다. 쓰나미 같은 자연재해에서 나올 수도 있으며, 이 경우 재해와 관련된 위험보도와 과학적 원인, 대책 등이 주요 뉴스로 등장한다(Wormer, 2008). 코로나19의 발생과 그 배경에 대한 심층보도, 그리고 일본 원전 사태의 원인과 해결 방안을 제시하는 등의 폭넓은 보도를 의미한다. 일부 언론학자와 과학기자는 과학 보도의 영역이 인문·사회과학의 주제까지 포함해야 한다고 강조한다. 이들은 과학 보도의 영역을 제한하는 것은 자연과학과 인문과학 사이의 간극을 심화시키며, 자연과학과 인문과학에 공통으로 관련되는 학제 간 주제를 적절하게 다루는 것을 방해한다는 입장이다(이화행, 2007).

또 과학 저널리즘은 21세기 들어 인터넷이 발전하면서 블로그나 소셜 미디어, 특히 유튜브(YouTube) 등 다양한 매체가 등장한 데다, 보도 영역도 크게 늘어나 전통적인 의미로는 설명하기 어려운 단계에 이르렀다. 1990년대 중반 이후 인터넷 사용이 보편화되고, 다시 21세기 초반에 소셜 미디어가 등장하고, 빅데이터와 인공지능의 중요성이 강조되면서 미디어의 개념이 크게 바뀌어서 과학 저널리즘의 정의도 달라질 수밖에 없다.

실제로 과학 저널리즘에서 유튜브 등 소셜 미디어 등이 주요한 변수로 등장했다는 것은 여러 조사에서 잘 드러난다. 한국과학창의재단(2020)이 2020년

그림 1-1 **청소년들이 과학 정보를 주로 습득하는 채널**

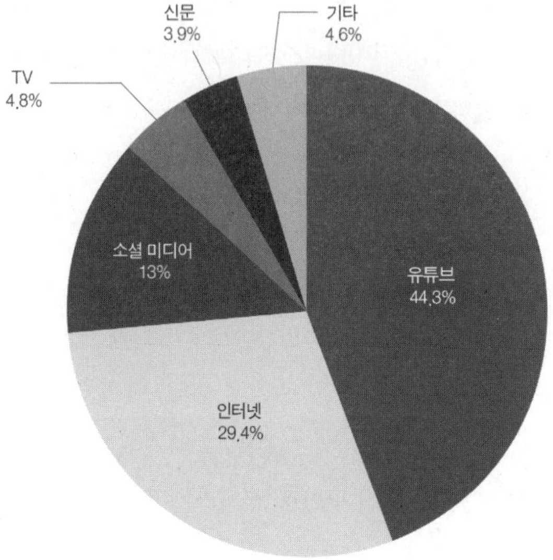

자료: 한국과학창의재단(2020)에서 재구성.

조사해 발표한 조사 결과에 따르면, 우리나라 성인들(19세 이상)은 과학기술과 관련된 가장 주된 정보 습득 채널로 인터넷(48.2%)을 꼽았다. 다음으로 TV(35.3%), 유튜브(7.0%), 신문(3.1%), 소셜 미디어(2.2%) 순이었다. 그러나 19세 미만 청소년을 대상으로 할 경우는 유튜브(44.3%)가 압도적으로 많았고, 다음이 인터넷(29.4%), 소셜 미디어(13%) 순이었다. 전통 미디어인 TV(4.8%)와 신문(3.9 %)은 모두 합해도 10%를 넘지 못했다(〈그림 1-1〉 참조).

이러한 결과는 지난 2013년 결과와는 매우 다른 것으로, 당시 조사에서는 우리나라 국민들은 과학기술과 관련된 가장 주된 정보 습득 채널로 TV(58.4%)를 꼽은 바 있다. 다음은 인터넷(20.6%)으로, 신문 · 잡지(14.1%)를 앞섰다. TV 채널을 활용하는 이유는 대부분 '쉽고 간편해서'이고, 서적의 경우는 '가장 신뢰할 수 있어서'라고 답했다. 소셜 네트워크를 통해 정보를 습득하는 사람은 아직 0.5%에 불과한 것으로 나타났다. 시민들은 텔레비전이나 신문 등을 통해 과학 정보를 주로 얻는 가운데, 인터넷의 중요성이 두드러졌었다.

몇 년 사이 이러한 상황은 크게 달라졌다. 전통 미디어의 역할이 크게 감소한 반면 유튜브와 소셜 미디어의 위상이 크게 높아졌다는 것을 실감할 수 있다. 2020년 조사에서 청소년들이 유튜브나 소셜 미디어를 통해 정보를 얻는 비율이 총 57.3%에 이른다는 것은 앞으로도 뉴미디어/소셜 미디어의 역할이 커질 수밖에 없다는 것을 증명하는 것으로 과학기술 보도와 정보 제공에 있어서도 이들 매체에 대한 관심과 사용 전략이 확대되어야 함을 의미한다.

결국 현대 과학 저널리즘은 어떠한 과학적 사실들이 뉴스 가치가 있는지, 그리고 과학기술적 이슈들이 미디어에 어떻게 투영되어 일반인에게 전달되는지에 관심을 가져야 한다. 즉, 과학 저널리즘은 미디어와 과학적 지식의 연계라는 단순한 사실적 요소뿐만 아니라 과학기술적 지식을 어떻게 시민들에게 전달하고, 자연재해와 전염병 발병 같은 위기 시에 시민들이 적절히 대응할 수 있게 하는 제반 보도 행위, 일반 시민들이 과학적 토론과 정책 과정에 참여하도록 유도하는 대중 참여의 새로운 모델로 정의되어야 한다. 과학 저널리즘은 기존의 전통 미디어는 물론, 최근 들어 급속히 발전하는 소셜 미디어를 비롯한 온라인 매체 등 여러 형태의 미디어를 통해 날로 증가하는 과학기술의 개발 · 발전을 논의하는 저널리즘 분야라고 해석해야 한다.

2) 과학 저널리즘의 영역

과학 저널리즘의 정의에서 중요한 것은 어디까지가 과학적 뉴스의 영역인가이다. 전통적인 의미의 과학 저널리즘은 순수과학과 기술 분야에서의 발견과 발전 등으로 그 영역을 제한했다. 최근 보건의료 등의 중요성을 감안해, 김영욱 · 박성철(2005)은 과학 저널리즘의 영역을 자연과학, 의학, 그리고 첨단 기술에 대한 보도로 정의한 바 있다. 그러나 최근 들어 점차 분화되고 확대되는 과학 분야에 대한 관심을 고려하면, 이를 좀 더 다양하게 나눌 수 있어야 한다. 과학 저널리즘은 다음과 같은 영역의 취재 · 보도를 우선 고려할 수 있다.

* 순수과학(화학 · 물리 · 생물 등)
* 의료 · 보건 저널리즘(Medical · Health Journalism)
* 바이오 · 나노 저널리즘(Bio · Nano Journalism)
* 환경 저널리즘(Environmental Journalism)
* 정보통신 · 디지털 미디어 저널리즘(IT and Digital Media Journalism)
* 인공지능 · 빅데이터 저널리즘(Artificial Intelligence · Big Data Journalism)
* 자연재해 · 위기 저널리즘(Risk Journalism)
* 기후변화 저널리즘(Climate Change Journalism)
* 과학 민주화의 장으로서 저널리즘(Public Sphere in Science)

과학 저널리즘은 과학 · 기술 · 의학 · 보건 · 환경, 그리고 위기 등을 포함한 광범위한 뉴스 영역을 포괄한다. 일본은 미국이나 한국과 달리 과학기술이라는 용어(그리고 과학기술 저널리즘이라는 용어 역시)에 의학 분야가 제외된다. 과거 과학기술청 시대부터 내려오는 관행에 따라 의학 분야는 과학기술 영역에 포함되지 않는 것으로 본다(일본과학기술저널리스트회의, 2010). 물론 저널리즘에서 의료 저널리즘, 환경 저널리즘, 위기 저널리즘 등을 별개의 영역으로 취급하기도 한다. 그러나 해당 분야들이 모두 과학기술의 발견과 발전, 그리고 인류에 미치는 심대한 영향력과 위기상황 시 미치는 심각한 폐해 등을 고려할 때 과학 저널리즘의 영역으로 볼 수 있다.

국제적으로 「글로벌 과학 저널리즘 리포트 2021(Global Science Journalism Report 2021)」에 따르면, 전 세계 과학 저널리스트들이 가장 많이 관심을 가지고 보도하는 영역은 과학 일반, 환경, 기술, 보건의료, 기후변화 순인 것으로 나타났다.* 또 미국 등에서는 과학 저널리즘 영역에서 미디어 보도의 가장 큰 영역을 차지하는 것이 의료 · 보건이라는 데 이의가 없다. 따라서 보건의료 분야 저널리즘을 과학 저널리즘의 한 영역으로 간주한다. 실제로 국내에서는 21세기 초반 들어 과학기술 · 의학 분야의 기사가 큰 폭으로 증가한 것으로 나타났다. 한국언론진흥재단의 기사 자료분석 시스템인 Big Kinds를 통해 조사한 바에 따르면, 종합지, 경제지, 그리고 지방지 등을 모두 포함해서 이들 세 분야의 기사가 2013년 33만 2541개에서 2020년 42만 8149개로 28.7%가 늘어났다. Big Kinds에 과학이라는 단어만 넣어 조사한 결과, 해당 기사 수는 2013년 7만 8545개에서 2020년 9만 2309개로 늘어났으며, 의학 기사는 같은 기간 동안 1만 9620개에서 2만 4629개로 늘어났다. 기술 분야의 기사도 증가했는데, 특히 인공지능 등 첨단 기술 분야의 발전을 반영,

* 기후변화는 21세기 초반 전 세계인들의 관심사로, 2021년 11월 1일 영국 글래스고에서 열린 제26차 유엔기후변화협약 당사국총회(COP26) 특별정상회의 개막식에서 보리스 존슨 영국 총리는 "지구 종말 시계가 자정 1분 전"이라며 국제사회의 적극적인 대응을 촉구했다. 존슨 총리는 이날 연설에서 "인류는 기후변화에 있어 오래전에 남은 시간을 다 썼다"라면서 "우리는 지금 행동할 필요가 있다"라고 강조했다. 존슨 총리는 "오늘 우리가 기후변화를 진지하게 다루지 않으면, 내일 우리 아이들이 그렇게 하기에는 너무 늦을 것"이라고 밝혔다(박용하, 2021). 기후변화가 초래하는 대재앙에 대한 경고였으나, 중국과 러시아는 자국의 이익에 따라 참가하지 않아 기후협약에 관한 국제적 협약의 실효성에 대한 의문을 제기한 바 있다.

표 1-1 **과학 관련 기사 증감 현황(2013~2020년)**

(단위: 개)

	과학	기술	의학
2013	78,545	234,376	19,620
2014	75,261	245,364	22,002
2015	74,275	266,504	25,308
2016	70,369	258,651	22,798
2017	75,638	263,346	20,203
2018	80,719	284,254	19,930
2019	75,754	278,364	25,809
2020	92,309	311,211	24,629

자료: 한국언론진흥재단(2021).

2000년 23만 4376개에서 2020년 31만 1211개로 32.7%가 급증한 것으로 나타났다(〈표 1-1〉 참조).

하지만 이러한 자료가 과학기사가 전체 기사에서 차지하는 비중이 늘어난 것을 뜻하지는 않는다. 예를 들어, 중앙 일간지만을 대상으로 했을 경우, 2000년에는 과학기술 의학 기사가 전체 기사에서 차지하는 비중이 13.7%였는데, 2013년에는 오히려 이보다 소폭 감소한 13%였기 때문이다. 실제로 중앙 일간지의 전체 기사 수는 2000년 31만 2062개에서 2013년 57만 8151개로 85.3%가 증가한 반면, 과학 · 의학 · 기술 기사는 74.3%만 늘어났기 때문에 과학 분야 기사가 전체에서 차지하는 비중이 오히려 소폭 감소했다. 결국 한국에서 과학 관련 기사는 전체 숫자는 증가했으나 전체 기사 증가 비율보다는 다소 떨어지는 것으로 나타났다. 다만 의학 분야의 기사와 나노 기술과 같은 첨단 기술 분야 관련 기사는 예외적으로 그 중요성을 반영해 기사 수가 급증했다. 과학 저널리즘에서 다루어야 할 영역이 확대되었음에도 전체 기사에서 차지하는 비중이 줄어들었다는 것은 매우 시사적이다. 과학 분야 기사 자체가 늘어났다는 것이 중앙 일간지에서 과학 분야의 중요성이 강조된다는 것을 뜻하지는 않는다. 기존의 일부 연구들이 단순히 과학기사가 늘어난 것만 가지고 과학 저널리즘의 중요성이 커졌다고 강조한 적이 있는데, 이러한 단순 비교는 과학 저널리즘의 현황을 파악하는 데 문제가 있다.

3) 과학과 미디어

과학 저널리즘은 디지털·소셜 미디어의 발전에 따라 과학과 미디어의 관계를 전면적으로 바꾸고 있다. 과학 저널리스트가 신문과 방송에서 과학기술 관련된 보도를 하는 것이 아직도 과학 저널리즘 영역에서 가장 중요한 기능을 한다. 그러나 과학자나 전문가가 자신의 블로그를 통해 과학기술 분야의 이야기를 시민들에게 직접 전달하는 등 상황이 크게 변했다. 또 일반인도 에볼라 바이러스나 일본 원전 사태 같은 위기 상황에서 페이스북이나 트위터 등의 소셜 미디어를 통해 과학기술 정보를 전파하고 있다.*

과거 과학 저널리즘은 전통 미디어를 통한 과학기술의 소통이라는 측면에서 과학기술계 및 뉴스 미디어와 특별한 관계가 요구되었다. 그러나 21세기 과학 저널리즘에서는 과학 저널리스트뿐만 아니라 과학자와 일반인이 과학기술적 지식과 정보를 상호 소통하는 제반 행위를 과학 저널리즘 영역으로 분류할 수 있어야 한다. 전통 미디어는 미디어 기관이 수용자에게 일방적으로 정보를 전하는 매스 커뮤니케이션 기능을 수행했다. 하지만 소셜 미디

* 페이스북은 2021년 10월 29일 발표를 통해 회사명을 소셜 미디어 기능을 강조하던 페이스북에서 메타버스 기능을 강조하는 메타(Meta)로 변경한다고 선언했다(CNN Business, 2021). 이 책에서는 그러나 개정판을 마무리할 시점에서 메타버스가 과학 저널리즘의 영역 내에서 어떤 역할을 하고 있는지에 대한 구체적인 내용을 관찰할 기회가 없는 만큼, 페이스북이라는 용어를 사용한다.

어는 1인 미디어나 대안 미디어로 기능하기 시작했고, 소셜 미디어를 통한 정보의 교류와 토론이 전통 미디어를 위협하는 수준에 이르렀다. 과학자와 일반인 중 과학 분야 전문가들이 자신들의 관심과 전문성을 바탕으로 한 과학기술 분야의 정보 소통이, 때로는 과학 저널리스트들이 전통 미디어로 하는 소통 못지않은 효과를 나타내고 있기도 하다.

물론 과학 저널리스트의 역할은 일반인이 소셜 미디어 등에서 과학 관련 정보를 제공하는 행위와는 다르다. 과학 저널리스트는 과학적 주제들에 관한 기사를 쓰는 사람이므로 과학 저널리즘의 실행자로 이해해야 하기 때문이다. 과학 저널리스트는 두 가지 측면에서 유능할 것을 요구받는다. 우선 저널리스트로서 뉴스 미디어를 위해 과학적 이야기를 제대로 쓰고 이해할 줄 아는 능력이 있어야 한다. 두 번째로, 과학 저널리스트는 최소한 아마추어 과학자로서 복잡한 과학기술 분야를 알기 쉬운 용어로 전달할 수 있는 보도 · 제작 능력을 지녀야 한다.

즉, 과학과 과학 저널리즘은 차별화가 필요한데 과학 자체는 '재미없는 기술적 표현'을 강조하는 반면, 과학 저널리즘은 '이야기(storytelling)'에 주목한다는 점에서 과학과 다르다. 과학 저널리스트가 과학기술 분야 내용을 딱딱하고 재미없는 사실이 아니라 과학적 사실 발견의 배경까지 이야기를 꾸려 간다는 점에서 현대적 의미의 과학 저널리즘의 성격을 충족해야 한다. 시민들은 미디어가 상상의 나래를 동원해서 과학 이야기를 전달해 줄 것으로 기대하며, 과학 저널리스트가 이러한 시민들의 욕구를 부분적으로 충족해 주고 있다. 따라서 아직까지는 개인이 소셜 미디어를 이용해 과학적 지식에 관한 논의를 제공해도, 이들을 과학 저널리스트라고 하기에는 다소 무리가 있다. 다만 소셜 미디어가 대안 미디어로 이미 그 기능을 확대하고 있는 만큼, 소셜 미디어를 이용해 과학적 지식을 전파하는 개인들을 시민 과학 저널리

그림 1-2 **과학 저널리즘 모델**

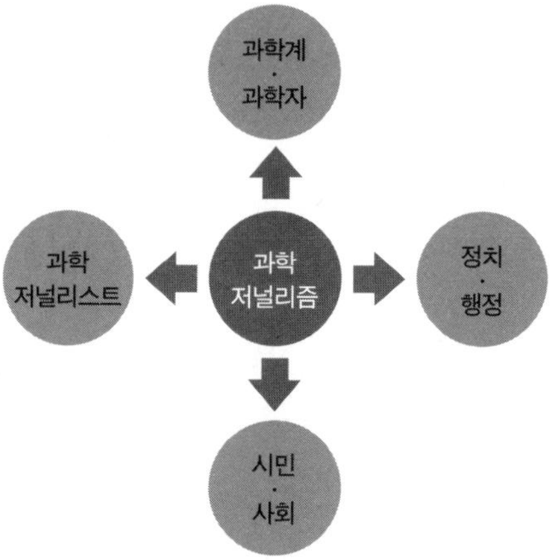

스트로 존중해 주는 것이 바람직하다.

따라서 이 책에서 과학 저널리즘이란 과학기술계의 뉴스를 일반 시민에게 일방적으로 전달하는 것이 아니라 과학계가 시민, 사회로부터 비판과 지지를 동시에 얻어낼 수 있는 소통의 장을 만드는 것으로 이해한다. 이는 또한 과학자들이 전문가로서 국가의 과학 정책에 조언자 역할을 할 때, 과학 저널리즘은 본연의 임무를 다할 수 있다는 것이다. 과학 저널리즘은 과학과 미디어의 관계를 중심축으로, 과학자와 과학 분야 정책 부서, 그리고 시민·사회단체와 상호 비판과 협조가 절대적이라는 점에서 하나의 생태계를 형성하고 있다(〈그림 1-2〉 참조).

3. 과학 저널리스트는 누구인가

과학 저널리스트는 과연 누구인가라는 질문에는 여러 답변이 가능하다. 김영욱·박성철(2005: 16)은 과학 저널리스트를 세 가지로 나누어 논의했다. "첫째는 과학자가 과학 보도를 담당하는 것이다. 이것은 과학이 고도의 전문 지식을 요구하며, 과학 보도가 과학적 연구 결과나 과학적 현상에 대한 것이라는 점에서 유리한 것으로 보일 수 있다." 의사와 같이 과학 영역에서 전문가 교육을 마친 사람이 저널리스트로 활동하는 경우도 이에 해당한다. 또 현재 연구자 일을 하면서 동시에 프리랜서로 과학 보도를 하는 경우도 생각해 볼 수 있다. 둘째는 "과학자는 아니지만 과학에 대한 전문성을 확보한 직업적 저널리스트가 있다". 학부나 대학원에서 과학 관련 학과를 전공한 경우도 있고 그렇지 않은 경우도 있다. 중요한 것은 전문직 저널리스트로서 교육과 경험이 전제가 된다는 것이다. 셋째는 "과학에 대한 전문성이 없거나 취약한 저널리스트들이 자신이 보도하는 내용 중에서 과학과 관련되는 사안을 취재해서 보도하는 경우이다". 이 경우 이들이 보도하는 내용은 과학 보도에 해당하지만, 그들 자신이 과학기자는 아니다. 언론사 내 인사 정책에 따라 단기적으로 과학 영역의 취재를 담당하는 경우도 이에 속한다. 취재를 하면서 어느 정도 과학 영역에 대한 지식을 얻을 수 있겠지만, 다시 다른 부서로 재배치될 수 있다는 점에서 지식을 쌓을 수 있는 기회나 동기 부여는 작고 약하다고 할 수 있다.

물론, 두 번째와 세 번째의 경우 모두 기자라는 점에서 큰 차이가 없다. 과학 분야에 대해 전문적인 지식과 훈련을 받고, 해당 분야를 장기간 취재·보도하는 경우와 잠시 사안에 따라 과학 분야를 취재·보도하는 정도의 차이이다. 그러나 과학 분야가 다른 분야에 비해 단기간에 관련 지식을 습득하기는 어렵다는 점에서, 과학 저널리스트가 지향해야 할 위치는 바로 두 번째 부류이다. 과학 분야의 전문가 또는 최소한 준전문가의 역할을 할 수 있는 능력을 갖춰야 한다는 점이 중요하다.

이를 뒤집어 말하면 우리나라 과학 보도에서 가장 심각한 문제는 과학 저널리스트의 전문성 부족이라고 할 수 있다. 하루가 다르게 변하는 현대사회에서 누구보다 깨어 있어야 하는 저널리스트는 과학 분야에 대한 충분한 지식이 없으면 이를 취재해서 보도하기 어렵다. 과학 분야는 고도의 전문성을 요구하고 있으나, 과학 저널리스트는 크게 양산되지 않고 있다. 일부 언론사의 과학부, 생활과학부, 문화부 등에서 과학 분야를 취재 · 보도하고 있지만 전체 부서와 인원 면에서 기타 정치 · 경제 · 사회부 등에 비해 크게 떨어진다. 특히 다른 부서보다 오랜 기간 전문지식을 쌓아야 하는 과학 저널리스트가 언론사의 단기 계획에 따라 지속적으로 움직이다 보면, 과학계에 견줄 만한 과학 저널리스트를 키워내기 어렵다.

이 책에서는 과학기자라는 말 대신 과학 저널리스트라는 용어를 사용한다. 과학 분야를 취재 · 보도하는 것을 강조하는 전통적 의미의 과학 저널리즘이 아니라 더욱 광범위한 의미의 과학 저널리즘을 책에서 채택하고 있고, 과학 분야의 취재 · 보도는 기자뿐만 아니라 PD와 과학 홍보 전문가들도 수행하고 있기 때문이다. 비록 과학 홍보 전문가들에 대해서는 이 책에서 다루지 않지만 이들이 과학자와 과학 기관을 대신해 저널리스트에게 필요한 정보와 지식을 제공하고, 과학 소통에 나서고 있다는 점에서 그 역할이 갈수록 중요해지고 있다. 실제로 최근 영국에서는 저널리즘(Journalism) 대신 '처널리즘(Churnalism)'이라는 용어가 나올 정도이다(Harcup, 2004; Allan, 2011). '처널리즘'이란 대량생산을 의미하는 'churn out'과 'journalism'을 합한 용어이다. 이는 기자들이 취재해서 보도하는 비중 대신 보도자료와 뉴스 콘퍼런스 등에서 주어지는 자료만 가지고 기사를 작성해서 보도하는 경향이 급증하는 것을 꼬집어 표현한 것이다. 당연히 이 과정에서 핵심 역할을 담당하는 행위자가 홍보 담당자이다.

4. 과학 저널리즘의 목표

과학 저널리즘은 여러 가지 뚜렷한 목표가 있다. 과학 저널리즘은 우선 과학기술계를 시민과 연계해 주고, 상호 소통할 수 있는 장을 만든다. 또 다음에서 설명하듯이 과학의 대중화, 과학문화의 창달, 과학 · 기술 리터러시 증대, 과학 홍보 전문가의 지속적인 양성 등을 그 전통적인 범주에서 주목표로 한다.

- 과학의 대중화(Popularization of Science)

과학에 관련된 정보를 미디어를 통해 국민에게 소개하고 해석하는 저널리즘의 일부로, 과학 · 기술 분야를 어렵고 딱딱한 특수 분야가 아니라 스토리텔링과 시각 이미지 등을 동원해 일반인들이 쉽게 이해할 수 있게 하는 것을 말한다. 21세기 초까지 과학 저널리즘의 주요 목표는 과학의 대중화에 있었다. 그러나 인터넷과 소셜 미디어의 등장은 생산자 위주의 미디어 환경을 바꾸어나가고 있다. 생산자와 함께 수용자도 중요한 행위자로 역할을 하기 때문이다. 따라서 추후 이 장에서 이야기하듯 과학 저널리즘의 목표는 과학의 대중화를 뛰어넘어, 대중과의 교감을 우선시해야 한다.

• 과학문화의 창달(Science Culture)

과학 저널리즘은 21세기 과학문화의 발전을 주도해야 하는 당면 목표가 있다. 과학 콘퍼런스 개최 및 보도, 과학 도서관 및 과학 행사 주관 및 보도 등을 통해 과학문화를 창달하는 것이다. 이덕환(2005)은 이와 관련해 국민에게 충분한 과학적 상식과 합리적인 사고방식을 보급하는 가장 중요한 수단은 공교육 시스템을 이용하는 적극적인 과학 교육이라고 전제하고, 공교육만으로 우리 사회가 원하는 과학문화를 정착시킬 수는 없다고 지적한다. 현대의 과학은 끊임없이 발전하기 때문이다. 급격하게 변화하는 현대 과학에 대한 상식을 지속적으로 보급하기 위해서 필요한 것이 바로 효율적인 과학 저널리즘이며, 그중에서도 다양한 언론 매체를 통한 과학 보도는 더욱 핵심적인 역할을 한다고 할 수 있다(김영욱 · 박성철, 2005).

• 과학 · 기술 리터러시 증대(Scientific/Technological Literacy)

과학기술을 단지 발견이나 효과 등 결과론적인 보도에 치중하는 것이 아니라, 해당 정보를 특정한 사회 문맥 속에서 해석하여 일반인이 과학기술을 이해하게 하는 것이다. 코로나19 이후 시민들의 생활방식이 비대면 방식으로 급격히 변화하면서 디지털 플랫폼의 이용이 크게 증가했는데, 따라서 비대면 사회에 더욱 중요해진 디지털 미디어 활용 능력을 전 국민이 갖출 수 있도록 미디어 교육을 확대하고 인프라를 강화하는 것이 중요해졌다고 할 수 있다(방송통신위원회, 2021).

• 과학 홍보 전문가 교육 및 양성(Education of Science PR Experts)

과학과 과학 저널리즘 간 체계적인 연계를 추구하는 과학 저널리스트와 함께 과학 홍보 전문가를 교육하고 이들 전문가를 양성하는 것이다. 과학 저널리즘의 외연과 과학 저널리즘의 관계자, 지지자를 확대해야 한다. 과학 저널리즘은 과학기술 분야의 소통을 주로 담당한다고 할 때, 과학기술 분야의 소통을 담당하는 방법으로 홍보와 PR(Public Relations) 등을 들 수 있고, 과학 저널리스트와 함께 이를 수행할 홍보 전문가를 육성해야 한다. 과학 저널리즘은 이처럼 과학계와 시민의 원활한 소통을 위해 여러 가지 구체적인 목표를 가지고 이를 실현하기 위해 노력하고 있다.

5. 뉴스원으로서 과학

최근 들어 과학 저널리즘의 실행자인 과학 저널리스트가 관심을 가지고 지켜봐야 할 뉴스원이 다양화되고 있다. 주로 과학자, 기술자의 발표나 정부의 해당 부처 발표에 의존했던 과거와는 달리, 21세기에는 더욱 다양한 뉴스원이 등장하고 있기 때문이다. 특히 소셜 미디어 시대에는 과학자뿐만 아니라 수용자도 과학의 주요한 참여자라는 점에서 다양한 취재원을 이해하고, 확보해야 한다. 과학 뉴스를 보도하는 데 사용될 수 있는 주요 뉴스원은 다음과 같다(Anderson et al., 2009: 27~28).

- 과학 저널

≪네이처(Nature)≫, ≪사이언스(Science)≫, ≪셀(Cell)≫ 등은 예부터 주요한 뉴스 취재원이다. 많은 과학자가 줄기세포 등 첨단 과학의 발견을 이들 저널에 우선 게재한다는 측면에서 이들 국제 저널은 과학 저널리스트에게 주요하다. 국내에서도 최근 들어 과학 저널리스트가 해당 저널을 주요 취재원으로 삼는 경향이 늘고 있다. 다만 영어 능력의 제약과 과학 전문기자의

부재 때문에 해당 저널을 제대로 이해하는 능력이 떨어진다는 점이 문제로 지적된다.

• 회의 · 이벤트

주요한 연구 결과 등을 발표하는 여러 행사 역시 중요한 뉴스원이다. 코로나19, 에볼라 바이러스, 줄기세포, 그리고 H1N1 사태나 주요 자연재해와 관련한 회의, 과학 분야 콘퍼런스나 세미나 등 이벤트에서 주요 정보를 발표하기 때문에 이들 회의나 이벤트가 중요하다.

• 뉴스 속보(Breaking News)

뉴스 속보는 주로 지진, 원전 폭발, 쓰나미 같은 자연재해 및 구제역 등이 발생하면 과학 저널리스트가 해당 사실을 즉각 보도하는 경우이다. 촌각을 다투는 사안인 만큼 방송과 신문 등에서는 임시 뉴스를 편성하거나 호외를 발간하는 방법부터 온라인 판에 우선 올리는 방법으로 대응하고 있다. 최근에는 소셜 미디어를 이용, 해당 사실을 긴급하게 알리는 것이 일반화되었다.

• 프레스 콘퍼런스와 보도자료

정부 부처와 대학 및 연구원에 소속된 과학자, 삼성이나 현대 등 대기업에 소속된 연구원이 발견한 것을 해당 기관이 프레스 콘퍼런스를 통해 보도를 요청하거나, 보도자료를 통해 보도를 요청하기 때문에 프레스 콘퍼런스 역시 주요한 뉴스원이다.

• 자체 뉴스원의 확보

과학 저널리스트는 또한 자신이 취재하는 해당 분야마다 신뢰할 수 있는

그림 1-3 **미국 저널리스트들이 취재원으로서 소셜 미디어를 이용하는 행태**

(단위: %)

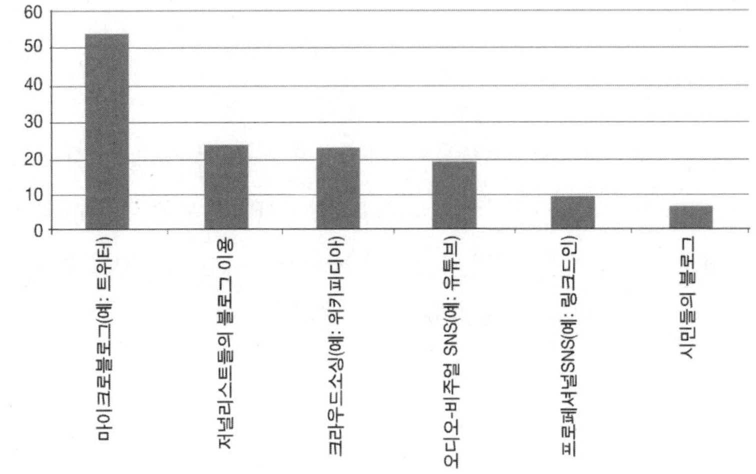

자료: Wilinat and Weaver(2014).

뉴스원을 개발하고 확보하는 것에 주력한다. 따라서 개인적 친분 관계를 이용해 자체 뉴스원을 확보하는 경우가 많다. 자체 뉴스원의 확보는 종종 특종으로 이어지는 경우가 많아, 과학 저널리스트에게 매우 중요한 뉴스원이다. 그러나 소셜 미디어의 발전은 저널리스트가 정보를 획득하는 과정 자체에도 큰 변화를 초래했다. 저널리스트들이 해가 갈수록 소셜 미디어를 많이 사용하고 있으며, 소셜 미디어를 통해 정보를 얻고 있기 때문이다. 2013년 후반기에 미국 저널리스트들을 상대로 조사한 결과, 미국의 신문·방송·잡지기자들은 취재원으로 소셜 미디어의 중요성을 강조하고 있다(〈그림 1-3〉 참조). 기자들의 무려 53.8%가 트위터와 같은 마이크로블로그에서 정보를 획득하며, 23.6%가 동료 기자의 블로그에서, 그리고 22.6%가 위키피디아 같은 크라우드소싱을 통해 정보를 획득한다고 밝히고 있다. 유튜브와 같은 소셜 미

표 1-2 **홍콩 저널리스트들의 주요 기사 소스**

(거의 이용하지 않는다 1, 자주 이용한다 5)

인터뷰(대면, 전화, 이메일 포함)	4.04
정부기관으로부터의 데이터	3.73
기자회견	3.56
학계나 비영리기관으로부터의 데이터	3.53
소셜 미디어(페이스북, 인스타그램)	3.27
PR 기관	3.15
공유 플랫폼(유튜브, 플리커)	2.97
마이크로블로그(트위터, 웨이보)	2.54

자료: Zhang and Li(2020).

디어를 통해 정보를 획득하는 저널리스트(20.2%)도 증가하고 있다(Wilinat and Weaver, 2014).

물론 소셜 미디어가 취재원으로 크게 중요해졌지만, 이것이 기존 취재원에 대한 중요성이 감소했음을 뜻하지는 않는다. 새로운 취재원으로 소셜 미디어의 중요성이 커졌음을 이야기하고 있다고 보아야 한다. 예를 들어 홍콩의 경우 지난 2018년 조사 당시 언론인의 절대 다수가 아직도 전통적인 방식의 취재원에 의존하고 있는 것으로 나타났다. '기사 작성에 있어 어떤 취재원에 주로 의존하는가'라는 질문에 저널리스트들은 직접 인터뷰를 통해서 얻는다는 답변이 가장 많았고, 정부기관으로부터의 데이터나 기자회견 등 전통적인 취재원을 주로 사용하는 것으로 나타났다. 물론 소셜 미디어도 많이 사용된다는 것을 무시할 수 없다. 페이스북이나 인스타그램 등 소셜 미디어가 PR 기관에서 제공하는 기삿거리보다 주요 소스로 등장했다. 유튜브와 같은 공유 플랫폼과 트위터와 같은 마이크로블로그까지 합칠 경우 실제로 소셜 미디어에 의존하는 비중은 훨씬 높아진다(〈표 1-2〉 참조).

미국과 홍콩의 사례에서 볼 때, 소셜 미디어는 뉴스 소스로서 전통적인 방식을 완전히 대체하지는 못했지만, 정보를 전파하는 대안 미디어인 동시에 저널리스트가 정보를 획득하는 취재원으로도 기능한다는 측면을 보여준다. 실제로 소셜 미디어는 미디어 환경을 크게 바꾸어놓고 있다. 소셜 미디어는 2000년대 후반부터 2020년대 초반에 급속도로 성장해 사회 전반에 큰 변화를 초래했을 뿐만 아니라, 과학 저널리즘의 실행과 연구에도 막대한 영향을 미치고 있다.

6. 과학 저널리즘에서 뉴스의 가치 기준

과학 저널리즘의 관심 대상은 여러 면에서 뉴스 가치에 있다. 저널리즘 자체가 뉴스 가치가 있는지가 최우선으로 고려해야 할 대상인 것과 마찬가지로, 과학 저널리즘에서도 뉴스가 되려면 가치가 충분해야 한다. 뉴스 가치는 다음과 같은 여러 가지 요소를 종합적으로 고려해서 판단한다(Blum and Knudson, 1997; Kiernan, 2006: 39~40; Anderson et al., 2009: 20~21).

- 환상적인 가치들(Fascination Value)

과학 저널리즘의 관심을 받기 위해서는 해당 사실이 환상적인 가치가 있어야 한다. 일반 시민들은 일상적인 것이 아니라 특별하고 환상적인 것을 좋아한다. 과학기술의 새로운 발견이 보도되었을 때 "내가 모르는 사실이었는데 알고 보니 정말 재미있고 그럴 듯하다"라는 평가를 받을 수 있어야 한다.

- 중요성(Importance)

중요성 역시 과학 저널리즘의 주요 구성요소이다. 과학기술 분야에서 새로운 발견이라고 하더라도, 해당 사실이 국가 경제부터 개인 생활에 이르기까지 중요성을 담보하지 못하면 뉴스로서 가치가 감소되기 때문이다. 줄기세포의 발견으로 한국 경제에 미치는 긍정적 요소와 개인의 질병 치료에 대한 기대라는 중요성 때문에 황우석 사태가 국내 미디어의 관심을 불러 모았듯이, 중요도는 과학 보도에서 가장 중요한 요소 중 하나이다.

- 시기의 적절성(Timeliness)

특정 과학기술 분야의 발견이 시기적으로 국가부터 시민까지 학수고대하던 사안이라면 이에 대한 보도가 집중될 수밖에 없다. 에볼라 바이러스의 경우, 치료제가 없는 상황이어서 치료제의 발견과 관련된 여러 과학적 사실이 과학 저널리즘의 주요 관심을 끌게 됐다. 코로나19의 경우는 전례 없는 치명률과 백신 개발 등 관련된 모든 문제들이 과학 저널리즘의 주요 영역으로 간주된다.

- 결과의 신뢰도(Reliability of the Results)

과학기술 분야는 무엇보다 윤리적인 측면을 고려해야 한다. 황우석 사태(이에 대한 자세한 설명은 제6장 참조)에서 명백히 밝혀졌듯이, 결과의 신뢰도는 곧 과학기술의 발견과 실험 과정에서의 윤리적 요소와 직결되기 때문이다. 과학기술 분야는 일반인들이 과학기술자의 전문성을 담보하지 못하기 때문에 전적으로 과학기술자의 발표에 의존하는 실정이다. 따라서 결과를 신뢰할 수 있는가가 중요한 요소이며, 결국 윤리적인 절차를 따라 과정이 진행되었는가를 반드시 살펴야 한다. 이와 더불어 과학 분야 자체 검증의 체계화가 요구된다. 과학 분야의 전문가들이 해당 실험을 다시 해서, 결과의 신뢰도를 담보할 수 있어야 한다는 것이다. 일부 학자들은 더 구체적으로 뉴스 가치로 다음과 같은 내용을 담보해야 한다고 지적하기도 했다(Allan, 2002;

Johnson-Cartee, 2005).

* 시의성(Timeliness): 중요 인사의 연설이나 미팅, 범죄와 법원의 결정 등 시기적으로 뉴스가 되기에 적절한 이야기
* 친근성, 유사성(Proximity): 텔레비전 시청자나 신문 독자에게 가깝게 다가갈 수 있는 이야기
* 갈등(Conflict): 반대 정당 간 대립 등 사회 전반에 걸쳐 찬반이 나뉘어 첨예하게 대립하는 견해들
* 저명성(Prominence): 대통령과 국회의장 또는 교황 등 종교 지도자처럼 사회에 많은 영향을 미치는 사람의 이야기

뉴스란 사회 지도층의 활동, 중요한 행사 등 사람들이 일상생활에서 특이하게 느낄 법한 일들을 의미한다. 이 외에도 특이한 인간적 소재(human interest), 어떤 결과가 가족의 수입이나 공동체의 규범을 바꾸는 결과성(consequence), 대학 선정과 자동차 선정에 대한 조언을 제공하는 유용성(usefulness), 일상생활에서 쉽게 접할 수 없는 이야기를 의미하는 특이성(novelty) 등의 특징이 있을 때 뉴스로 가치가 있다.

과학 저널리즘을 본격적으로 이해하기 위해서는 두 측면이 모두 필요하다. 하나는 과학 분야가 어떤 방식에 따라 학술적으로 논의되는지를 이해할 수 있어야 한다. 또 다른 하나는 과학 분야를 어떻게 취재하고, 보도해야 하는가이다. 보통 첫 번째 요소와 두 번째 요소는 주요 행위자가 학자와 언론인이라는 별개의 행위자로 나뉘므로 별개의 영역으로 다루어진다. 그러나 최근 들어 첨단 과학 분야가 더욱 복잡하고 다양화되고 있다. 또 언론인이 학술저널 및 학술대회에서 정보를 얻어 기사를 작성하거나, 빅데이터를 통

해 자체적으로 해당 내용을 분석 · 작성하는 경우가 늘고 있다. 따라서 과학 저널리스트도 과학 분야에 대한 학술적 이해를 병행해야 한다.

7. 책의 주요 내용과 특징

이 책은 코로나19와 같은 인류의 건강과 직결된 새로운 위험 요소가 속속 등장하는 21세기에, 그리고 인공지능과 소셜 미디어, 그리고 빅데이터가 주요한 역할을 하는 4차 산업혁명 시대에 단지 사례 위주의 과학 저널리즘이 아닌, 과학 저널리즘 이론과 주요 사례를 결합하려는 최신 과학 저널리즘의 필요성에 기초한다. 논의의 출발점으로 제시했듯, 과학 저널리즘은 학문적인 해석과 실행이라는 측면에 대한 이해가 모두 필요하다. 따라서 이 책은 이론적 측면과 실증적 측면 모두에서 과학 저널리즘을 어떻게 발전시켜야 하는가에 대한 필요성을 충족시키려고 한다. 특히 과학 저널리즘을 전공하는 학생뿐만 아니라 일반인도 편하게 과학 저널리즘의 세계를 이해할 수 있도록 하는 데 그 목적이 있다. 이 책에서는 과학 저널리즘의 주요 분야로 의료 · 보건 저널리즘, 나노 · 바이오 저널리즘, 환경 저널리즘, 위기 저널리즘(위험보도 저널리즘), IT 저널리즘, 그리고 과학 저널리즘 윤리 분야를 중요 논의 주제로 소개한다. 그리고 해당 분야가 어떻게 취재 · 보도되고 있는지에 대한 실증적인 논의를 전개한다.

두 번째, 과학 저널리즘을 학술적으로 수행할 때 필요한 여러 저널리즘 이론과 과학 저널리즘의 역사를 논의한다. 과학 저널리즘 역사는 미국과 일본 등의 역사를 논의한 뒤, ≪한성순보(漢城旬報)≫에서 시작된 한국의 과학 저널리즘 역사를 현대에 이르기까지 체계적으로 설명했다. 과학 저널리즘 이론에서는 프레이밍(Framing) 이론과 어젠다 세팅(Agenda setting) 이론 등을 과학 저널리즘 분야에 적용해 논의한다. 더불어 사회구성주의(Social Constructivism)와 위기사회(Risk Society) 등의 이론적 논의를 통해 과학 저널리즘을 공부하려는 학생들이 과학 저널리즘 이론을 습득하게 하는 데 주목적이 있다.

세 번째, 과학 저널리즘의 역할과 미래 전망에서는 과학기술 분야를 보도하는 과학 언론의 사명과 과학 저널리스트의 역할을 상세히 설명한다. 과학 저널리즘과 윤리 · 법제 분야는 황우석 사태와 구제역 등에서 나타난 언론의 윤리적 측면을 논의한다. 그리고 과학자와 과학적 전문성 분야는 과학 저널리즘의 한 축을 담당하는 과학자들이 자신들의 전문성을 어떻게 확보하고, 과학 저널리즘과 어떻게 관계 설정을 해야 하는지 살펴본다.

네 번째, 이 책에서는 2000년대 초반까지의 과학 저널리즘이 경험하지 못한 빅데이터, 소셜 미디어, 디지털 플랫폼, 인공지능 등을 심도 있게 논의한다. 신문과 방송이 위주였던 전통 미디어 시대의 과학 저널리즘과 달리, 디지털 미디어 시대의 과학 저널리즘이 어떻게 변화하는지를 실증적으로 살펴봄으로써, 향후 과학 저널리즘이 지향해야 할 과제 등을 알아본다. 또 빅데이터 시대의 과학 저널리즘 모델에 대한 담론을 전개해서 과학 저널리스트가 어떻게 과학 저널리즘을 실행해야 하는지를 설명했다.

다섯째, 위기보도 커뮤니케이션 · 저널리즘과 소셜 미디어 시대의 과학 저널리스트를 위한 재교육 문제를 심층적으로 논의한다. 과학기자와 저널리즘 교육은 우리나라의 언론 현실에 비추어 과학 저널리즘을 담당할 부서와 언론인 양성이 실제로 가능한지, 미국, 영국, 캐나다 등과 비교해 어떤 방식으로 진행되어야 하는지 등을 알아본다. 마지막으로 이 책은 최근 과학 민주화 실현을 위한 실천적인 공론장으로 큰 관심을 끌고 있는 시민 배심원 제도와 합의 콘퍼런스(합의 회의)에 관한 담론을 전개해, 공론장으로서 과학 저널리즘이 실현될 수 있는지 살펴본다.

제2장

과학 저널리즘의 역사

1. 서론

저널리즘은 주요 뉴스를 취재해 신문과 방송 등 대중매체를 통해 보도하는 제반 행위를 뜻한다. 저널리즘의 근간은 신문 등 인쇄 매체였으나, 20세기 초반 · 중반에 라디오와 텔레비전이 나타나면서 뉴스 보도 매체가 증가했다. 또 최근에는 온라인 신문과 소셜 미디어의 등장으로 많은 변화를 겪고 있다. 저널리즘이 인류에 뿌리를 내린 것은 인쇄기(printing press)의 발전과 연관이 깊다. 잘 알려졌듯이 요하네스 구텐베르크(Johannes Gutenberg)는 15세기 중반에 인쇄기를 개발했는데, 이는 저널리즘 역사에서 신문의 대량생산과 대규모 마케팅을 가능하게 만들었다는 점에서 의의가 크다(Thussu, 2006). 그 이전에도 신문 형태의 매체가 없었던 것은 아니나, 일간이나 주간 등 주기적인 형태가 아니었다. 또 인쇄기가 없어서 사람들이 일일이 글자를 써야 했기 때문에 대량생산은 가능하지 않았다. 따라서 인쇄기의 발명과 함께, 책과 신문의 대량생산이 가능해지면서 1600년대 초반 독일에서 나오기 시작한 신문이 오늘날 발행되는 신문의 근간이라고 할 수 있다. 당시에도 인쇄기가 비싸고 인쇄를 위한 건물 임대 및 마케팅의 역할이 강조되었기 때문에 신문은 현대 자본주의의 출현에도 큰 영향을 미쳤다. 따라서 신문 산업이 자본주의 체제와 직접 연관이 있는 미국의 신문 산업 성장이 매우 중요한 시사점을 던져준다. 현대 저널리즘의 여러 이론과 근간이 바로 미국의 신문 산업 성장과 그 흐름을 같이하고 있기 때문이다.

과학 저널리즘은 비교적 늦게 저널리즘의 영역에 등장했다. 17세기 초부터 시작된 저널리즘의 역사에 비해 과학 저널리즘은 1830년대부터 본격적으로 저널리즘의 영역으로 간주되었다. 당시에는 특별한 과학기술의 발견이나 발명이 흔한 때는 아니어서 주로 자연재해나 자연현상 같은 문제가 과학 저널리즘의 주요 관심사였다. 따라서 이 장에서는 저널리즘의 역사 속에서 과학 저널리즘이 어떻게 탄생하고, 발전했는가를 설명하려고 한다. 또 현대사회에서 과학 저널리즘이 어떻게 발전했는가에 대한 담론을 전개한 후, 끝으로 한국 과학 저널리즘의 역사를 논하려고 한다. 한국에서 과학 저널리즘은 국내 최초의 신문인 ≪한성순보≫에서 시작했다는 점에서, 해당 신문에서 그 기원을 찾아본다. 그리고 과학 저널리즘이 본격적으로 확대되기 시작한 1950년부터의 역사는 어떻게 형성되었는가로 논의를 확대하려고 한다.

2. 저널리즘의 역사

1) 정파성 신문(partisan press)

저널리즘이 미국에서 뿌리를 내린 것은 유럽 이민사와 그 흐름을 같이한다. 1720년부터 1820년 사이에 발생한 미국 동부의 정파성 신문에서 저널리즘의 역사를 찾을 수 있다. 당시 신문의 뉴스 보도는 전신(telegraph) 발명 이전이었다. 주로 유럽인들이 건너와 미국을 건설했으므로 초창기 미국 신문은 유럽과 미국 동부의 지역 뉴스(특히 정치 뉴스)를 주로 게재했다. 유럽 뉴스는 주로 북미와 유럽을 오가는 배로 전달되었기 때문에 속보성은 떨어졌다. 유럽 뉴스는 처음에는 캐나다의 동부를 통해서 들어오다가 나중에는 뉴욕 등 미국 동부로 직접 전달되었다. 따라서 해당 지역의 뉴스, 특히 정치 뉴스를 주로 보도하는 것이 당시 신문의 주된 역할이었다. 당시 미국의 신문은 시대적 소명에 따라 정치 보도를 주요 역할로 생각했기 때문에 정당 신문 또는 정파성 신문이라고 불렀다. 대부분의 신문은 특정한 정치인이나 정당과 유착 관계에 있어서 현대 저널리즘의 최대 가치인 중립성은 찾아보기 어려웠다(Littmann, 2008).

벤저민 프랭클린(Benjamin Franklin)이 창간하고 운영한 ≪펜실베이니아 가제트(Pennsylvania Gazette)≫ 등이 정파성 신문의 대표적인 예로, 주 수입원은 정당의 지원과 광고였다. 미국혁명이 끝난 시점인 1783년에 미국 전역에는 35개 신문이 있었으나 1833년에는 1200개로 급증했다. 정기 구독료가 당시 돈으로 연간 10달러였으며, 한 부당 6센트였다. 당시 10달러는 2006년 기준으로 230달러이기 때문에 일반인은 신문을 보기가 사실상 어려웠으며, 주로 정치인과 기업인을 중심으로 신문 구독이 이루어졌다.

2) 페니 신문(penny press): 과학 저널리즘의 효시

1830년 정도부터 발달해서 1890년 전후까지 이어진 최초의 상업성 신문이다. 일반인이 신문을 구독할 수 있도록 비싼 정기 구독을 배제하고 구매

가격을 1페니로 줄여 페니 신문이라고 한다. 이 신문은 지역 뉴스와 인간 중심의 이야기(human interests stories)를 주로 게재했다. 페니 신문은 처음으로 기자의 출입처 제도를 시행했으며, 값이 싼 신문을 만들어 정보 분산 체제를 발전시키고, 대중들의 미디어 읽기 능력을 향상시켰다. 이로써 대중들의 파워를 제고하는 등 당시 사회와 현대 저널리즘에 많은 영향을 미쳤다.

페니 신문은 무엇보다 본격적으로 과학기술에 관한 기사를 보도했기 때문에 과학 저널리즘의 출발점으로 불린다. 정파성 신문 시대에는 신문들이 철저히 과학기사를 배제하고 정치기사 위주로 신문을 발간했다. 간혹 과학기사를 게재했으나, 당시 기사들은 사실에 근거하지 않고 인기 영합주의에 근거한 과학기사가 대부분이었다. 그러나 페니 신문이 정보 위주의 지역기사를 싣기 시작하면서 과학기사를 중요하게 취급하기 시작했다. 당시 페니 신문이 과학기사를 본격적으로 게재한 것은 1833년 11월 13일에 발생한 대운석 낙하(great meteor storm) 사건이었다. 미 동부 지역에서 서너 시간 동안 계속된 운석 낙하 사태는 미국 동부에서 많은 신문의 관심을 끌었다. 신문들은 해당 사건을 보도하는 데 그친 것이 아니라, 과학자들을 인터뷰해 사건의 원인이 무엇인지부터 인류에 미치는 철학적인 요인까지 밝혀내려고 노력했다(〈그림 2-1〉 참조).

당시 미국의 신문은 4쪽으로 앞뒷면은 광고가 대부분이었고, 2~3쪽에 여러 개의 칼럼 기사를 싣는 것이 주요 형태였다. 그러나 대운석 낙하 사태 당시에는 신문들이 전체 면을 단일 칼럼으로 해서 대운석 낙하 사태를 보도했으며, 이러한 보도 형태는 이후 몇 주 동안 지속되었다. 대운석 낙하로 인한 불안감에서 출발한 당시 보도는 신문들이 정치 · 지역기사를 탈피해 과학기사를 주요 보도 분야로 확장하는 계기를 마련했다. 이전까지는 과학 분야에 별 관심이 없던 독자들도 당시 신문기사를 통해 대운석 낙하 사태가 단순한

그림 2-1 1833년에 일어난 대운석 낙하 사태 전경

자료: Famous depiction of the 1833 Leonids by Adolf Vollmy.

지역적 현상이 아니라 미 전역에 걸친 현상임을 알게 되었다. 이 사건은 신문이 정치 이념이 아닌 정보 위주로 재편되는 계기가 되었다(Littmann, 2008).

저널리즘에서 1833년의 대운석 낙하 사태 보도는 실제로 과학 저널리즘의 출발을 알리는 획기적인 전기였다. 당시 신문이 해당 사안을 보도한 형태가 오늘날 과학 저널리즘과 비교하면 아직 형태가 완성된 것은 아니나, 향후 과학 저널리즘에 미친 영향은 적지 않다. 사실 보도에 충실하려고 했으며, 독자들에게 정확한 과학적 정보를 제공하려고 노력한 덕분이다. 또 무려 6주에 걸쳐 해당 사안을 집중 보도하면서 사안의 특성을 설명하기 위해 노력했다. 운석 사태의 미신적 · 종교적 관점을 타파하려고 하는 한편, 과학적 측면

을 강조하기도 했다. 대운석 낙하 사태부터 신문들이 자연과학에 관심을 가졌다고 하면, 과학 저널리즘의 역사는 상당히 오래되었다고 할 수 있다.

3) 옐로 저널리즘(yellow journalism)

옐로 저널리즘은 19세기 후반부터 20세기 초반(1880~1910)에 주로 발달한 신문 형태로 스캔들, 범죄, 재난 재해 등 센세이셔널한 주제를 주로 취급했다. 옐로 저널리즘은 특히 1890년대 후반, 미국 뉴욕시에서 조지프 퓰리처(Joseph Pulitzer)와 윌리엄 허스트(William Hearst)가 독자들을 확보하기 위한 경쟁에서 유래한다. 퓰리처는 한편으로는 '신문은 옳은 것과 옳지 않은 것을 가르쳐야 한다'고 믿으면서도, 다른 한편으로는 '재미없는 신문은 죄악'이라고 믿었다. 따라서 퓰리처는 만평과 사진을 화려하게 쓰는 한편, 흥미와 오락 위주의 일요판을 처음으로 도입했다. 허스트 역시 퓰리처의 방식을 모방해 선정적인 신문을 만들기 시작했다. 특히 퓰리처의 ≪뉴욕 월드(New York World)≫와 허스트의 ≪뉴욕 저널(New York Journal)≫이 〈옐로 키드(Yellow Kid)〉라는 만화를 일요판에 게재하면서(〈그림 2-2〉 참조) 이들이 만든 신문을 조롱하려는 의도로 옐로 저널리즘이라는 용어를 사용하게 되었다(Stanford, 2013).

옐로 저널리즘은 정상적인 취재 활동을 통해 잘 정리된 뉴스를 보도하는 대신 독자들의 호기심을 자극하는 헤드라인을 사용하거나 선정적인 사진을 싣는다. 신문의 공익성보다 선정성 경쟁에 입각해 취재·보도를 하고 사실 관계를 제대로 파악하지 않으며, 뉴스 이벤트를 왜곡·확대하거나, 지속적으로 스캔들을 보도하는 등의 센세이셔널리즘에 의존했다. 정파성 신문과 페니 신문이 정치인과 경제인 등 상류층을 주로 취재해 보도했다면, 옐로 저

그림 2-2 1980년대 ≪뉴욕 저널≫의 〈옐로 키드〉

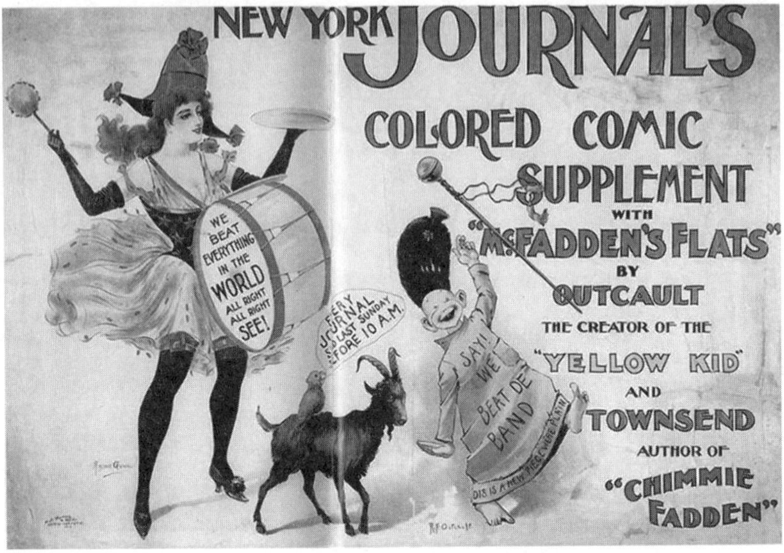

자료: http://xroads.virginia.edu/~ma04/wood/ykid/imagehtml/yk_journalposter.htm

널리즘은 상대적으로 대중 신문을 표방했다(Campbell, 2001). 미국에서 새로 건설되는 도시 근로자와 이민자 등이 관심을 가지고 있는 센세이셔널리즘이나 대중 영합주의에 근거해 신문 제작을 단행했기 때문이다(Kaplan, 2008). 신문 제작상의 특징으로는 21세기에 나타나는 타블로이드 신문의 전신으로 볼 수 있다. 그러나 유력인사들의 스캔들 등을 집중 취재해 보도했다는 점에서 감시 기능을 강조하는 탐사보도의 전신으로 불리기도 한다.

4) 전문직업가주의 신문(professional press)

1896년부터 시작되어 오늘날까지 이어지는 가장 중요한 형태의 신문이다. 오락과 자극적인 뉴스 위주에서 벗어나, 주요한 사건과 이슈에 대한 객관적 보도를 원칙으로 하므로 객관주의 저널리즘(Objective Journalism)이라고도 한다. 증권시장, 부동산, 법원 뉴스 등이 주요 관심사이며 점잖고 품위 있는 저널리즘의 추구가 핵심이다. 전문직업가주의 신문은 1920년대부터 발전한 탐사보도 저널리즘(Investigative Journalism)과 함께 현대 저널리즘의 주류 형태를 이루어냈다.

전문직업가주의 신문은 객관성을 생명으로 하므로 중립적 · 비편파적 · 비정파적 뉴스를 추구한다. 그리고 보도의 정확성을 가장 큰 가치로 생각한다. 저널리스트의 역할은 뉴스를 보도할 때 감정적 코멘트를 하지 않고, 이를 자의로 편집하지 않으며, 개인 취향에 따라 재형성하지 않는 것이라고 할 정도로, 기자들의 편견을 배제하기 위해 과학적 사실의 확보와 이들 사실들의 검증에 최대 노력을 기울인다(McChesney, 1999). 물론 전문직업가주의 신문 형태에 여러 가지 문제점이 있는 것도 사실이다. 무엇보다 공식 취재원에만 의존해서 주요 배경 등은 전달되지 않기도 한다. 뉴스의 맥락을 제대로 짚어내지 못하는 것이다. 또 수입원을 지나치게 광고에 의존하면서 자본주의 폐해에 대한 기사를 의도적으로 회피하는 등 보도의 영역을 제한하기도 한다. 국제 뉴스의 격감과 탐사보도 실종 또는 감시 기능이 실종된다는 비판에 직면해 있기도 하다(McChesney, 1999).

3. 현대 과학 저널리즘의 역사

과학 저널리즘은 정치 · 경제 · 사회 등을 취급하는 여러 분야의 저널리즘에 비해 상대적으로 늦게 등장했으며, 주로 1800년대 초반부터 시작됐다. 앞에서 설명한 대로 미국의 페니 신문이 과학 저널리즘의 효시라고 볼 수 있다. 그러나 과학 저널리즘이 본격적으로 궤도에 오른 것은 주로 20세기 후반부터라고 해도 크게 무리가 없다. 두 차례에 걸친 세계대전 동안 이루어진 기술 발전과 의학 발전은 과학 분야에 대한 더 많은 관심을 요구했으며, 미디어도 이러한 주요 이슈를 더욱 체계적으로 보도할 필요성을 느끼게 되었다. 무엇보다 1957년 소련이 무인 위성인 스푸트니크(Sputnik)를 발사하면서 촉발된 미국과 소련의 우주 경쟁, 이로 인한 1969년 미국 유인 우주선의 달 착륙 등이 과학 저널리즘의 발전을 가져왔다. 당시 기술 발전에 대한 보도는 당연히 매우 긍정적이고 희망적이었다(Wormer, 2008).

그러나 과학 저널리즘은 1970년대와 1980년대 들어 구소련의 체르노빌(Chernobyl) 사태 등을 겪으면서 과학계에 대한 비판적인 목소리를 내기 시작했다. 1990년대 후반부터 21세기 초까지 바이오테크놀로지의 발전(유전학, 줄기세포, 인공지능 등)은 연구비 수주와 사용 면에서 과학 저널리즘이 한편으로는 과학계의 지원자로, 다른 한편으로는 과학계의 비판자로 활동하게 했다. 이와 함께 최근 지속되는 여러 가지 위험에 대한 논의(기후변화, 사스, 조류독감, 쓰나미, 코로나 바이러스 등) 역시 과학 저널리즘의 발전과 긴밀한 관계를 맺고 있다(Wormer, 2008).

현대 과학 저널리즘 역사에서 무엇보다 눈길을 끄는 것은 ≪뉴욕 타임스(New York Times)≫이다. ≪뉴욕 타임스≫는 1978년 11월 14일 처음으로 '사이언스 타임스(Science Times)'라는 이름으로 과학면을 발간했다. ≪뉴욕 타임스≫의 과학면은 신문사 내부에서 처음부터 환영을 받은 것은 아니다. 특히 신문의 경영 측면에서 매우 강한 저항을 받았다. 과학면을 확대하는 것이 경영에 도움을 줄 것이라는 확신이 없었기 때문이다. 그러나 사이언스 타임스는 화요일 발행되는 해당 면 덕분에 독자들이 증가하면서 신문사의 경영에 도움을 주게 되었다. 재정적으로 당시 성장세를 시작했던 컴퓨터 산업계의 광고 수주를 늘리면서 그 체제를 발전시킬 수 있었다. 물론 컴퓨터 산업계로부터 광고를 받는 대가로 당시 새로 등장한 여러 PC에 관한 칼럼을 실어 언론의 중립성에 대한 비판을 불러일으키기도 했다(Clark and Ilman, 2006).

사이언스 타임스에 대한 컴퓨터 산업계의 광고는 1990년대 말에 정점을 이루었다. 따라서 ≪뉴욕 타임스≫도 1998년 2월에 서킷(Circuits)이라는 컴퓨터 관련 기술 섹션을 새로 만들었다. 해당 섹션은 과학면으로부터 컴퓨터 업계의 광고를 빼앗아오면서 신문사 자체 경쟁에 따른 과학면의 미래를 걱정해야 하는 사태를 일으켰다. 이렇듯 변화하는 광고 현황은 1998년 사이언스 타임스를 재디자인하는 주요한 계기가 되었다. 1998년 10월 31일에 새로운 형태로 발간된 첫 번째 사이언스 타임스는 건강과 피트니스 등에 대한 취재를 확대했다(Clark and Ilman, 2006에서 재인용). ≪뉴욕 타임스≫에서는 2013년 현재 기자 23명이 과학기사를 작성하고 있다(조항민, 2014: 220). 과학면은 다시 일반 과학과 환경, 우주과학으로 나뉘어 있다. 클라크 · 일먼(Clark and Ilman, 2006)이 1980년, 1985년, 1990년, 1995년, 2000년 등 5년 주기로 기간을 정해 과학면을 분석한 결과, 사이언스 타임스는 보건 · 의료(39.4%)에 대한 기사를 가장 많이 게재한 것으로 나타났다. 물리 · 지구과학 · 생명과학(31.3%)과 기술 · 엔지니어링(20.8%)이 그다음을 이었다. 이 밖에 과학역사 · 문화(6.2%)와 일반 과학(2.3%) 순이었다(〈그림 2-3〉 참조).

물론 사이언스 타임스는 각 연도마다 조금씩 다른 내용을 보여주고 있다. 해당 연도마다 중요시되던 과학 분야가 달라서 그 당시에 중요시되던 과학 분야를 강조했기 때문이다. 실제로 1980년에는 보건 · 의료 분야가 가장 많은 비중을 차지했으나, 1985년에는 기술과 엔지니어링 분야가, 1990년에는 물리 · 지구과학 · 생명과학 분야가 가장 큰 비중을 차지했다. ≪뉴욕 타임스≫

그림 2-3 **사이언스 타임스의 과학면 분석**

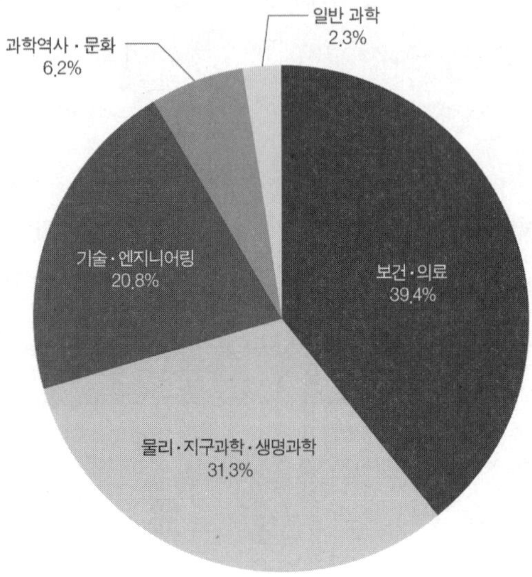

자료: Clark and Ilman(2006: 505)에서 재구성.

의 과학면은 미국을 대표하는 신문으로 지속적으로 운영되고 있다는 점, 과학 저널리스트를 전문적으로 육성하고 있다는 점, 그리고 독자를 위해 지속적으로 과학면의 형태와 글쓰기 규범을 발전시키는 점 등 과학 저널리즘의 교과서로 자리매김하고 있다. 이는 국내에서도 ≪뉴욕 타임스≫처럼 장기간 과학면을 유지하고 발전시키면서 과학 저널리스트가 제 역할을 수행할 수 있는 체계 정립이 시급하다는 교훈을 준다.

일본에서 신문의 과학 보도가 본격적으로 시작된 때는 제2차 세계대전 이후이고, 신문사에 과학부가 설치된 것은 1950년대 후반의 일이다. 일본원자력위원회의 발족(1950년 1월)과 과학기술청의 발족(1950년 5월) 등 원자력 개발 열기가 고조되고 과학기술 분야 행정조직 정비 움직임에 맞추어 전문기자의 필요성이 제기되었다. 1956년에 교도통신(共同通信)에 과학부, ≪요미우리 신문(読売新聞)≫에 과학부, 그리고 1957년에는 ≪아사히 신문(朝日新聞)≫과 ≪마이니치 신문(毎日新聞)≫이 잇달아 편집국에 과학부를 설치했다. 1957년은 소련이 스푸트니크 1호 발사에 성공하는 등 우주 개발 경쟁이 시작된 때이며, 이러한 사실은 당시 막 탄생한 과학부의 주요 취재 대상이 되었다(일본과학기술저널리스트회의, 2010: 61~62).

4. 한국의 과학 저널리즘 역사

우리나라 과학 보도는 신문의 역사와 흐름을 같이한다. 우리나라 신문의 시작은 1883년 10월 1일 창간한 ≪한성순보≫로 거슬러 올라간다. 과학 보도 역시 ≪한성순보≫ 창간호부터 시작됐다. 우리나라 최초의 근대 신문인 ≪한성순보≫는 열흘에 한 번씩 발간되었으며, 조선 정부가 박문국을 창설해 신문을 발행한 것은 국민들에게 세계정세를 알리는 한편 선진 국가의 정치·경제·문화와 역사 등을 소개하고 과학지식을 보급하려는 목적이었다.

신문 창간의 목적대로 ≪한성순보≫의 기사 분포를 보면, 지구과학과 천문학적 지식이 자주 실렸으며, 대외정세로는 세계의 현실, 서구 열강의 관계, 청불전쟁 등이 자주 기사화됐다. 또 전기, 통신, 기차, 박람회 등 서구 근대 문명의 산물을 적극적으로 소개했다(이승원, 2013). 실제로 1883년 10월 31일에 발간된 ≪한성순보≫ 제1호는 국내 기사로 황해도 지역의 장마 때문에 인가가 피해를 입었다는 내용과 함께 전라남도 무안에서 배 한 척이 태풍에 쓰러져 전복되어 3명이 숨졌다는 자연재해를 비중 있게 보도했다. 또 국외 기사로는 지구도해를 우리나라 최초의 신문 사진(또는 그림)으로 싣고, 지

그림 2-4 **≪한성순보≫ 제1호에 실린 지구전도**

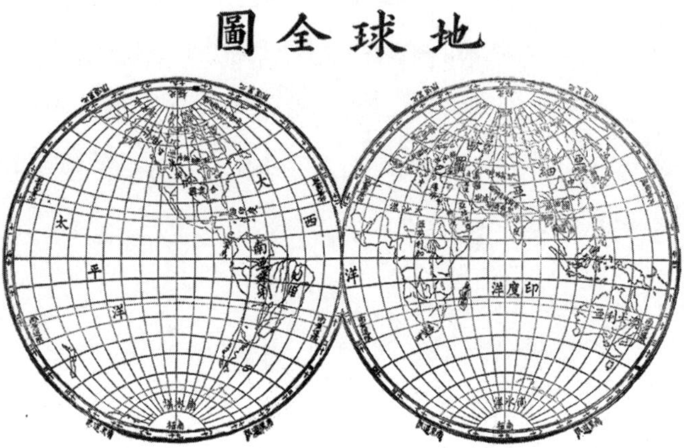

자료: ≪한성순보≫(1883). 제1호, 13면.

구의 모양과 이에 대한 설명(적도, 북극권, 남극권, 남회귀선)을 실었다(〈그림 2-4〉 참조).

마찬가지로 1883년 11월 10일에 발간된 제2호에서는 갈릴레오에 대한 기사와 함께, 지구의 자전과 공전에 대한 기사를 싣는 등 과학 분야의 기사가 ≪한성순보≫에서 큰 비중을 차지했다. 주요 목적은 편집자들이 일반 대중에게 개화사상을 심어주기 위한 노력의 일환으로 당시 백성들에게 대단히 흥미롭고 신선한 뉴스거리를 제공한 것이다. 또 1897년 4월 1일 창간한 한글판 주간지 ≪그리스도 신문≫[발행인 호러스 언더우드(H. G. Underwood)]은 지면 8개 중 1개 면을 과학기술 관련 기사로 실었다. 초기 과학 보도는 외국 문헌을 번역하여 외국 문물을 소개하는 내용이 중심이었으나, 과학 보도가 우리나라 최초의 신문들에서 시작되었다는 것은 시사하는 바가 크다(이광영, 1996).

우리나라 과학 보도는 1920년대 ≪조선일보≫와 ≪동아일보≫ 등이 창간되면서 전기를 맞는다. 이들 신문은 과학지식 보급은 물론 과학논평을 통해 국민들에게 과학의 중요성을 심어주었다. 1930년대에는 이러한 움직임이 더욱 강해져, 과학의 날과 관련된 기사와 사설을 통해 과학 대중화 등을 도모하기도 했다. 1934년 과학의 날과 관련해 ≪조선일보≫는 "과학과 조선"이라는 사설(3월 5일)을 통해 "과학의 날 기념일의 선전에 자족하지 말고 천재를 배양하는 장학기관을 만들어 자연과학의 연구와 발명에 대해 원조할 것"이라고 강조했다. ≪동아일보≫도 1935년 4월 19일 과학의 날 특집호를 싣고, 과학조선 건설과 과학의 날의 의의 등을 집중 보도했다(이광영, 1996).

한국 미디어에 과학 보도를 전담하는 조직이 처음 등장한 것은 1958년으로 알려져 있다. 앞서 설명했듯이, 구소련은 1957년에 첫 번째 우주선을 발사했으며, 이는 곧 미국과의 우주 경쟁을 예고했다. 국내 언론에도 우주 경쟁은 매우 중요한 기삿거리였으며, 과학과 기술이 사회에 미치는 영향력을 다시 한번 되새겨보는 전기를 마련했다. 당시 국내에는 6개 신문사가 있었으며, 이들은 향후 10년 내 편집국에 과학 관련 부서를 설립했다(The Proposal for WCSJ 2015, 2013).

우선 ≪한국일보≫는 1958년 3월 1일 국내에서는 처음으로 편집국 내에 과학부를 두고 주 1회 과학면과 함께 과학기사를 담당할 고정란을 두었다. 당시 신문은 2면 체제에서 1957년부터 4면 체제로 전환되었으며, 텔레비전이 활성화되지 않은 시점에서 신문에서 과학뉴스를 속보로 내보내려는 노력의 일환으로 과학부가 설립됐다. ≪한국일보≫는 외신부에 있던 서광운 기자를 첫 과학부장 겸 전문기자로 발령 냈다. 서광운 씨가 동경대에서 수학을 전공했고 일본어와 영어에 능통하다는 것이 주요 이유였다(이광영, 1996). 1960년대 들어 주요 일간지들은 과학 부서와 과학 전문기자를 두기 시작해

1964년 11월에는 ≪조선일보≫, 1965년 9월에는 ≪중앙일보≫, 1967년 7월에는 ≪경향신문≫, 그리고 1969년 3월에는 ≪동아일보≫가 각각 과학부를 창설하고 과학 전문기자를 확보하거나 양성하게 되었다(조항민, 2014).

그러나 1970년대 들어와 우주 탐험에 견줄 만한 과학기사가 나오지 않으면서 과학기사에 대한 관심이 떨어졌다. 또 정치적으로 1972년 10월 유신시대가 개막되면서 언론 자유에 많은 제약이 가해지고, 과학 보도 전담부서의 중요성이 떨어졌다. 그러다 1980년대에는 대부분의 언론사에서 다시 과학 담당부서를 두게 되었으며, 1990년대 들어 경제와 사회 발전에 과학기술이 차지하는 비중이 크다는 인식이 높아지면서 과학 보도에 대한 관심이 크게 증가했다. 1980년대 후반 국내에 있던 전국지 9개(연합통신 포함)에 모두 과학 관련 부서가 있었다는 점이 이를 반증한다(The Proposal for WCSJ 2015, 2013). 그러나 한국의 미디어 환경은 1997년 IMF 외환위기를 겪으면서 언론 산업 경영 전반에 어려움이 생기기 시작했고, 긴축 경영 때문에 과학 관련 부서가 많이 없어졌다(김영욱 · 박성철, 2005). 실제로 1995년 한국과학기자클럽 회원명부를 기준으로 작성한 국내 과학기자 현황에 따르면, 당시 모두 24개사에 128명의 회원이 과학기자클럽 회원으로 활약했다(〈표 2-1〉 참조).

2014년 8월 현재 한국과학기자협회의 회원명부를 조사해 보면, 과학기자를 둔 회사는 모두 28개로 증가했으나, 회원은 108명으로 오히려 18.5%가 감소했음을 알 수 있다. 다만, 보건 · 의료 분야에 대한 관심이 증대한 것을 반영해 ≪경향신문≫, ≪동아일보≫, ≪조선일보≫, ≪중앙일보≫, ≪매일경제≫ 등은 의학 분야를 강화, 각각 5명에서 9명까지의 의학 전문기자를 두고 있다. 전체 과학기자는 감소했으나, 의학 분야에 대한 강조가 두드러진다(〈표 2-2〉 참조).

다음 〈표 2-2〉에 나온 여러 언론사 중 YTN 사이언스는 미국의 디스커버

표 2-1 **언론사의 과학 담당부서 현황(1995년 10월)**

언론사	부서 명칭	과학기자 수
경향신문	생활과학부	7명
국민일보	생활과학부	4명
동아일보	과학부	6명
문화일보	과학환경부	4명
서울신문	과학정보부	5명
세계일보	과학부	6명
조선일보	경제기획부 과학기술팀, 정보통신팀	4명
중앙일보	과학기술부/뉴미디어팀	17명
한겨레	생활과학부	5명
한국일보	과학부	4명
매일경제	산업부 과학기술팀(총괄부 1인)	6명
내외경제	정보과학부	6명
서울경제	산업1부 정보기술팀	6명
한국경제	과학정보통신부	8명
제일경제	과학부	4명
전자신문	경제과학부	6명
Korea Herald	사회부	1명
Korea Times	사회부	1명
연합통신	과학부	5명
KBS	과학부	9명
MBC	문화과학부	4명
SBS	문화과학부	5명
CBS	문화체육부	2명
연합TV뉴스	경제부	3명
총계	24개사	128명

자료: 김영욱 · 박성철(2005: 49)에서 재인용.

리 사이언스(Discovery Science), 내셔널 지오그래픽(National Geographic) 채널과 마찬가지로 과학 전용 방송이라는 점에서 주목된다. 미국에서 공영방송 'PBS'는 연방정부 보조와 'CPB(Corporation for Public Broadcasting)'를 통한 민간재단, 대기업의 자금을 협찬받아 과학 전문 프로그램을 제작 · 운영하고

표 2-2 **언론사의 과학 담당부서 현황(2014년 8월)**

언론사	과학기자 수	의학기자 수	
경향신문	1명	1명	헬스경향 5명
국민일보	1명	2명	
동아일보	9명	2명	동아사이언스
내일신문	2명	-	
문화일보	2명	1명	
서울신문	2명	1명	
세계일보	2명	1명	
조선일보(조선경제 포함)	4명	1명	헬스조선 9명
중앙일보	4명	1명	중앙헬스미디어 8명
한겨레	3명	2명	
한국일보	1명	1명	
디지털타임스	2명	1명	
매일경제	3명	1명	MK 헬스 5명
머니투데이	2명	2명	
서울경제	1명	1명	
아시아경제	1명	2명	
한국경제	1명	1명	
아시아투데이	2명	-	
파이낸셜뉴스	2명	1명	
헤럴드경제	1명	1명	
전자신문	1명	-	
Korea Herald	1명	-	
Korea Times	1명	-	
연합 영문	1명	-	
KBS	1명	-	
연합뉴스	-	3명	
YTN 사이언스	4명	-	
총계	55명	26명	27명

자료: 한국과학기자회원명부. http://www.scinews.co.kr/

있다. 영국의 경우 BBC는 전체 프로그램의 10%를 과학 프로그램에 할애해서 공식 · 비공식 교육을 제공하려는 목적을 달성하고 있다. 국내에서는 지상파를 중심으로 과학 전문 프로그램을 제작하고는 있으나 제작 환경과 제작비의 문제로 일시적이고 단편적인 편성만 있을 뿐이다. 이와 같은 상황에서 과학 전문 방송은 2007년 개국 후 24시간 과학 관련 프로그램을 송출하는 'YTN 사이언스'가 유일하다. 국내 과학 전문 채널의 출범은 많은 우여곡절을 겪었다. 2002년 10월, 16대 국회 과학기술정보통신위원회에서 과학채널 확보를 결정한 이후 2003년 7월 국회의 국제지식경제포럼에서 정책적 논의가 제기되었다. 그러나 큰 성과를 보이지 못하다가 2007년 사업자 공모를 통해 과학채널인 'YTN 사이언스'의 설립이 확정되었다(송해룡 · 김원제 · 조항민, 2012).

YTN 사이언스는 일반 국민이 과학을 좀 더 쉽게 이해하고 생활에 적용할 수 있도록 재미와 정보를 동시에 제공하는 것을 목적으로 한다. 또 한국과학창의재단은 'YTN 사이언스'가 이공계 기피 현상 해소 및 유능한 인재 양성에 기여할 것이라고 기대했고, 교육과학기술부 역시 시민에 대한 과학의 대중화를 이루는 데 도움이 될 것이라고 예측했다. 그러나 이런 기대와는 달리 'YTN 사이언스'는 채널 인지도, 시청률, 콘텐츠, 제작비 등에서 부족함을 드러내며 그 한계를 보이고 있다. 'YTN 사이언스'는 교과부가 한국과학창의재단에 기금을 위탁하면 창의재단이 'YTN 사이언스'에 예산을 지원하는 방식으로 운영된다. 문제는 교과부의 지원 수준이 기대에 미치지 못하는 열악한 수준이기 때문에, 안정된 제작 환경이 유지되지 못하는 것이다. 또 많은 케이블 사업자가 'YTN 사이언스'의 송출을 거부하면서 일반 시청자의 채널 접근성이 낮다는 문제점도 제기된다(송해룡 · 김원제 · 조항민, 2012).

국내 과학기자 수는 최근 몇 년 사이에는 종합편성채널 등 신규 방송사들이 설립되고 온라인 중심의 신문사 수도 늘어나면서 다소 증가세를 보인 것으로 나타났다. 2021년 10월 말 현재 한국과학기자협회에 등록된 언론사는 모두 64개사로, 모두 344명이 회원으로 가입되어 있다(한국과학기자협회,

2021). 물론 이 중에는 회원으로 등록되어 있다가 다른 부서로 이동된 후에도 자격을 유지하는 경우도 있어 현재 과학기자로 활약하는 언론인의 숫자는 다소 적을 것으로 짐작할 수 있다.

5. 결론

과학 저널리즘의 역사는 지난 16세기에 시작된 저널리즘의 역사에 비해 상대적으로 늦게 시작되었다. 과학 저널리즘은 현대 신문의 역사에서 가장 중요한 한 축을 차지하는 미국의 신문사에서도 19세기에나 시작되었기 때문이다. 과학 저널리즘은 무엇보다 제2차 세계대전이 끝나고 과학 분야의 성장, 특히 우주 개발에 대한 관심이 확대되면서 그 체제를 구축했다고 할 수 있다. 1950년대부터 시작된 미국과 구소련의 우주 개발 경쟁을 취재 · 보도하기 위해 언론사의 과학부와 과학기자가 본격적으로 등장하기 시작했다. 과학 저널리즘은 이후 나노 · 바이오 등 새로운 기술 분야와 의학 분야의 성장에 따라 다양한 형태로 확대되었다. 특히 의학 분야의 놀라운 성장이 최근 경제성장과 맞물려 건강에 대한 시민들의 관심이 높아지면서 각 언론사마다 의학 분야를 과학 분야에서 가장 중요하게 취급하고 있다. 과학 저널리즘의 시작은 각 나라의 사회적 · 경제적 변화와 과학 분야의 변화 속에서 시작되었다. 미국은 19세기 대운석 낙하 사태라는 자연현상에 대한 철저한 분석과 보도를 위해 과학 저널리즘이 탄생했다.

반면 우리나라는 신문의 시작 단계부터 과학 분야를 포함한 외국의 문물을 소개해 개화사상을 확대하려는 목적에서 시작되었다. 또 과학 저널리즘의 역사는 시기별로 어떤 과학 저널리스트가 무슨 역할을 했는가를 분석하는 것도 필요하다. 이 책에서는 전체적인 흐름을 강조하느라 개인적인 역할에 초점을 두지 못했으나, 역사 발전에서 주요 행위자의 역할을 간과할 수 없기 때문이다. 과학 저널리즘은 최근 과학 자체가 광고 수입을 가져다주는 것도 아니고, 전반적인 저널리즘의 위기 상황에 직면하면서 가장 먼저 영향을 받는 영역 중 하나로 부침을 거듭하고 있다. 경제 위기와 이에 따른 광고 수입 감소, 그리고 뉴미디어의 등장으로 가뜩이나 변방에 머물던 과학 저널리즘이 더욱 축소되는 양상을 보이고 있다. 따라서 향후 과학 저널리즘의 역사는 미디어 기업들과 저널리스트들이 나날이 변화하는 미디어 환경에 어떻게 대처하는가에 따라 부침을 거듭할 것으로 전망된다.

제3장

현대 과학 저널리즘의 위기와 전망

1. 서론

21세기는 과학기술의 시대라고 해도 과언이 아니다. 줄기세포, 나노 · 바이오 기술, 그리고 첨단 의료 기술의 발전 등으로 현대를 살아가는 인간은 한순간도 과학의 영향력에서 벗어날 수 없다. 그러나 첨단 과학기술의 발전은 인간에게 꼭 긍정적인 영향만 주는 것은 아니다. 다시 강조하지만 2011년 일본 동부를 덮친 쓰나미와 원전 폭발사고에서 알 수 있듯, 원전은 인간에게 필요한 에너지를 제공하지만 위기 시에는 돌이킬 수 없는 재앙을 불러오기도 한다. 또 코로나 바이러스가 증명하듯, 인류에는 지금까지 알려진 것과는 전혀 다른 새로운 바이러스 등이 언제라도 등장할 수 있다는 점에서 과학기술 분야에서 이러한 사안을 사전에 방지하거나 대처할 방안의 마련이 요구되고 있다. 이와 함께, 페이스북과 트위터 등 소셜 미디어와 넷플릭스 등 디지털 플랫폼은 인류에게 편리함과 함께 새로운 형태의 디지털 문화를 제공하고 있으나, 사용자의 인적 사항이 데이터화되어 상품으로 팔리거나, 개인정보가 유출되어 막대한 재산상의 피해는 물론 프라이버시를 침해하고 있다.

과학 저널리즘은 21세기 초 한때 언론사 내의 과학 부서가 해체되고 과학 저널리스트들이 해고되거나 축소되면서 위기를 맞기도 했다. 21세기 들어 지속되는 경제 위기와 소셜 미디어 등 새로운 매체가 등장하면서 과학 저널리즘의 위상이 축소되는 현상이 나타났다. 물론 과학 저널리즘이 항상 위기인 것은 아니다. 코로나19와 같은 새로운 바이러스 위기, 점차 그 정도가 심해지는 자연재해, 그리고 과학기술의 발전과 안팎으로 맞물려 그 위상이 강화될 것으로 전망되고 있다. 실제로, 토머스 헤이든(Thomas Hayden)과 에리카 헤이든(Erika Hayden)은 2018년 한 기고문에서 "우리는 과학과 환경 저널리즘의 황금기에 살고 있다"라고 강조하기도 했다. 신문과 잡지 등 전통 뉴스 저널리즘이 쇠퇴하고 있음에도 불구하고 과학 환경 저널리즘 분야는 엄격하고, 사실에 근거하며, 독립적인 보도 가치를 주창하면서 발전하고 있다는 지적이다. 개별 저널리스트들과 미디어 기관들이 지난 10년 동안 20여 개가 넘는 고품격의 디지털 과학 환경 출간물을 새로 만들어냈을 뿐만 아니라 블로그와 팟캐스트 채널, 그리고 소셜 미디어 채널 등이 크게 증가했기 때문이라는 것이다(Hayden and Hayden, 2018). 따라서 저널리즘 전반의 위기 상황에서도 과학 저널리즘의 향후 위상은 과학 저널리스트들이 과학기술 시대를 맞아 어떤 방식으로 과학 저널리즘을 발전시키는가, 그리고 과학 저널리즘 위기에 어떻게 대응하는가에 달려 있다고 할 수 있다.

이 장에서는 코로나19 등 시민들의 건강, 누리호 발사 등 우주 시대 발전, 그리고 디지털 플랫폼 시대에 걸맞은 과학 저널리즘이 당면한 문제점과 전망에 대해 논의한다. 먼저, 현대 과학 저널리즘의 위기를 불러온 여러 요인을 분석하고, 이러한 위기가 발생한 원인은 무엇인지 파악한다. 과학 저널리즘의 위기를 구조적인 측면과 내부적인 측면에서 모두 해석하려고 한다. 이는 과학 저널리즘의 위기가 구조적인 요인에서 발생하기도 하지만 과학 저널리즘이 자체 역할을 제대로 수행하지 못해서 발생하는 내부적 요인도 있기 때문이다. 특히 과학 저널리즘의 내부 요인을 파악하기 위해서는 과학 저널리즘의 위치를 정확히 파악하는 것이 필수이며, 과학 저널리스트가 과연 이러한 과학 저널리즘의 주요 역할을 수행하고 있는지 진단해야 한다. 이 장에서는 또한, 최근 과학기술 분야의 급격한 변화가 과학 저널리즘의 중요성을 일깨우고 있다는 점을 강조하고자 한다. 인류의 생명을 위협하는 연이은 바이러스의 출현과 확산부터 디지털 플랫폼과 빅데이터 발전까지를 한꺼번에 경험하고 있는 현재 상황에서 과학 저널리즘의 역할을 점검하고, 과학 저널리즘의 향후 전망은 어떠해야 하는지에 대한 담론을 전개한다.

2. 과학 저널리즘의 위기: 구조적 요인

과학 저널리즘은 최근 들어 과학의 발전과 함께 그 중요성이 부각되고 있다. 하지만 경제 위기 등과 맞물려 다른 영역에 앞서 해당 부서와 과학 저널리스트들이 해고되면서 위기를 맞고 있는 이중적인 구도이다. 특히 인터넷이 나오면서 온라인 신문과 블로그가 등장하고, 소셜 미디어와 스마트폰이 확산되면서 전통 미디어 수용자들이 대거 이들 뉴미디어로 옮겨가면서 어느 때보다 큰 변화를 겪고 있다. 경제, 뉴미디어의 발전, PR 역할의 증대 등 미디어 환경의 변화가 과학 저널리즘의 위상에 직접적인 영향을 미쳐 위기를 초래하는 것이다.

1) 경제 위기와 과학 저널리즘

과학 저널리즘의 위기는 경제 위기에 따라 언론계가 겪는 일반적인 위기 상황과 직접적으로 맞물려 있다. 무료 신문의 등장부터 온라인 신문에서 소셜 미디어까지 새로운 대안 미디어가 나오면서 언론 산업이 큰 위기를 맞고 있기 때문이다. 국내적으로는 네이버 등 디지털 플랫폼이 언론기사의 유통을 사실상 담당하면서, 기존 신문 방송사의 존재 자체가 위협받는 사태에까지 이르고 있다. 네이버가 포털 서비스로 시작해, 종합 플랫폼으로 변신하고, 또 다시 메가 플랫폼으로 성장하면서, 뉴스 스탠드 등의 기능을 통해 국내 최대 뉴스 정보의 전파 매체 역할을 하고 있기 때문이다(원용진 · 박서연, 2021).

2020년 「신문산업실태조사보고서」(한국언론진흥재단, 2020)에 따르면 2019년 전국 종합일간지(종이 신문, 인터넷 신문)의 매출액이 전년도에 비해 4.1% 상승한 3조 9651억 원을 기록한 것으로 나타났다. 그러나 이는 물가 상승 등 여건을 고려하면 실질적인 마이너스 성장을 기록한 것으로 볼 수 있다. 신문 산업의 매출액은 2010년 3조 7285억 원에서 크게 늘고 있지 않기도 하다. 무엇보다 중요한 것은 해당 데이터는 2019년 12월부터 시작된 코로나 바이러스의 영향이 반영되지 않은 것으로, 해당 사안이 반영되는 2020년 매출액은 큰 폭으로 감소될 것으로 전망됐다. 스마트폰의 보급 이후 고전을 면치 못하던 스포츠지와 무료 신문(무가지)은 매출 감소 폭이 커진 데다, 코로나 바이러스라는 악재까지 겹쳐 신문 산업이 어려운 상황에 직면해 있음을 반증했다.

이보다 앞서, 한국언론재단이 2014년 발간한 신문사 재무분석 보고서에서 보면 모바일 미디어는 스포츠지와 무료 신문의 몰락에 전적인 영향을 미쳤지만 다른 한편으로 일부 신문의 매출액 신장에 긍정적인 기여를 했다고 밝혔다. 그런데 후자의 경우 지속적으로 성장할 것으로 보았지만 경우에 따라 성장세가 멈춘 곳도 있다. 따라서 보고서는 "모바일은 잘 활용하면 득이 되지만 잘못 활용할 경우 흉기가 될 수도 있는 것"이라며 "과거 인터넷이 신문 스스로의 무덤(유료화 모델의 부재 및 인터넷으로의 독자 이탈)이 됐던 아픈 기억도 모바일과 적극적으로 결합하는 데 방해가 되고 있을 수 있다"라고 지적했다. 방송 역시 기존의 네트워크 이외에 종합편성채널은 물론, 케이블과 위성채널이 수백 개로 늘면서 기존의 미디어 파워를 상실했다고 해도 과언이 아니다.

저널리즘의 여러 영역 중에서도 과학 저널리즘이 특히 직격탄을 맞은 것은 재정 위기를 맞고 있는 언론사마다 정치 · 경제 · 사회 등 기존의 핵심 부서 위주로 인력을 재편하고 있기 때문이다. 과학 저널리즘은 언론사 내부에서 재정적인 위기 시마다 우선적으로 해당 관련 부서(과학부 또는 생활과학부)를 없애고, 해당 부서의 과학 저널리스트들을 해고하거나 다른 부서로 배치하는 상황이 되풀이되고 있다. 물론 국내에 비해서 상대적으로 언론사마다 과학 관련 부서가 잘 갖추어진 미국과 일본 등에서도 이러한 현상은 예외 없이 일어나고 있다. 미국에서 과학 저널리즘은 1980년대와 1990년대 초반에 크게 인기를 끌었다. 1989년에는 미국의 95개 신문이 과학면을 가지고 있었다. "과학면은 당시 신문 산업의 번성에 의해 지원이 가능했다. 그러나 과학면이 수입을 올리지 못하면서 문제점이 제기됐다"(Brumfiel, 2009: 275). 그 결과 CNN과 ≪보스턴 글로브(Boston Globe)≫ 등 주요 언론사들이 과학 관련 부서를 철폐하기에 이르렀다. 미국 케이블 뉴스 방송인 CNN은 2008년 말 의료 · 보건 분야를 제외한 전체 과학, 기술, 그리고 환경 뉴스 기자들과 PD들을 "현재의 경영 환경문제 때문"이라며 해고했다(Brainard, 2008).

2) 뉴미디어의 역할 증대와 과학 저널리즘의 위기

과학 저널리즘은 1990년대 중반부터 인터넷이 상업적으로 사용된 데 이어, 2000년대 초반 등장하기 시작한 소셜 미디어의 영향으로 본연의 임무를 상실하고 있다. 블로그와 트위터 등 뉴미디어가 과학 저널리즘의 고유 영역이었던 과학 보도를 실행하면서, 그 위상을 잃어버리고 있기 때문이다. 우선 과학 블로그가 급증하는 가운데 과학자의 블로그가 전통 미디어의 과학기사를 상당 부분 잠식하고 있다. 그 결과 과학 저널리스트가 전문 과학자의 블로그에서 기삿거리를 확보하는 상황에 이르렀다. 제프 브룸필(Geoff Brumfiel)이 2009년 ≪네이처≫에 발표한 논문에 따르면 과학 저널리스트가 블로그에서 과학기사를 찾는 비중은 2004년 18%에서 2009년 63%로 급증했다.

과학 저널리스트는 과학자의 블로그 외에도 자신들의 "전문직업가주의를 위협하는 일반 시민들(블로거나 유튜버)로부터의 도전에 직면"해 있다(Allan, 2009: 282). 따라서 과학 저널리스트는 디지털 시대에 걸맞게 다기능(multi-skilled)을 보유하고, 이를 사용할 것을 강요받는다. 이러한 현상은 최근 들어 소셜 미디어가 대안 언론으로 등장하면서, 과연 과학·기술 분야에서 뉴미디어(블로그, 소셜 미디어 등)가 전통 미디어를 대체할 수 있는가라는 질문까지 던지고 있다. 그러나 브룸필은 다음과 같은 이유로 뉴미디어가 전통 미디어를 완전히 대체할 수는 없다고 지적했다(Brumfiel, 2009).

* 블로그에서 제공하는 정보는 질이 좋고 수준이 높으나, 소수의 원하는 사람들만 노력해서 보는 단점이 있다.
* 언론에서 과학 내용을 소개하지 않으면 과학과 대중은 분리될 수밖에 없는 상황이어서 전통 미디어의 필요성은 지속된다.

* 과학은 각종 공공정책에 큰 영향을 미친다. 따라서 언론 고유의 감시 및 비판 기능을 활용해 전통 미디어가 과학 분야를 지속적으로 다루어야 한다.
* 일반 독자들은 언론을 통해 과학 정보를 얻으려고 한다. 따라서 과학 저널리스트들은 일반 독자들이 과학을 이해하고 좋아하도록 이끌어야 하며, 왜 과학이 중요한지를 알려주어야 한다.

3) PR 기능의 확대와 과학 저널리즘

과학 저널리스트가 자신의 위치를 잃어버리는 또 다른 주요한 이유는 갈수록 PR의 역할이 증대하고 있어서이다. 과학과 관련한 정부기관부터 대형 연구소, 주요 과학 · 기술 관련 기업들이 전문 PR팀을 두고 이들에 의해 보도자료가 생성되고 있다. 전통적으로 기사를 취재 · 보도하는 것은 과학 저널리스트의 고유 영역이었으나, 최근 들어 이러한 기능이 PR 분야로 넘어가면서 과학 저널리스트가 설 자리를 잃고 있다. 제1장에서 이미 설명했듯이, 영국에서는 기자들이 취재 · 보도하는 것보다 PR 담당자들이 작성한 보도자료를 이용해 기사를 쓰는 것을 빗대 '처널리즘'이라고 부를 정도이다. 과학 저널리스트는 단순한 기사 작성자로 전락하는 반면, PR 담당자는 과학기사의 핵심 역할을 수행하는 것이다. PR은 이미 과학 저널리즘의 위기를 가져오는 구조적 요인으로 등장했다.

물론 PR 분야의 역할 증대가 과학 저널리즘에 국한된 현상은 아니다. 과학 저널리즘 분야에서 더 큰 문제는 대형 연구소 등의 PR팀이 과학 저널리스트가 갖고 있지 않은 전문성을 바탕으로 체계 있게 보도자료를 만들어서 배포하는 것이다. 과학 저널리즘은 다른 저널리즘 영역에 비해 무엇보다 사실에 근거한 보도를 생명으로 한다. 따라서 언론기관은 이들 PR 전문가가 쓴 보도자료를 이용하면 되기 때문에 과학 저널리스트를 굳이 훈련시키고 늘려야 할 이유가 없는 것이다(Castelfranchi, 2009).

3. 과학 저널리즘의 위기: 내부 요인

과학 저널리즘의 위기는 앞에서 논의한 외부 요인에 따른 위기와 함께 내부 요인 역시 크게 작용한다. 과학 저널리즘의 내부 요인에 따른 위기는 과학 저널리즘을 어떻게 해석하는가와 함께, 과학 저널리즘을 유지 · 확대하기 위해서는 무엇을 해야 하는지와 연계된다. 과학 저널리즘은 과학적 발견의 사실 보도에 그치는 것이 아니라 시민과의 소통이 중요하다. 그러나 과학 저널리즘이 이런 역할을 제대로 수행하지 못하면서 시민들에게 외면받고 있기 때문이다. 실제로 "현대 과학 저널리즘은 과학지식을 단순히 전달하거나 번역해 주는 것에 의해 시민들의 과학지식을 증가시키는 데 목적이 있다는 기존 경향에서 벗어나는 행태를 보이고 있다"(Schäfer, 2009: 475). 따라서 마이크 셰이퍼(Mike Schäfer)는 과학 보도의 현재 위치에서 다음과 같은 측면을 강조해야 한다고 지적했다.

* 과학 보도는 과학의 대중적 이해(Public understanding of Science: PUS) 단계에서 과학기술과의 대중적 교감(Public Engagement with Science and Technology) 단계로 변화
* 일반 대중의 과학적 리터러시의 부족(the scientific literacy of the public)에서 과학에 대한 대화 모델로 변화(a dialogue model)
* 개방적이고 평등한 커뮤니케이션(more open and egalitarian communica-

tion about science)으로 변화

이는 무엇보다 과학 보도가 과학의 대중적 이해(PUS)의 중요성을 이해하면서도 "과학은 대중과 대화를 통해 소통하는 것"이라는 개념으로 발전하고 있음을 의미한다. 과학지식을 취재·보도해 과학의 대중화를 달성하는 것이 과거의 목표였다면, 지금은 대중과의 소통이 우선한다는 점이 강조된다. 구체적인 방법으로는 대안적 과학 저널리즘의 형태를 위한 재정 지원을 통해 지지되는 것으로, 합의 콘퍼런스(consensus conference), 이해관계자 콘퍼런스(stakeholder conference), 과학 쇼핑몰(science shops) 운영 등으로 과학의 소통에 적극적으로 앞장서야 한다는 지적이다.

실제로 과학 저널리즘의 보도 행태는 여러 측면에서 변화하는 모습을 보이고 있다. 무엇보다 과학 보도의 확대화(extensiveness)가 진행되고 있다. 미디어에서 과학기사 보도가 점차 증가하고 있다는 것이다. 과학 분야의 다양성(pluralization) 역시 중요시되는데, 이는 과학 분야의 미디어 보도는 행위자와 내용에서 다양화된다는 뜻이다. 끝으로 과학 보도의 논쟁성(controversy) 역시 새로운 변화를 요구·반영하는 요소이다. 과학 분야의 미디어 보도는 점차 논쟁적으로 변화하고 있으며, 과학 저널리즘이 이를 적절히 반영해야 한다. 각 항목의 주요 내용은 다음과 같이 정리할 수 있다.

- 과학 보도의 확대화

과학 또는 과학과 관련된 주제가 주요한 미디어 이슈로 등장한다는 것으로 NASA 연구, 우주 개발(예: 나로호, 누리호), 핵 개발 연구 등을 들 수 있다. 또 과학은 점차로 대중적 이슈로 발전되기 때문에 이에 대한 이해와 소통이 중요시된다는 것을 강조한다.

• 과학 분야의 다양성

과학 보도는 점증적으로 다양화된다는 것이다. 과거에는 PUS(대중적 이해) 개념이 과학 저널리즘의 지배적인 경향이었으나, 최근 들어 미디어는 과학자의 관점에서 과학문제를 보도(적절성과 뉴스 가치를 추구)해야 한다고 강조한다. 미디어가 독자들에게 과학적 지식을 단순히 전달하거나 번역하는 수준에서 벗어나, 과학 보도는 더 수평적이고 다양화되어야 한다는 것이다. 과학 보도에서 과학자 이외의 주요 행위자들이 미디어에 등장하기 시작한 점도 과학 보도의 다양화를 초래하고 있다.

• 과학 보도의 논쟁성

미디어 보도는 점차 논쟁적으로 변화하고 있음을 인지해야 한다. 과학 저널리스트들은 과학의 단순한 지지자(advocates) 역할에서 벗어나 과학의 감시자(watchdogs)가 되어야 한다. 과학자들이 그들의 실험 등에 사용하는 방법, 결과, 그리고 과학자 개인의 윤리, 청렴의 문제(personal integrity)를 강도 높게 검증해야 한다는 것이다.

그러나 과학 저널리즘은 이 같은 변화를 제대로 수용하고 있는지 살펴봐야 한다. 과학 저널리즘은 취재 · 보도에서 이처럼 급변하는 상황에 맞게 과학 · 기술 분야를 분석할 수 있는 능력을 키워야 한다(Schäfer, 2009; Allan, 2002). 또 현재의 과학 저널리즘은 과학이 사회로부터 단절된 것으로 해석하며, 시민들에게 중요 이슈를 전달할 때 사회적 복잡성(social complexity)을 대폭 감소시키는 오류를 범하고 있다. 미디어가 선택적으로 기사화하는 기능이 있기도 하지만, 그 복잡성을 감안할 때 단순한 선택의 문제로 귀결시킬 수만은 없다(Schäfer, 2009; Allan, 2002). 그러나 과학 저널리즘은 최근의 변화를 제대로 반영하지 못하고 있으며, 이에 따라 과학자와 시민 모두로부터 외면받는다고 봐야 한다.

4. NASA 우주 프로그램과 과학 저널리즘의 위기

과학 저널리즘의 위기와 관련해 최근 가장 주목받는 분야가 우주 개발이다. 제2장 과학 저널리즘의 역사에서 자세히 설명했듯이 현대 과학 저널리즘의 역사는 1950년대와 1960년대 미국과 구소련의 우주 개발 경쟁에서 시작됐다. 인류 역사에 새로운 전기를 마련한 우주 개발을 둘러싸고 해당 사안을 전문적으로 취재·보도할 과학 저널리스트와 전담 부서의 필요성이 제기되었고, 미국은 물론 일본과 한국까지도 이에 민감하게 반응했다. 우주 개발을 보도하기 위해 과학부와 과학기자 제도를 시작했기 때문이다. 따라서 미국의 우주 개발 계획을 진두지휘한 미 항공우주국 NASA(National Aeronautics and Space Administration)는 지난 수십 년 동안 과학 저널리즘의 핵심 분야였다.

그러나 2010년 오바마 대통령이 미국 우주 프로그램의 전면적인 전환을 발표하면서 NASA의 역할이 대폭 축소됐다. 미 NASA의 달 착륙 프로그램을 끝내고 새로운 로켓 및 우주선 개발을 민간으로 이양하겠다는 것이 핵심이었다(NASA, 2011). 미국에서는 최초의 우주인이 달에 착륙하면서 달 탐사가 국가의 과학 정체성처럼 되어 있다. 우주 개발 계획이 미 과학계의 상징으로 여겨진다는 것이다. 그러나 오바마 정부는 경제 위기에 따른 국가 예산의 축소를 이유로 NASA의 역할 축소를 불가피하게 만들어 많은 사람을 충격에 몰아넣었다(NASA, 2011). 이에 따라 그동안 NASA가 담당했던 우주선 개발 등을 민간에 이양한다는 구체적인 방안이 마련되었다.

그러나 오바마 행정부가 추진하는 이러한 민간 주도의 우주 개발 정책은

2014년 10월 28일 미 NASA가 국제우주정거장(International Space Station: ISS)에 보낼 화물을 실은 '안타레스' 로켓이 발사 직후 공중에서 폭발하면서 많은 문제점을 노출했다. 이 화물선은 ISS에서 우주인들이 사용할 식량과 물품, 각종 실험 장비 약 2200kg을 싣고 있었다. 해당 로켓은 NASA의 새로운 우주 개발 정책 이후 일어난 첫 번째 대형사고라는 점에서 미국의 우주 정책이 잘못되었다는 비난을 받고 있다. NASA가 민간 업체에 우주 화물 운송 업무를 이양했기 때문이다. NASA의 우주 로켓이 발사 직후 폭발한 사고는, 지금은 퇴역한 우주 왕복선 챌린저가 1986년 1월 이륙 73초 만에 폭발한 것에 이어 두 번째이다. 2003년 7월 우주 왕복선 콜롬비아호가 지구 귀환 도중 공중 폭발한 사례도 있다. 물론 미 NASA의 역할 축소가 NASA 자체의 종식을 뜻하지는 않는다. 향후 경제 상황이 호전되고, 러시아 및 중국과의 우주 경쟁에 밀리지 않으려면 일정 부분 NASA의 역할은 지속될 수밖에 없기 때문이다.

과학 저널리즘 입장에서 볼 때, NASA의 역할 축소가 미 과학 저널리즘에 직접적인 영향을 미쳤다는 사실을 부인할 수 없다. 미국 정부가 NASA의 역할을 축소시키려는 움직임을 보이던 2009년, 미국 텍사스주 ≪휴스턴 크로니클(Houston Chronicle)≫은 20년 이상 우주 개발계획을 취재·보도하던 우주전문기자인 마크 카로(Mark Carreau)를 해고했다. 이에 앞서 CNN도 우주전문기자인 마일스 오브라이언(Miles O'Brien)을 해고하는 등 미 언론에서 우주 분야 담당 기자들이 수난을 겪었다. 우주 분야에 대한 과학 저널리즘 역할은 사실 21세기 초반부터 쇠퇴하기 시작했다. 1950년대와 1960년대, 그리고 이후 몇십 년 동안 우주선 발사는 매우 중요한 과학적 이벤트였다. 그러나 우주선 발사가 너무 잦아지면서 저널리즘의 가치인 특이성과 시의성 등을 상실했다. 현재 미디어의 우주 분야 취재·보도는 뉴스 가치를 만들어내지 못하고 있다.

한편 과학 저널리즘 분야에서도 우주과학 분야는 더욱 어려운 분야여서 막대한 훈련 비용을 들이고도 이를 일반인이 알기 쉽게 풀어쓰는 데 한계가 있어 언론기관 입장에서도 비용 대비 효과가 나타나는 분야는 아니었다. 컴퓨터와 의료 분야가 거대한 광고 시장을 배경으로 하고 있으나 우주 분야는 광고 수입을 올리는 데 제한이 있을 수밖에 없기 때문이다. 무엇보다 우주 분야 역시 새로 등장한 온라인 매체의 도전을 받아야 했다. 특히 2000년대 초반에 만들어진 스페이스닷컴(Space.com)이 지면 압박을 받지 않고 우주 개발 관련 기사를 쏟아내고 있다. 이들은 우주선 발사 계획 발표 및 우주선 발사 등 특정한 사안에 대해서만 기사를 취재 · 보도하는 전통 미디어의 역할을 빠르게 대체하고 있다(Heyboer, 2003).

이와 함께 우주선 폭발 등의 사고가 잇따르면서 우주 분야 전문 과학 저널리스트들이 저널리즘의 여러 기능 중 가장 중요한 기능으로 간주되는 감시 기능(watch dog function)을 제대로 수행했는가에 대한 자체 반성도 해당 영역의 축소에 기여했다. 우주 분야 전문 저널리스트들은 이제 NASA를 취재하는 대신 민간기업의 우주선 개발 계획을 취재 · 보도하는 등 그 역할을 변경할 수밖에 없다. 또 유인 우주선이 아닌 로봇 우주선 개발 같은 새로운 영역에 대한 취재 · 보도를 확대하는 것이 필요하다. 우주 개발과 같은 사안은 막대한 정부 예산이 필수적이며, NASA의 축소 자체 역시 정부의 재정긴축과 맞물려 있는 만큼 우주 개발계획에 대한 새로운 조망이 필요하다고 할 수 있다(Usher, 2011).

한국의 경우 2021년 10월에 발사된 누리호가 증명하듯, 우주 분야는 과학 저널리즘에 새로운 분야로 등장하고 있다. 미국과 러시아 등에는 뒤졌으나, 자체 발사체인 누리호를 쏘아 올린 것은 한국도 우주과학 연구에 큰 성과를 보이고 있다는 점을 증명한 것이다. 비록 마지막 궤도 안착 단계에서 실패를

했으나 누리 2호가 2022년 5월에 발사될 것으로 예고되어 있는 등 앞으로 우주 시대가 열리고 있다는 것은 부인할 수 없는 사실이다.

국내 언론 보도 역시 누리호가 절반의 성공을 거두었다는 것을 강조하고 있다. ≪한국일보≫가 "[속보] '아쉽다' 누리호, 위성 궤도 안착은 실패… '절반의 성공'"(조소진, 2021), 그리고 ≪한국경제신문≫이 "누리호 3단 속도 '초속 7.5km'… 왜 성공 · 실패 분수령 됐나"(이해성 · 이시은, 2021)라고 보도했다. 또 ≪동아일보≫(2021)가 "'우주개발 독립' 꿈 싣고… 누리호 우주로 날았다"라고 보도하는 등, 실패보다는 절반의 성공이라는 곳에 무게를 두어 보도했다. 우주과학은 향후 국내 과학 저널리즘에서 매우 중요한 역할을 차지할 것으로 보이는 만큼, 우주과학과 관련한 전문 인력의 확보와 훈련이 시급한 실정이다.

5. 현대 과학 저널리즘의 전망과 과제

과학 저널리즘은 무엇보다 과학기사를 작성하고 보도할 때, 과학 저널리스트들이 무엇이 뉴스이고, 무엇이 뉴스가 아닌가를 판단할 수 있어야 한다. 과학 저널리즘은 다양한 요소를 함께 고려해야 하며, 단지 과학적 지식을 전달하는 수단으로 전락해서는 안 된다. 특히 과학 저널리스트는 과학자가 국가의 과학 정책과 시민들의 권리 향상을 위한 전문가가 되도록 해야 한다. 이와 관련해 테오도르 그로스(Theodoro Gross, 2014: 35)는 현대 과학 저널리즘은 다음의 다섯 가지 주요 전제를 실행할 수 있어야 한다고 강조한다.

* 과학 저널리즘은 과학 교육을 담당하기보다는 저널리즘 기능을 수행해야 하

며, 과학의 중요성을 감안해 주요 미디어 어젠다를 형성할 수 있어야 한다.

* 과학 저널리즘은 단지 과학 용어를 일반인에게 알기 쉽게 전달하는 것이 아니라 과학 분야의 특수 담론을 일반 담론으로 바꿀 수 있는 능력이 있어야 한다.
* 훌륭한 저널리즘의 핵심은 취재원을 어떻게 확보하는가라는 명제하에, 과학 저널리즘은 취재원인 과학자가 과학 보도의 질을 결정한다는 것을 이해해야 한다. 따라서 과학 저널리스트는 취재원인 과학자를 다양하게 확보함으로써, 과학 보도가 특정한 프레임으로 전락하는 것을 방지해야 한다.
* 과학 저널리즘의 표현은 반드시 단순한 뉴스 형태를 벗어나 스토리텔링 형식으로 변경되어야 한다.
* 과학 저널리즘은 과학적 특수 용어와 전문 용어를 일반적 표현과 정의, 설명으로 전환하는 기사 체계와 표현 체계의 발전에 앞장서야 한다. 그러나 이는 과학적 엄격함과 사실성을 훼손하지 않으면서, 더 명료하게 과학 이야기를 전개할 수 있는 것을 의미한다.

과학 저널리즘은 또한 저널리즘의 주요 기능 중 하나인 감시 기능과 탐사 보도를 어느 때보다 확대하는 것이 절실하다. 과학 관련 기관의 PR팀에 따라 좌우되는 스트레이트 기사에 의존하는 시대는 이미 지났기 때문이다. 소셜 미디어에서 과학적 발견이나 발명, 자연재해 관련 이슈가 실시간으로 보도되고, 이들이 쓴 과학기사가 수용자에게 직접 전달되는 현 상황에서 과학 저널리즘은 PR 분야와 소셜 미디어가 할 수 없는 영역을 발전시키는 것이 무엇보다 중요하다. 과학 저널리즘의 심각한 문제는 과학을 가치중립적인 것으로 판단하고 아무 입장 표명 없이 중립적으로 보도한다는 것에 있다. 이러한 중립적 사실 보도는 PR 자료에서 쉽게 볼 수 있다. 과학 저널리스트는 과학 연구와 그 응용이 내포하는 사회적 · 정치적 · 경제적 함의와 과학기술이 가진 한계점(부작용)까지 수용자가 이해할 수 있도록 도와야 한다. 특히 핵에너지, 유전자 조작, 컴퓨터처럼 고도의 기술이 인간 건강, 생태계, 노동 과정에 큰 영향을 끼칠 수 있는 과학기술을 비판적으로 평가해야 한다. 이로써 일반 대중에게 지나친 과학 유토피아를 경고하고, 과학의 사회적 위험도 알려주는 '비판적 과학 저널리즘'을 수행해야 한다(김성재, 2004).

실제로 과학 저널리즘은 미국 · 영국 · 캐나다 등 서구 국가들보다는 아시아나 아프리카 등 비서구 국가들에서 위기감이 높아지고 있다. 2000년부터 2017년까지 관련 문헌을 연구한 한 조사에 따르면, 비서구 국가에서의 과학 저널리즘은 모두 다섯 개의 주요 문제점을 노출하고 있다. 문제점들을 간단히 정리하면, 1) 비서구 국가들의 과학 저널리즘은 서구에 지나치게 의존하고 있으며, 특히 미국 등 일부 국가의 미디어에 깊게 의존하고 있다. 2) 언론사 내부에서 과학부의 위상이 지나치게 낮게 평가되고 있다. 3) 무비판적 보도를 실행하고 있다. 4) 과학 저널리즘에 대한 정부의 관여가 지나치다. 그리고 5) 과학과 저널리즘 간 비효과적인 관계가 두드러진다(Nguyen and Tran, 2019). 해당 조사에서도 강조했듯이 무비판적인 보도가 문제가 되고, 이러한 과학 저널리즘 실행이 결국은 과학 저널리즘의 위상을 약화시키는 원인으로까지 등장하고 있다고 할 수 있다. 따라서 과학 저널리즘은 정부와의 관계에서 불가분불가원의 원칙을 지키면서, 비판적인 보도 태도를 확립해야 한다.

물론 과학 저널리스트 본인들은 '과학 저널리즘이 위기이냐'에 대해 절대 다수가 그렇지 않다고 판단하고 있다. 「글로벌 과학 저널리즘 리포트 2021」에서 나타난 것처럼, 전 세계 과학 저널리스트 600여 명으로 받은 조사 결과에 따르면, 응답자의 73%가 '과학 저널리즘이 죽어가는 영역인가'라는 설문에서 강하게 "아니다"라고 답변했다. 또 '과학 저널리즘이 위기인가'라는 설문 조사에서 오직 31%만이 "그렇다"라고 답변했다. 과학 저널리스트들은 현

그림 3-1 **과학 저널리즘 보도의 질을 확보하기 위한 요소들**

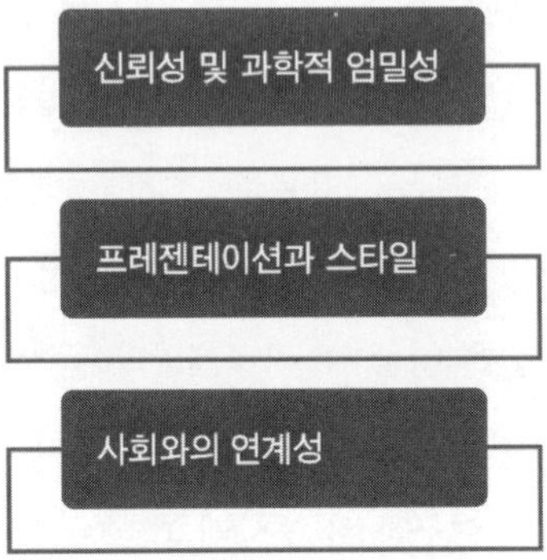

자료: UNESCO(2020).

재 여러 가지 위기 요인에도 불구하고 과학 저널리즘의 미래에 대해 긍정적이며, 확대 발전 가능성의 중요성을 인지하고 있는 것으로 보인다. 과학 저널리즘은 기후 환경 변화의 중요성이 어느 때보다 강조되고, 우주선 개발 및 경쟁이 치열해지고, 코로나19 같은 개인들의 삶과 건강에 직결된 보건의료 요소들이 존재하는 만큼, 이러한 과학기술 분야의 효과적인 보도가 중요해진다는 점에서 향후 성장과 발전을 거듭할 것으로 예측된다.

보다 구체적으로, 과학 저널리즘은 특히 코로나19와 같은 인류가 당면하고 있는 위기 상황에서 큰 역할을 담당하고 있다는 점에서 양질의 보도를 확보하기 위한 여러 요인들을 고려해야 한다. 유네스코(UNESCO, 2020)는 이와 관련해, 코로나19 시대에 과학 저널리즘/커뮤니케이션의 역할은 그 어느 때보다도 중요해지고 있다며, 과학 저널리즘은 신뢰성 및 과학적 엄밀성, 정확한 프레젠테이션과 스타일의 구사, 사회와의 연계성을 확보해야 한다고 강조했다(〈그림 3-1〉 참조).

신뢰성 및 과학적 엄밀성 측면에서는 보도가 과학적이고, 사실에 입각해야 하며, 균형 잡힌 보도와 투명성이 보장되어야 한다는 것이다. 프레젠테이션과 스타일에 있어서는 보도의 명확성과 일관성, 그리고 맥락을 짚어주는 보도의 중요성이 확보되어야 한다는 것이다. 또한 과학 보도는 수용자들과의 상호 교류 확대 역시 주요 가치로 여겨야 한다고 강조했다. 마지막으로 사회와의 연계성으로는 보도의 목적과 타깃이 분명해야 하고, 효과적이어야 하며, 책임감 있는 태도가 중요하다고 지적했다(UNESCO, 2020).

6. 결론

과학 저널리즘은 최근 들어 많은 변화를 경험하고 있다. 한편으로는 과학, 특히 보건 · 의료 분야의 관심 증대로 과학 저널리즘이 중요시되는 반면, 경제 위기와 신문 독자 및 방송 시청자가 감소하면서 전통 미디어 매체의 과학부와 과학 저널리스트들이 감소하는 특징을 보이고 있다. 뉴미디어의 등장은 특히 과학 저널리즘을 위기로 내몰고 있다고 해도 과언이 아니다. 그러나 과학 저널리즘의 위기는 과학부가 해체되고, 과학 저널리스트들이 해고되는 등의 푸대접을 받는 데에 있지 않다. 무엇보다 중요한 것은 과학 저널리즘의 가치가 존중받지 못한다는 데 있다. 과학은 현대사회에서 갈수록 중요해지고 있고, 과학 저널리스트는 인류 사회에서 가장 주요한 분야를 취재 · 보도하는 고귀한 역할을 수행하고 있다. 그러나 최근 들어 이러한 가치를 제대로 인식하지 못하고 있다.

현대 과학 저널리즘은 급속도로 성장 · 변화하는 과학기술계에 대한 이해를 바탕으로 국민과 소통해야 한다. 그리고 과학기술의 발전으로 생기는 윤리 문제를 이해하고 저널리즘 실행에 반영해야 하는 동전의 양면을 모두 파악해야 한다. 따라서 과학 저널리즘은 단지 과학 부서의 해체에서 오는 상실감에서 벗어나야 그 위기를 극복할 수 있다. 우선, 뉴미디어가 등장하면서 위기 상황을 맞이한다고 판단하기보다는 뉴미디어를 어떻게 효과적으로 이용하는가를 고민해야 한다. 향후 여러 장에서 논의하듯, 이는 결국 빅데이터와 소셜 미디어 시대에 걸맞은 저널리스트의 육성이 과학 저널리즘의 미래를 좌우할 수 있다는 것이기도 하다. 인터넷과 소셜 미디어 시대에는 무엇보다 상호 소통이 중요하다. 따라서 전통 미디어의 관습대로 과학 뉴스를 일방적으로 생산해 이를 수용자에게 전달한다는 낡은 사고에서 벗어나야 한다.

한편으로는 과학자를 이해할 수 있는 전문성을 기르고, 다른 한편으로는 수용자의 요구를 반영할 수 있는 쌍방향 소통의 과학 저널리즘을 구현하려는 노력이 필요하다. 또 다른 한편으로는 과학 저널리즘의 존재 가치를 스스로 향상시키는 노력을 기울여야 한다. 과학 저널리스트가 과학자, 과학 정책가와 상호 소통하되, 건전한 비판 관계를 유지하는가 하면, 취재 · 보도에서 비윤리적 관행을 바로잡는 노력이 필요하다. 경제 위기 시에 과학 저널리즘이 일시적으로 위기를 경험할 수 있으나, 과학 저널리스트 스스로 전문성을 향상하고 과학 저널리즘의 존재 가치를 제고할 때 과학 저널리즘은 거듭날 수 있다. 과학 저널리즘이 현재 겪는 위기는 거꾸로 과학 저널리즘의 기회라는 점을 인식하고, 적절히 준비하는 것이 무엇보다 중요한 시점이다.

제2부

과학 저널리즘 실행

제4장 | 과학 저널리즘 이론

제5장 | 전문가로서 과학자의 역할

제6장 | 과학 저널리즘 윤리

제4장

과학 저널리즘 이론

1. 서론

과학 저널리즘은 단순히 신문과 방송 같은 전통 미디어의 입장만 이해해서는 불가능할 정도로 복잡하고 다양화되고 있다. 코로나19 같은 인류 보건 건강 문제는 물론, 기술 분야에서도 빅데이터와 소셜 미디어, 그리고 최근에는 인공지능과 메타버스(metaverse)의 중요성이 날로 커지고, 이에 따라 과학 저널리즘도 변화를 거듭하고 있다. 따라서 많은 과학 저널리스트가 국내외 대학원에서 재교육을 받으며, 이들은 실행(practices)으로서 과학 저널리즘뿐만 아니라 학문으로서 과학 저널리즘을 이해하려고 노력한다. 인공지능 · 빅데이터 시대에 필요한 컴퓨터 매개 커뮤니케이션과 이와 관련된 방법론이 필요하고, 미디어 효과를 살펴보기 위해 여러 관련 이론을 이해하는 것이 중요해지고 있다.

이제 과학 저널리즘은 현장에서 관련 기사를 취재 · 보도하는 데 그치지 않는다. 더 많은 지식과 기법을 습득해야 하고, 바뀌어가는 글쓰기의 형태도

발 빠르게 터득해야 한다. 과학기술 분야는 무엇보다 여타 저널리즘 분야보다 전문성이 요구된다. 저널리스트가 주로 상대하는 과학자와 기술자가 각 분야의 최고 전문가이다 보니, 기자도 최소한 해당 분야를 이해할 전문적인 지식이 있어야 하기 때문이다. 전문적인 지식이란 단지 줄기세포나 코로나 바이러스에 대한 기본적인 정보만을 의미하는 것이 아니다. 과학 저널리즘의 최대 취재원의 하나인 과학 학술지와 해당 이론들을 이해할 수 있는 능력이 있어야 한다. 또 기사를 작성할 때 어떤 시각으로 접근하고 보도하는지 이해를 하면 기사 작성과 보도에 큰 도움을 줄 수 있다.

따라서 이 장에서는 과학 저널리즘을 배우거나 실행하는 학생과 저널리스트가 전문성을 확보하기 위해 필요한 저널리즘 이론을 논의한다. 특히 과학 저널리즘을 이해하기 위해 과학 저널리즘에서 미디어 효과론을 어떻게 사용해야 하는지 조명한다. 미디어 효과 이론들과 민주주의 실현을 위한 공론장(Public Sphere) 이론은 이후 여러 장에서 논의되는 사회구성주의(Social Constructivism) 이론과 위험사회(Risk Society) 이론 등과 함께, 과학 저널리즘의 주요한 이론으로 사용될 수 있다.

2. 저널리즘 이론 일반

과학 저널리즘 이론은 많은 경우 저널리즘 일반이론을 과학 분야에 적용해 사용한다. 저널리즘 이론은 크게 뉴스의 효과를 주로 연구하는 미디어 효과론(media effect) 연구와 뉴스의 효과보다는 뉴스가 만들어지는 과정의 제반 문화를 연구하는 문화 · 비판연구론으로 나눌 수 있다. 미디어 효과론은 미국과 한국 등 실용주의 문화가 지배하는 국가에서 주로 연구되는 반면, 미디어 문화 연구는 상대적으로 유럽이나 캐나다 등에서 많이 논의된다.

우선 저널리즘 영역에서 초창기 미디어 관련 연구는 미디어 효과론에 기초한다. 1900년대부터 미디어가 개인과 사회에 미치는 영향력을 규명하기 위해 근대적 의미의 저널리즘 연구가 시작된 이후 미디어 효과에 대한 연구가 저널리즘 이론의 핵심이었다. 미디어 효과론 연구는 제1차 세계대전 중 선전효과 연구(propaganda studies)로 거슬러 올라간다. 당시 연구는 정부가 전쟁에서 승리를 이끌기 위해 선전을 어떻게 효과적으로 사용하는지가 주요 관심사였으며, 정부는 대중에게 정보를 전달하기 위해 주로 선전국에 의존했다.

그러나 미디어 효과 이론은 무엇보다 해럴드 라스웰(Harold Lasswell, 1941)의 대중 여론(public opinion) 연구가 큰 영향을 미쳤다. 라스웰은 미디어가 어떻게 정보를 걸러내며 대중 행태를 형성하는가를 집중적으로 연구했다. 마케팅 분야에서도 광고주와 상품 생산회사가 어떻게 소비자의 욕구를 조사하는가에 대해 관심을 가지기 시작했다. 라스웰의 대중 여론 연구는 누가(who), 무엇을(says what), 어떤 채널을 통해(in which channel), 누구에게(to whom), 무슨 효과를 기대하고(with what effect) 실행하는지 연구한 것으로 초창기 미디어 효과론을 구성한다. 특히 라스웰의 미디어 효과 모델은 "정당 · 정치의 호소는 결국 절반 정도의 진실과 커뮤니케이션의 여러 조작에 기초하는 것"이라는 전제하에 "프로파간다는 주요한 상징, 이야기, 루머, 그리고 사진 등의 형태를 통해 여론을 통제하는 것이라는 믿음에 기초한다"라고 규정했다.

미디어 효과 이론은 이후 월터 리프먼(Walter Lippmann)의 『여론(Public Opinion)』(1997)에서 본격적으로 논의된다. 리프먼은 "미디어는 우리가 살고 있는 세계를 우리 머리 안에 있는 사진들로 간주하는 것"이라며 "미디어가 개인이 경험하지 못한 일들에 대한 개념을 형성한다"라고 지적했다. 즉, 리프먼은 뉴스 미디어가 우리를 직접 경험 밖의 세상과 연결하는 창이며, 세상에 대한 사람들의 인지적 지도를 결정한다고 강조했다. 여론은 실제 우리가 살고 있는 환경에 대한 직접적인 반응이라기보다 뉴스 미디어가 구성한 만들어진 환경(pseudo: 의사환경)에 대한 반응이라는 주장이다. 리프먼의 이러한 주장은 이후 맥스웰 매콤(Maxwell McCombs)과 돈 쇼(Don Shaw)가 발전시킨 미디어 의제 설정(agenda setting) 이론에 직접적인 영향을 주면서, 미디어 효과 이론은 미디어 이론의 최대 주주로 자리매김하게 된다. 미디어가 미디어 이용자인 수용자(audience)에게 어떤 영향을 미치는가가 최대의 관심사이기 때문이다.

미디어 효과 이론은 최대 효과(Powerful Effect) 이론에서 최소 효과(Minimal Effect) 이론으로 발전되었다. 최대 효과 이론은 미디어가 즉각적이고, 직접적인 영향력이 있다고 전제하는 동시에, 일반인은 수동적이며, 미디어 콘텐츠를 무비판적으로 조건 없이 수용한다고 가정한다. 주로 '피하주사 모델(Hypodermic Needle Model)'로 설명된다. 반면 최소 효과 이론은 매스미디어는 수용자에게 직접적인 효과를 주는 것은 아니라는 전제하에, 개인적 접촉이 미디어 노출보다 더 중요하며, 미디어 효과는 대부분의 경우 간접적인 영향에 그친다고 주장한다. 크게 '2단계 흐름 모델(Two-step Flow Model)'과 '이용과 충족 이론(Use and Gratification Model)'으로 나뉜다. 이용과 충족 이론은 미디어의 효과에 대한 정의를 폭넓게 해석, 의제 설정 이론(어젠다 세팅 이론)과 함께 중효과 이론의 하나로 논의되기도 하나(조항민, 2014), 여기서는 최소 효과 이론으로 논의하고, 의제 설정 이론은 현대 미디어 효과 모델로 따로 논의한다.

3. 최대 효과 이론

최대 효과 이론인 피하주사 모델은 '마법의 탄환 이론(Magic Bullet Theory)'으로도 불린다. 미디어 효과론의 초창기 이론으로 "사람들은 미디어 텍스트를 보고 읽으며, 그들이 보는 모든 것들을 믿는다"라는 전제에서 출발했다. 피하주사는 약을 사람의 몸에 직접 투약하는 도구로 피하주사 모델은 약이 사람들의 뇌 속으로 직접 투약되어 직접적이고 즉각적인 효과가 나타나는 것과 마찬가지로 미디어 메시지가 사람의 뇌 속으로 전달되어 그들의 뇌를 완전히 청소하는 정도의 효과(brainwashing)가 있다는 것이다(Binehan, 1988). 피하주사 모델에 따르면 대중은 소극적인 존재로 미디어에 의해 쉽게 조종된다고 인식하게 된다. 사람들은 생물학적 본능에 따라 어떤 자극이 주어지면 이에 단순하게 반응하는 존재라는 믿음을 기반으로 한다(Lowery and DeFleur, 1995). 즉, 피하주사 모델은 미디어가 수용자에게 직접적이고, 즉각적이며, 매우 강한 효과를 가져다준다는 믿음에 기인한다(Binehan, 1988).

미디어 연구에서 피하주사 모델이 등장한 때는 1920년대와 1930년대부터이며, 미디어가 수용자의 행태를 변화시키는 데 큰 영향력을 행사하는 존재로 인식되었다. 미디어가 강력한 영향력을 행사할 수 있다는 전제는 당시 라디오와 이후 텔레비전이 급속하게 발전하면서 대중 속으로 파고들던 시대적 상황과 흐름을 같이한다(조항민, 2014). 또 광고와 PR 회사 등이 급속도로 발전하기 시작한 때이기도 하다. 그러나 피하주사 모델은 방송산업이 발전하기 시작한 초창기에 만들어진 이론으로 실증적인 연구에 기초한 이론이 아니어서, 학계에서 많은 지지를 받지 못했다. 또 이후 연구에서 미디어의 효과는 간접적이며 제한적이라는 연구가 주류를 형성하면서 학문으로서 가치를 급속히 상실했다.

4. 최소 효과 이론

1) 2단계 흐름 모델

최대 효과 이론에 대한 반발로 나온 것이 최소 효과 이론이다. 1940년대에 들어 최대 효과 이론이 퇴조하는데, 전반적으로 미디어 수용자들이 수동적인 존재만은 아니라는 주장이 나오게 된다. '2단계 흐름 모델'은 최소 효과 이론의 하나로, 미디어는 대중에게 직접적으로 영향을 주는 것이 아니라 오피니언 리더를 통해 영향을 미친다고 전제하는 것이다. 성직자, 교육자, 주민 대표 등 여론 지도자들은 다른 사람에게 영향력을 미치는데, 이들이 우선 미디어의 영향을 받은 다음 덜 능동적인 일반인에게 그 내용을 전파하는 두 단계를 거쳐 미디어의 영향력이 나타난다는 지적이다(〈그림 4-1〉 참조).

2단계 흐름 모델은 폴 라자스펠트(Paul Lazarsfeld), 버나드 베렐슨(Bernard Berelson), 헤이즐 고뎃(Hazel Gaudet)이 제안했다(Lazarsfeld, Berelson and Gaudet, 1944). 이들은 1944년 연구에서 미국 대통령 선거에서 미디어가 유권자의 선거 행태에 미치는 직접적인 영향력에 대해 실증적인 증거를 얻으려고 했다. 이 연구는 유권자의 투표 행태에 미치는 영향력은 신문, 방송에 대한 노출 정도보다 비공식적이고 개인적인 접촉이 더욱 중요하게 고려되었다는 것을 밝혀냈다. 이를 바탕으로 엘리후 카츠(Elihu Katz)와 라자스펠트가 미디어의 2단계 흐름 모델을 발전시켰다(Katz and Lazarsfeld, 1955). 2단계 흐름 모델은 1960년대 들어오면서 그 영향력이 쇠퇴했다. 모든 시민이 여론 지도자에게 자문을 구하는 것도 아닌 데다, 많은 시민이 직접 매스미디어에 접촉할 수 있을 정도로 매스커뮤니케이션이 발전했기 때문이다. 또 여론 지도자가 시민들에게 한결같이 믿을 만한 인물로 남아 있지 못하고 신뢰를 상실했다. 그

그림 4-1 2단계 흐름 이론

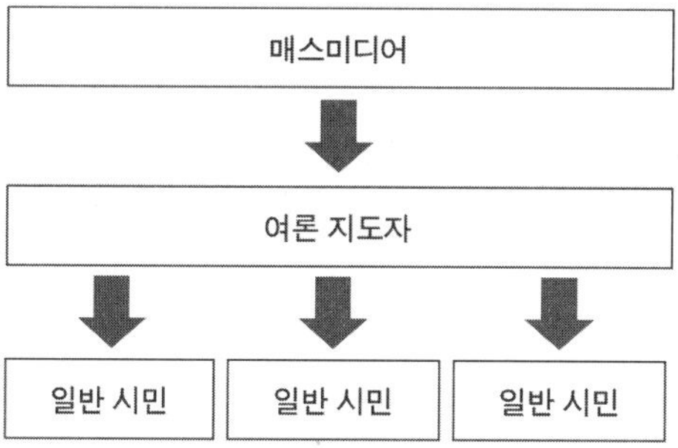

리고 사회적 공개 토론회 마당이 많이 성립되어 미디어가 여론 지도자에게, 그리고 여론 지도자로부터 다시 수용자인 시민에게 정보가 흘러간다는 2단계 흐름 모델은 지나치게 단순한 가정이라는 이유였다(강준만, 2014).

그러나 2단계 흐름 모델은 최근 트위터를 중심으로 소셜 미디어 이용자들이 이른바 여론 지도층이라고 할 수 있는 정치 · 경제 · 문화 분야의 유력인사들과 '팔로잉과 팔로워' 관계를 맺고 있으며, 이들 유력자와 관계를 맺는 이유가 주로 '유력자에게 정보나 의견, 답변 등을 빠르게 받을 수 있어서'라는 주장이 제기되면서 소셜 미디어 시대에 들어 제한적이나마 주요한 이론으로 재정립되고 있다. 소셜 미디어 이용자가 유력자를 사회적 관계의 확장이라는 측면보다는 정보 습득 및 정보 공유의 매개체로 인식하고 있다는 점에서 2단계 흐름 모델의 시사점이 있다(이원태 · 차미영 · 박현유, 2010). 2단계 흐름 모델은 효과를 실제적으로 측정하는 데 어려움이 있어 이론으로서의 가치를 한때 상실했으나, 소셜 미디어의 등장과 함께 그 중요성을 다시 한번 인정받았다고 할 수 있다(Choi, 2015). 여론 리더들은 트위터와 같은 소셜 미디어를 통해 자신들이 전달하고자 하는 메시지를 일반인들에게 파급시킬 수 있기 때문이다. 소셜 미디어가 미디어 효과 이론에 미친 영향력이 결코 작지 않다는 것을 보여주고 있다.

2) 이용과 충족 이론

1940년대부터 수용자가 수동적이라는 주장에 반기를 든 이론 중 대표적인 것이 이용과 충족 이론이며, 수용자 역할에 대한 고려는 미디어 역할에 대한 근본적인 변화를 초래했다. 기존에는 연구의 중심이 "미디어가 우리에게 무엇을 하는가?"였으나, 이제는 거꾸로 "우리가 (수용자가) 미디어를 가지고 무엇을 할 수 있는가?"로 바뀌었기 때문이다(Katz, 1959). 이는 결국 미디어의 소비자인 수용자를 수동적이 아닌, 능동적 또는 적극적인 수용자(active audience)로 추정하는 것이다. 미디어의 역할을 수용자에게 영향을 미치고 설득하려는 노력에서, 수용자가 미디어를 사용할 것인지 그리고 무엇을 사용할 것인지를 결정하고, 수용자가 어떤 미디어 콘텐츠를 보고, 듣고, 읽을 것인지를 결정하는 한편, 미디어 사용자가 이를 어떻게 해석할 것인지 결정하는 과정을 강조하는 이론이다. 즉, 이용과 충족 모델은 수용자를 '적극적으로 의사를 결정할 수 있는 인간 유형'으로 존중하는 데 그 출발점이 있다.

미디어 수용자들은 개인적으로 경험된 특정한 욕구를 충족시키기 위해 미디어의 산물을 능동적으로 소비할 뿐 아니라, 설문 조사를 보조하는 수단으로 인터뷰를 단행하는 방법론적 특징을 보인다. 이는 사람들이 여러 감정적이고 지적인 욕구를 만족시키기 위해 어떻게 미디어를 사용하는지를 연구하기 위한 것이다. 결국 미디어가 우리에게 어떠한 영향을 주는가보다, 왜 우리가 미디어를 이용하는지가 중요하다는 것으로, 사람들이 어떻게 자신의 필요와 이해를 충족시키기 위해 미디어를 사용하는가에 대한 관심을 가지게 된다. 여기서 이용과 충족이란 "미디어로부터 우리가 찾을 수 있는 충족감"으로 이용과 충족은 다음과 같은 내용을 수반한다(Blumler and Katz, 1974). 특히 수용자들은 네 가지 주요 욕구 중 하나를 충족하기 위해서 미디어를 이용(use)하며 미디어는 이를 충족(gratify)시키는 역할을 한다는 것이다.

* 기분 전환(Diversion): 미디어의 엔터테인먼트 기능을 강조하는 것으로, 미디어를 통해 스트레스를 해소하고, 일탈과 자극을 추구한다.
* 사회적 관계 형성(Social Relationships): 정보의 습득을 통한 대인 관계의 형성을 추구한다.
* 정체성의 확보(Identity Needs): 우리가 누구이며, 어떤 가치를 공유하는가에 대해 관심을 가지는데, 미디어를 통해 이를 달성한다.
* 서베일런스(Surveillance): 미디어를 통해 이벤트를 확인하고, 이들에 참여하여 만족을 얻은 행위를 의미한다(McQuail, 1994).

이용과 충족 이론의 현대적 시각은 앨런 루빈(Alan M. Rubin)이 설명한 대로 주로 "미디어의 선택과 이용을 포함한 커뮤니케이션 행동은 목표 지향적이며, 의도적이며, 동기적"이라는 가정에 토대를 둔다(Rubin, 2002; 브라이언트 · 올리버, 2010: 205). 사람들은 미디어나 미디어 콘텐츠 선택 시 상대적으로 적극적인 참여자이기 때문이다. 이 이론은 수용자는 커뮤니케이션 매체를 선택하고 이용할 때 능동적 참여자라고 간주한다. 따라서 사람들은 미디어에 이용되기보다는 지각된 욕구나 욕망을 충족시키기 위해 미디어를 선택하고 이용한다는 것이다.

물론 많은 미디어 이용자가 미디어를 오로지 기분 전환 등을 위해 사용하지는 않는다는 점에서 이용과 충족 이론이 비판을 받는 것도 사실이다. 특히 인터넷과 게임, 소셜 미디어 시대로 발전하면서 기존의 전통 미디어에 근거한 이용과 충족 이론은 수정이 불가피하다. 다만 미디어 생산자 위주의 미디어 효과론에서 미디어 수용자 중심의 미디어 효과론으로 전환했다는 점에서 이용과 충족 이론은 저널리즘 연구에 많은 기여를 했다. 발터 베냐민(강재호, 2021: 105~106)이 정보 산업에 대한 분석을 통해 보여주었듯이, 대중은 더 이상 정보 시장의 수동적 소비자나 오락 산업의 무기력한 관객이 아니다. "반대로 대중은 정보의 능동적 생산자이며, 새로운 미디어 예술의 미학적 창조자이고, 어느 때보다도 진보된 커뮤니케이션 기술을 갖추고 미디어 공간에서 자신의 삶을 써나가는 작가이며, 소셜 미디어에서 자신의 삶을 살아가는 소비자"라고 인지해야 한다.

5. 현대 미디어 효과 이론

20세기 말부터, 미디어 효과 이론은 더욱 발전하고, 세분화되었다. 저널리즘 학자들은 의제 설정 이론과 문화 계발 효과 이론 등을 통해 미디어의 효과를 다각도로 분석하고 있다. 과학 저널리즘에서 특히 많이 사용하는 것은 프레이밍 이론(틀 짓기 이론)이다. 따라서 현대 저널리즘 연구에서 많이 사용되는 의제 설정 이론, 문화 계발 효과 이론, 프레이밍 이론을 각각 설명하되, 그중 프레이밍 이론을 폭넓게 논의하려고 한다.

* 의제 설정(Agenda Setting) 이론
* 문화 계발 효과(Cultivation Effect) 이론
* 사회 학습(Social Learning) 이론

* 침묵의 나선형(Spiral of Silence) 이론

* 틀 짓기(Framing) 이론

1) 의제 설정 이론

의제 설정 이론이라고 일컫는 어젠다 세팅 이론은 현대 미디어 효과 이론 중 가장 광범위하게 사용된다. 여기서 의제란 언론이나 대중의 논의 대상이 되는 독립적인 이슈나 주제를 의미한다. 물가 불안, 범죄 증가, 교육 문제, 연예인의 사생활, 누가 대통령이 될 것인가 등에 대해 미디어가 관심을 가질 때, 미디어가 개인과 사회를 위한 주요 주제를 결정한다는 것이다. 따라서 의제 설정 이론은 "언론이 특정 상황을 집중적으로 보도함으로써 시민들이 그 사안의 중요성을 인식하게 만드는 효과를 의미"한다(이준웅, 2010: 107; 반현, 2007). 언론이 시민들의 태도나 행동에 대해서 직접적인 영향력을 행사하는 데는 성공 여부가 확실하지 않지만 특정한 이슈를 강조해서 보도함에 따라 시민들이 해당 이슈를 중요한 것으로 인지하도록 만드는 데는 성공적이라고 전제하는 것이다(McCombs and Shaw, 1993).

의제 설정 이론은 매콤과 쇼가 주로 1970년대부터 발전시킨 이론이다(McCombs and Shaw, 1993). 이들은 1968년 미국 대통령 선거에서 미디어 효과를 연구하고, 미디어가 설정하는 정치 캠페인의 의제가 유권자가 인식하는 이슈의 현저성에 영향을 미친다는 논의를 전개했다. 매콤과 쇼는 당시 노스캐롤라이나주의 채플힐(Chapel Hill)이라는 시에서 미국 내 9개 신문과 방송을 연구하여 미디어 의제를 정의했다. 대중의제를 결정하기 위해 투표권자들로 하여금 1968년 후보자인 리처드 닉슨(Richard Nixon)과 휴버트 험프리(Hubert Humphrey) 대선 캠페인에서 주요 이슈들은 무엇인지를 선택하도

록 요청했다. 그리고 미디어 내용과 투표자들로부터 얻은 데이터를 비교했는데, 자신들이 미디어 내용을 분석해 얻은 주요 어젠다와 대부분 일치한다는 결론을 얻었다. 매콤과 쇼는 결론적으로 미디어 어젠다가 대중의제로 변환한다고 주장했다.

당시 연구는 신문은 뉴스의 위치와 길이를 주요 기준으로 선정하고, 방송은 뉴스의 처음 세 꼭지 안에 들어가 있거나 45초 이상 논의한 주제를 현저한 뉴스로 선정했다. 조사 결과 뉴스에서 현저하게 다루는 이슈는 외교정책(foreign policy), 법(law and order), 재정정책(fiscal policy), 공공복지(public welfare), 시민권(civil rights) 등이었다. 즉, 어젠다 세팅은 미디어 수용자가 특정 이슈에 노출됨으로써 이들 이슈에 대한 접근성을 만들어가는 제반 과정이라고 할 수 있다. 일반인은 뉴스에서 주목받은 이슈를 기억해 낼 수 있으며, 가장 높은 관심을 가진 이슈를 가장 중요한 이슈라고 지각할 수 있다(McCombs and Shaw, 1972; 브라이언트 · 올리버, 2010).

결국 의제 설정 이론을 구성하는 핵심은 어젠다라는 개념이다. "의제란 언론이나 공중의 논의 대상이 되는 독립적인 이슈나 주제를 의미한다. 어젠다를 논하는 기준으로 구분해 보면, 의제는 크게 언론이 강조해서 보도하는 사안을 의미하는 미디어 의제, 뉴스 이용자, 즉 공중이 중요하다고 인식하는 사안을 뜻하는 공중 의제, 그리고 정부나 의회 등 정책 결정 기구나 집단이 중요하게 다루는 사안인 정책 의제로 나눌 수 있다. 어젠다 세팅 이론은 이 세 종류의 의제가 어떻게 상호 관련되어 있으며, 어떤 의제가 어떤 의제에 영향을 미치는지 알아보는 데 초점을 맞춘다"(이준웅, 2010: 108~109). 그리고 전통적으로 의제 설정 이론은 언론이 대중들의 의제 설정에 기여하고 있다는 전제하에, 미디어가 중요하다고 보도하는 주제(미디어 의제)가 대중에게 중요한 주제(공중 의제)로 전환된다고 보는 것이다.

이 과정에서 중요하게 논의되는 점은 과연 누가 미디어 의제를 결정하는가에 대한 것이다. 연구자들은 1980년대부터 누가 미디어 의제를 결정하는가에 관심을 가졌는데, 이는 주로 세 가지 측면에서 논의된다. 뉴스 정보원, 저널리스트, 그리고 미디어 상호 관계들이다. 우선 뉴스 정보원은 대통령, 기업 총수, 국회의원 등 이른바 영향력을 행사할 수 있는 유력 인사를 들 수 있다. 대통령이 국정 연설 및 국제회의에서 한 연설 중 중요한 내용을 언론이 현저한 이슈로 만들어나가기 때문이다. 두 번째로, 저널리스트가 수용자가 가지는 인식에 영향을 미친다는 점을 간과할 수 없다.

저널리스트가 다룰 수 있는 사건과 이야기는 너무 많기 때문에 이들이 일부를 선택해서 집중적으로 보도할 수밖에 없다. 따라서 저널리스트가 이슈를 생산하는 1차 정보원은 아니지만 주어진 정보 속에서 이슈화를 실행해가는 당사자로 볼 수 있다. 마지막으로 미디어의 상호작용을 들 수 있다. 소규모의 지역신문이 특정 이슈를 현저화해도 전체 국민이 이를 알 수 없으나, 국내외 주요 신문과 방송이 이를 보도하면서 해당 사안이 전국적인 미디어 의제로 확산될 수 있기 때문이다(브라이언트 · 올리버, 2010).

물론 국가 간에도 미디어 간 영향력에 차이가 있기 때문에 영향을 주는 미디어, 즉 의제를 설정하는 미디어와 이를 받아들일 수밖에 없는 미디어가 있기 마련이다. 각 국가별 뉴스 흐름을 분석한 한 연구에 따르면, 각국 미디어 중 가장 현저하게 의제를 설정하는 미디어는 대부분 미국과 영국 등 서구 국가들에 소속되어 있다. 프랑스, 독일, 러시아, 중국의 미디어 역시 국제 뉴스 흐름에 있어 주요 영향력을 행사하고 있다. 이는 전통 미디어는 물론 뉴미디어상에서도 비슷하게 나타났다. 이와 반대로, 아시아 대부분의 국가와 아프리카, 그리고 남미 국가들은 이들 국가들이 설정한 미디어 의제를 받아들이는 역할을 하고 있다(Guo and Vargo, 2017). 정치 경제 강대국이 의제를 설정하면, 약소국이 이를 받아들여 보도하는 국가 간 미디어 의제 체제가 공고화되고 있는 것이다.

어젠다 세팅 이론에서 중요한 것은 의제가 상호 경쟁적이라는 점을 이해해야 한다는 것이다. 특정한 의제는 다른 의제보다 더 중요하며, 그 결과 더욱 주목을 받게 된다. 경쟁적인 의제 중 하나 또는 두 개의 의제를 현저하게 만드는 것은 결국 미디어가 해당 의제를 지속적으로 강조해 보도하면서 가능해진다. 결국 의제 설정 이론에서는 미디어의 역할이 중요할 수밖에 없다. 다만 미디어의 역할에서 전통 미디어와 뉴미디어의 역할은 다르다는 것을 인지해야 한다. 실제로 스콧 알트하우스(Scott Althaus)와 데이비드 턱스베리(David Tewksbury)가 ≪뉴욕 타임스≫의 신문 독자와 온라인 독자를 비교 분석한 결과, 이들 독자들이 관심을 가지는 의제는 커다란 차이를 보였다(Althaus and Tewksbury, 2002). 신문 독자들이 온라인 독자들에 비해 더욱 광범위한 의제에 관심이 있었으며, 특히 국제 의제에 많은 관심을 보인 것으로 나타났다. 의제는 의제 간에 상호 경쟁적인 측면과 미디어 간 의제 선정에서 경쟁적이라는 측면을 모두 이해해야 한다.

의제 설정 이론은 최초 이론으로 발표된 지 50년이 지난 현재까지도 가장 많이 사용되고 있다. 2018년 7월 매콤과 쇼가 미국 콜로라도 주립대학에서 어젠다 세팅 이론 50주년을 기념하는 학회를 열었으며, 소셜 미디어를 어젠다 세팅 이론으로 분석한 논문들이 많이 발표되기도 했다(University of Colorado at Boulder, 2018). 어젠다 세팅 이론의 중요한 역할을 축하하고 기념하기 위해 열린 해당 학회에서는 어젠다 세팅 이론이 뉴미디어 시대에 어떤 역할을 하는지에 대해 집중 조명했다. 어젠다 세팅 이론은 그 이론 초창기에 신문과 방송 분석에 많이 사용되었으나, 최근에는 뉴미디어 분석에도 크게 사용된다는 특징을 보이고 있다.

2) 문화 계발 효과 이론

배양 이론이라고도 부르며, 대중매체는 우리가 현실을 인식하는 데 영향을 미친다고 전제한다. 1970년대와 1980년대 조지 거브너(George Gerbner)가 발전시킨 이론으로, 거브너는 문화 지표(Cultural Indicators)라는 연구 프로젝트를 단행하고 있었다. 그는 텔레비전이 지배하는 문화적 환경에서 성장하고 삶을 영위함으로써 나타나는 결과를 이해하기 위해 문화 계발(cultivation)이라는 미디어 효과 이론을 고안했다(Gerbner and Gross, 1976). 당시 미국인 가정에 급속도로 증가한 텔레비전이 일상생활에서 가장 주요한 부분이 되었으며, 세상에 대한 정보와 지식을 전달하는 데 다른 어떤 기관보다 강력한 영향력이 있다고 전제한 것이다(조항민, 2014). 문화 계발 효과 이론의 핵심 논의는 "대중매체가 묘사한 현실은 실제 현실과 다르지만 이용자는 대중매체를 통해 현실을 접하게 되고, 이용자의 인식은 대중매체가 현실을 보여주는 것에 따라 구성된다는 것을 가정한다"(이준웅, 2010: 101).

미국에서 보통의 시청자는 하루에 4시간 동안 텔레비전을 시청하지만, 중급 시청자는 그 이상을 보며 이들 중급 시청자에게 텔레비전은 사실상 정보원, 사상, 의식을 독점하게 된다는 것이다. 문화 계발 효과 이론은 안정적이고 반복적이며 깊숙하게 침투해 사실상 피할 수 없는 텔레비전 시청 행위를 통해 유발되는 장기적이며 이념적인 효과에 초점을 맞춘다. 텔레비전의 오락 프로그램이나 범죄 프로그램, 책, 영화 등이 기여하는 정도에 대한 우려 등이 주요 관심 분야이다.

예를 들어, 텔레비전에서 폭력적인 장면을 시청하는 시간과 시청자들이 현실에서 폭력에 대한 인식과의 상관관계를 보면, 문화 계발 효과 이론은 텔레비전이 정확하지 않지만 시청자들이 현재를 반영한다고 믿는 사회적 진실을 배양한다고 주장한다. 문화 배양은 텔레비전이 사회적 현실 및 진실에 관한 믿음을 쌓아가는 과정이기 때문이다. 여기에서 텔레비전이 세상에 존재하는 것 이상으로 세상은 더욱 폭력적이고 위험한 것이라고 투영하게 되는데, 피하주사 모델과 달리 축적적인 영향을 강조한다. 최근 들어 한국 사회에서 문제가 되는 게임 중독도 문화 계발 효과의 하나라고 볼 수 있다. 폭력적인 게임을 계속하면 마치 현실도 폭력 사회인 것처럼 인식하게 되고, 게임을 모방한 범죄 행위를 하는 경우가 있기 때문이다. 결국 문화 계발 효과 이론은 텔레비전과 게임 등 미디어를 많이 시청하거나 사용할수록 현실보다는 이들 미디어에 투영된 사실을 믿게 되며, 반대로 미디어를 적게 보거나 사용할수록 사회 폭력에 대해 좀 더 현실적으로 판단하게 된다는 것이다. 일반 시민이 미디어에 많이 노출될수록 미디어가 전달하는 사실을 더욱 크게 믿는 효과를 만들어낸다는 지적이다.

문화 계발 효과 이론은 미국에서 3대 전국 지상파 방송사가 막강한 영향력을 행사할 때 만들어진 이론이다. 당시 3대 네트워크 방송사(NBC, ABC, CBS)는 매일 밤 시청자의 90% 이상을 끌어들였다(브라이언트 · 올리버, 2010). 21세기는 케이블과 위성채널의 등장, 그리고 소셜 미디어와 게임의 역할 확대 등으로 미디어 환경이 변화하고 있다. 따라서 텔레비전 위주로 연구가 한정되어 있던 문화 계발 효과 이론의 확대가 절실하다고 할 수 있다.

3) 과학 저널리즘에서 프레이밍 이론

1990년대 중반부터, 의제 설정 이론은 프레이밍 이론(틀 짓기 이론)으로 진화한다. 프레이밍 이론은 사회학과 심리학 등 다양한 학문적 기원이 있으며, 따라서 프레이밍을 한마디로 정의하기는 어렵다. 프레이밍 이론에 대한 초기 시도는 인류학자인 어빙 고프먼(Erving Goffman)으로부터 찾을 수 있는데, 그는 프레이밍이란 "개인들로 하여금 어떠한 이슈들, 사건들, 그리고 주제들을 위치시키고, 인지하고, 동일시하고, 그리고 분류할 수 있는 해석의 모델"이라고 정의했다(Goffman, 1974: 21). 이후 프레이밍은 언론학자들이 발전시켰으며, 프레이밍 효과는 말 그대로 미디어가 어떤 사건에 대한 정보를 전달할 때 단순히 객관적인 정보만을 전하는 것이 아니라, 수용자가 사건에 대한 의미를 이해하는 틀을 함께 형성한다는 것을 뜻한다(Nisbet, 2010). 즉 "미디어는 수용자에게 정보를 제공하고 전달하는 과정에서 인식의 프레임을 형성하는 역할을 수행하고 있다는 것이다. 여기서 미디어가 제공하는 특정한 해석적 틀을 프레임이라고 하고, 언론이 특정한 프레임을 제시하는 것"을 프레이밍이라고 한다(조항민, 2014: 121).

더욱 구체적으로 프레이밍은 현실을 바라보는 다양한 시각 가운데 특정한 관점을 선택하고 부각시켜 수용자의 생각 범위를 규정하는 것이다. 뉴스는 현실을 있는 그대로 보여주기보다는 현실의 일부분을 선택 · 강조 · 요약해서 보여주며, 수용자는 뉴스를 통해서 선택 · 강조 · 요약된 현실을 볼 수밖에 없다는 의미이다. 특히 "뉴스는 하나의 이야기로서 줄거리를 가지며 이를 통해서 현실에 대한 강력한 이해와 해석의 틀을 제공한다. 이렇듯 뉴스가 현실을 특정한 방식으로 선택 · 강조 · 요약해서 나타냄으로써 이용자의 이해와 해석의 범위에 일정한 한계를 설정하는 효과를 프레이밍 효과"라고 한다(이준웅, 2010: 121). 미디어가 단지 의제를 설정하는 능력을 보유할 뿐만 아니라 프레이밍이라는 과정을 통해 대중의 생각에 영향력을 행사한다고 주장하는 것이다.

따라서 프레이밍 효과는 지각된 이슈의 중요성 이후에 발생하는 2차적 수준의 의제 설정일 것이라고 말하기도 한다(McCombs, 2014; 브라이언트 · 올리버, 2010에서 재인용). 특정 이슈를 프레이밍하는 것은 인간의 편견, 정치적 성향, 미디어 편향성에 따른 소통 장벽을 해결하기 위해 미디어 보도 내용의 사려 깊은 선택 및 보도 필요성이 제기됐기 때문이다. 프레임은 해석에 관한 것으로 '왜 특정한 이슈가 문제가 되는가', '누구에게 책임이 있는가', '어떻게 해결해야 하는가'라는 문제의식에서 출발한다. 따라서 성공적인 커뮤니케이션은 의도했던 직관적인 프레임을 잘 이용했을 때 나타난다고 믿는다. 프레임은 무엇보다 그 과정에서 여러 행위자가 복합적인 역할을 하게 된다. 미디어 윤리 부분에서 좀 더 세세히 논의하겠지만, 프레임 이론은 미디어 사회학에서 이야기하는 구성주의(constructivism) 관점을 유지해야 한다. 미디어 취재와 보도, 그리고 이 과정에서 필연적으로 수반되는 프레이밍 효과는 다음과 같이 미디어 내부와 외부를 둘러싼 사회 여러 요소의 구성에 따라 만들어지기 때문이다.

* 언론인: 뉴스 구성을 위해, 타깃 청중에게 호소하기 위해
* 정책 결정자: 이슈를 그들의 정치적 · 정책적 목표에 맞추어 발전시키기 위해
* 전문가: 기술적 요소들을 단순화하고, 이들을 더욱 설득력 있게 만들기 위해
* 과학자: 비전문가들과 소통하기 위해, 연구비 수주를 위한 보고서 작성을 위해, 대중 과학 서적을 위해, 언론인과 소통하기 위해
* 시민: 복잡한 주제들이 합당한지, 그들의 의견을 잘 표출하기 위해

프레임은 결국 여러 행위자의 상호 작용의 결과로, 어떤 이슈에 대한 중점적 아이디어를 조직화(방향성 제시)하는 것을 의미한다. 이를 두고 로버트 엔트먼(Robert M. Entman)은 프레임은 특정한 문제 정의, 인과적 해석, 도덕적 평가, 그리고 기술된 사건에 대한 처리를 활성화하는 것과 같은 방식으로 지

각된 현실의 일부를 선택하고 그것을 커뮤니케이션 텍스트에서 아주 현저하게 만든다고 정의했다(Entman, 1993; 브라이언트 · 올리버, 2010). 따라서 프레임은 사회적으로 공유되고 지속되는 원칙들을 조직화하는 과정으로, 어떤 사안을 좀 더 뉴스적인 맥락에서 이를 현저하게 만드는 과정을 말한다. 논점이 무엇인지, 그 이슈의 핵심은 무엇인지를 일반인에게 제안하는 것으로, 특정 이슈에서 좀 더 확실한 의미를 부여하는 해석적인 집합체라고 정의할 수 있다. 뉴스 프레임에서 쓰이는 언론적 도구들은 뉴스 앵글의 설정, 취재원의 확보, 이야기의 핵심(headline of the story) 형성, 주요 포인트 정리, 사진과 이미지 선정 등을 들 수 있다(Nisbet, 2009). 프레임을 뚜렷하게 하는 것, 즉 이슈화는 캐치프레이즈, 슬로건, 역사적 문헌, 카툰, 그리고 이미지를 통해 간결하게 소통하는 것이 원칙이다. 프레임은 특정한 상황에 대하여 찬성과 반대, 그리고 중립적 의견을 한꺼번에 표현할 수 있으나, 보통은 특정한 방향을 확실하게 사용하는 것을 의미한다.

물론 프레임은 특정한 방향성을 설정한다는 점에서 미디어 윤리적 고려가 절대적이다. 쌍방향성과 참여, 대화가 강조되며, 정책 결정과 연계되거나 이를 유도할 수 있는 가치를 강조해야 한다. 또 정확성을 강조하고, 왜곡이나 과장을 피해야 하며, 특정 정파나 특정인, 특정 집단을 공격하는 일을 금지해야 한다. 뉴스 프레임의 형태는 주로 다음과 같다(Nisbet, 2007, 2009).

* 정치를 승자와 패자를 불러오는 게임으로 간주(Horse race frame)
* 갈등 프레임
* 경제적 결과 프레임
* 책임 강조 프레임, 도덕 · 윤리 프레임

과학 저널리즘에서 프레이밍은 여러 갈등 관계에서 다면적으로 나타날 수 있으며, 같은 주제라도 시간이 지남에 따라 언제라도 변화할 수 있다. 이 책의 제6장에서 논의할 과학 저널리즘 윤리는 황우석 줄기세포와 같은 과학적 발견의 경우, 도덕성과 윤리 프레임이 가장 중요하게 부각된다. 그러나 제8장에서 논의할 원자력 에너지와 같은 문제는 평화와 안전, 과학적 불확실성 같은 프레이밍이 시기별, 그리고 사안별로 다르게 나타날 수 있다.

현대 과학 저널리즘 분야에서 프레이밍 효과는 가장 주목받는 이론 중 하나이다. 자연과학, 의학, 환경, 재난, 그리고 첨단 기술 영역은 일반인이 상대적으로 잘 모르는 분야여서 과학 저널리스트가 어떻게 프레이밍하느냐에 따라 그 결과가 크게 달라지기 때문에 무엇보다 중요하다. 일반인과 달리 과학 저널리스트는 특정한 사안을 현저히 할 수 있는 의제 설정 역할도 수행하지만, 더욱 구체적으로 무슨 주제를 어떠한 시각에서 강조해야 하는가를 잘 알고 있다. 따라서 해당 기자들이 같은 사안을 다루면서도 여러 다른 각도에서 과학 분야에 대한 해석을 달리할 수 있다. 과학 이야기를 미디어에서 구성하는 것은 다른 분야와 비교해서도, 과학 저널리스트의 역할이 클 수밖에 없다. 반대로 잘못된 이야기 구성을 했을 경우에는 다른 분야에 비해 큰 낭패를 불러올 수 있다는 점에서 과학 저널리즘의 프레이밍은 매우 중요하다.

실제로 어떻게 뉴스 미디어가 새롭게 등장하는 기술들과 연계되어 있는 자연과학 분야를 프레이밍하는지는 매우 중요하다. 예컨대 줄기세포나 인간복제, 유전자 변형 같은 민감한 이슈들은 자신들의 입장을 대변하려는 여러 개인과 집단 간에 경쟁이 치열하다. 이들은 미디어를 통해 자신들의 입장 위주로 프레이밍하려고 하므로 과학 저널리스트가 어떻게 이를 처리하는지가 매우 중요한 사안이기 때문이다. 따라서 과학 저널리스트는 특정한 과학기술 이슈를 보도할 때 어떤 주장이 합리적이고 믿을 만하며 뉴스 가치가 있는 반면, 다른 주장은 이러한 가치가 없다고 프레임해야 하는지 끊임없는 의문을 가져야 한다. 프레이밍에 대한 이 같은 질문은 특정 사안에서 선택과 강조의 문제, 그리고 이들을 프레젠테이션하는 데 주요한 역할을 담당한다(Anderson et al., 2005).

실제로 앨리슨 앤더슨(Alison G. Anderson) 등이 2003년 4월 1일부터 2004년 6월 30일까지 나노 테크놀로지(Nano Technologies)에 대한 영국 일간지의 보도를 분석한 것에 따르면, 모두 344개의 기사 중 해당 사안을 과학 이야기와 이에 관련된 대중문화로 프레이밍한 것(16%)과, 과학적 발견이나 프로젝트(16%)로 프레이밍한 것이 가장 많았다. 다음으로는 비즈니스 이야기(15%)와 찰스(Charles Windsor) 왕자의 관심(11%)으로 프레이밍한 것이 뒤를 이었다. 이 외에도 사회적 함의와 위험(9%), 나노 기술에 대한 연구비(8%) 순이었다(Anderson et al., 2005).

* 과학 이야기와 대중문화(예를 들어 책, 텔레비전, 영화 리뷰 등으로 16%)
* 과학적 발견이나 프로젝트(16%)
* 비즈니스 이야기(15%)
* 찰스 왕자의 관심(11%)
* 기타(경쟁과 인터뷰 등이 9.5%)
* 사회적 함의와 위험들(9%)
* 나노 기술에 대한 연구비(8%)
* 교육(7.5%)
* 의료 발견과 프로젝트(6%)
* 유명인, 관계기관 이야기(2%)

앤더슨 등은 신문마다 다소 차이는 있었으나, 대부분의 신문이 나노 테크놀로지에 대해 긍정적이며 희망적인 프레이밍을 선택했다고 밝혔다(Anderson et al., 2005). 일부에서 잠재적으로 나타날 수 있는 위험요소에 대한 프레이밍을 선택했으나, 이는 전체적으로 볼 때 그 비중이 크지 않았다. 다만, 영국의 신문들이 양쪽 프레임을 모두 사용했다고 볼 때, 이는 해당 신문사들이 저널리즘의 기본인 균형 감각과 공정성(fairness)을 유지하기 위해 노력했다는 증거로 볼 수 있다. 물론 미디어 보도에서 과학의 프레이밍은 상황에 따라 달라질 수밖에 없다. 예를 들어 곡물 유전자 변형의 경우 해당 과학기술이 인류의 오랜 숙원인 기근을 해결해 줄 것으로 프레이밍할 수도 있고, 잠재적인 위험으로 프레이밍할 수도 있다(Schäfer, 2011).

프레임은 특정한 생각을 전달하기 위한 해석적인 스토리 라인이며, 왜 특정한 이슈가 문제가 되는지, 누가 그리고 어떻게 책임을 져야 하는지 등에 관한 것이다. 프레이밍은 커뮤니케이션 과정에서 피할 수 없는 현실이며, 프레이밍 없는 정보란 있을 수 없다. 그리고 대부분의 성공적인 저널리즘은 의도와 관계없이 프레이밍에 정통해야 한다. 수용자는 특정한 이슈를 논의하기 위해 프레임에 의존하며, 저널리스트는 주요하고 매력적인 뉴스 보도를 만들기 위해 프레임을 사용한다(Nisbet, 2009).

프레임 이론은 특히 소셜 미디어의 등장과 더불어 매우 중요한 역할을 수행하고 있다. 과학 저널리즘 분야 학자들이 소셜 미디어를 과학적 지식과 혁신의 중요성을 전파하는 공적 플랫폼으로 환영하고 있으나, 소셜 미디어의 게이트키핑 부재 등의 문제로 인해 정보의 질을 통제하기가 매우 어렵기 때문이다. 특히 도널드 트럼프 전 미국 대통령의 사례에서 보여주었듯이 소셜 미디어를 선택적인 정보 노출과 확대에 사용할 경우 정파적이고 양극단적인 프레임을 야기할 수 있다는 문제점이 제기되고 있다(Jang, Hart, Feldman and

Moon, 2020). 소셜 미디어 시대의 프레임은 전통 미디어와 한편으로는 매우 유사한 모습을 보이고 있으나, 그 자체의 특징처럼 비합리적으로 사용될 경우 정치 사회적 문제점을 확대할 수 있다.

6. 공론장(Public Sphere) 이론

1) 공론장으로서 과학 저널리즘

저널리즘의 역할에 대한 연구는 미디어 효과론과 더불어 문화 연구와 비판 연구의 흐름도 큰 줄기를 이루고 있다. 문화 연구와 비판 연구는 방법론상에서 내용분석과 통계분석을 주로 사용하는 미디어 효과론에 비해 언론인이나 수용자와의 인터뷰와 편집국 · 보도국의 내부 문화를 현지 조사해서 논의를 전개하는 방식 등을 주로 사용한다. 또 미디어 산업을 둘러싼 정치 · 경제 분야의 파워게임 속에 미디어 기업이 어떻게 움직이는지를 해석하는 것을 주요 임무로 한다. 여러 문화 · 비판 연구 중 저널리즘의 4대 기능 가운데 하나인 민주주의 실현이라는 측면에서 공론장이 중요한 이론으로 사용된다. 과학 저널리즘 역시 과학 분야의 민주주의 실현에 기여해야 한다는 공론장 이론으로 해석이 가능하다.

현대사회에서 전문직업가주의 저널리즘은 민주주의 실현이라는 당면 과제보다는 상업적 이익을 위주로 하면서 그 성격이 크게 바뀌었다. 의견과 사실을 분리해 사실 보도를 최우선으로 하는 뉴스의 객관성과 공정성을 추구한다는 점에서 객관적 저널리즘(objective journalism)은 실현했다. 하지만 뉴스의 객관성과 공정성을 추구하는 현대 저널리즘은 민주정치의 토대인 시민들이 자유롭게 의견을 개진하고, 이에 따른 여론을 형성하는 데 도움이 되지 못하고 있다.

공론장이란 독일의 위르겐 하버마스(Jürgen Habermas)가 발전시킨 이론으로 미디어가 직접 민주주의 형태를 대신해 시민들이 여론을 형성할 수 있게 하는 제반 행위를 말한다. 하버마스에 따르면 공론장은 여론 정치에 근거한 근대 민주주의의 규범적 모델을 탄생시키는 원동력이 되었다(Habermas, 1962; 1991). 공론장을 뜻하는 독일어 "Öffentlichkeit"는 "일찍이 국민들(people)에게 닫혀 있었던 '통치행위(governmental act)'가 국민들에게 열리게(open) 되었다"는 의미이다(이남표, 2002에서 재인용). 여기서 열리게 되었다는 말은 두 가지 차원의 의미를 담고 있다. 첫째는 정책 결정이나 정책 수행 과정 같은 통치 행위에 관한 정보를 국민들이 알 수 있다는 의미이다. 둘째는 국민들이 자신의 의견을 이와 같은 정책 결정이나 정책 수행 과정에 투입(input)할 수 있다는 뜻이다(이남표, 2002).

공론장은 17세기에도 유럽의 카페나 길거리에서 귀족들이 모여서 국가의 정책을 논의하고, 비판하는 과정을 통해 이미 시작되었다. ≪뉴욕 타임스≫가 2013년 6월 22일 자에 "1600년대의 소셜 네트워킹 사이트(Social Networking Sites in the 1600s)"라는 제목의 기사에서 논의했듯, 1600년대 런던 등에서 퍼져나가기 시작한 커피하우스는 오늘날의 소셜 네트워크 형태의 공론장이라고 할 수 있다. 사람들이 커피하우스에서 단지 커피만 마시는 것이 아니라 신문과 잡지를 읽고 최신 루머나 정보 등을 토론하는 장으로 기능했기 때문이다(〈그림 4-2〉 참조).

그러나 인구가 증가하고 도시가 팽창하면서 이러한 형식의 직접 참여보다는 미디어가 유사한 기능을 수행하고 있음을 강조했다. 대중 체제하에서는 정보를 전달하고 그러한 정보를 받는 사람들에게 영향을 줄 수 있는 특별

그림 4-2 1600년대 공론장으로서 커피하우스

자료: "Social Networking Sites in the 1600s", *New York Times*, 22 June.

한 수단을 요구하는데, 현대사회에서는 신문과 잡지, 라디오, 텔레비전 등 미디어가 이러한 공론장의 역할을 수행한다는 것이다(Habermas, 1991). 공론장은 대중 여론을 형성하는 과정으로, 공론장을 구성하기 위해서는 다음과 같은 네 가지 요소가 모두 충족되어야 한다.

- 모든 시민에게 접근을 허용

공론장 발전 초기인 17~18세기 유럽에서는 귀족들만 참여하는 형태로 일반 시민, 특히 여성의 참여가 제한되었다는 점에서 진정한 의미의 참여를 실현하지 못했다. 공론장을 실현하기 위해서는 남녀노소 모두가 직업이나 신분에 관계없이 동등한 입장에서 여론 형성 과정에 참여해야 한다.

• 참여 기회의 균등

15세기에 윤전기가 발명되기 이전에는 정부와 교회가 권력을 독점하고 있었다. 그러나 공론장은 이러한 정부와 교회로부터의 권력 분리를 의미한다. 윤전기 발명 이후 라틴어로만 발간되던 성경이 영어, 독일어, 프랑스어, 스페인어 등으로 발간되면서 교회가 독점하던 성경 지식을 일반인도 누리게 되었는데, 그 결과 교회의 권력이 감소하기 시작했다. 또 신문이 발간되고, 국가의 개념이 형성되면서 시민들이 정부가 가지고 있던 권력을 감시할 수 있게 되어 국가로부터 권력 분리가 시작되었다. 이는 정부와 교회 이외의 집단과 개인이, 특히 미디어를 통해 국가정책 형성 과정에 참여할 때 균등한 기회를 확대해 간다는 것을 뜻한다.

• 집회와 결사의 자유, 의사 표현의 자유, 그리고 출판의 자유를 확보

시민들이 일반 사회문제에서 자신들의 의견을 표시하는 것에 자유로워야 하며, 집회와 결사의 자유를 보장받아야 한다. 출판의 자유를 확보하는 것 역시 공론장에 필수적이다.

• 여론은 미디어 같은 기관들이 형성

앞에서 설명했듯이 공론장은 시민들의 참여가 보장되고, 정부와 교회로부터 권력 분리를 통한 균등한 참여 기회를 확대하며, 의사 표현의 자유를 전제로 한다. 이러한 조건은 시민들의 참여가 특정한 여론 형성에 기여함으로써 정부의 정책에 영향을 줄 수 있기 때문이다. 다만 현대사회에서 모든 시민이 참여하는 직접 민주주의는 현실적으로 제약이 있다. 따라서 신문이나 방송 같은 미디어가 시민들을 대신해 의견을 개진하고, 정부의 권력을 제한하며, 의사 표현의 자유를 담당한다. 즉, 미디어가 여론 형성 기능을 담당

하는 것이다.

과학 저널리즘의 기능과 관련해 무엇보다 중요한 것은 과학 저널리즘이 이 같은 공론장으로서 민주주의 실현에 기여해야 한다는 저널리즘 원칙을 실현할 수 있는가 여부이다. 과학 저널리즘은 저널리즘의 특수 분야로 일반 저널리즘이 가지고 있는 소명 의식을 수행해야 하기 때문이다. 로버트 맥체스니(Robert McChesney)가 명료하게 지적했듯, 저널리즘은 20세기에 모든 미디어에 의해 공공 서비스를 수행하는 기관으로 간주되었다(McChesney, 1999, 2008). 역사적으로 저널리즘은 신문, 잡지, 방송을 말하며, 이들 미디어 기관은 상업적 목적보다 민주주의 달성이라는 공공 서비스를 실현하는 곳으로 여겨졌다. 전문직업가주의 저널리즘은 "미디어의 내용이 소유자나 광고주에 의해 형성되지 않으며, 편집자나 기자들의 편견에 의해 좌우되지 않으며, 공적 서비스 가치에 의해 형성되어야 한다"라는 전제하에 언론 자유와 민주주의 실현에 앞장섰다(McChesney, 1999: 49). 그러나 전문직업가주의 저널리즘은 해가 갈수록 민주주의 가치를 지향하기보다는 상업성을 지향하는 것이 사실이다. 예를 들어 광고주와 마찰을 피하기 위해 탐사보도보다는 보도자료나 뉴스 콘퍼런스 같은 공식 자료에 의존하고 있다.

앞에서 설명한 대로 ≪뉴욕 타임스≫의 과학면인 사이언스 타임스가 광고 수주 여부에 따라 그 면면이 달라지는 것에서 알 수 있듯이, 과학 저널리즘 분야도 과학 분야의 공적 가치를 추구하기보다는 상업적 가치에 크게 의존하는 것이 현실이다. 그러나 과학 저널리즘은 일반 시민의 입장을 고려하고, 과학 정책 입안 과정에 일반인의 참여를 유도할 수 있어야 한다.

그동안 과학 저널리즘은 과학의 대중화를 위한 정보 배포와 일반 시민 교육, 어떻게 과학자와 관계를 유지하는가 등에 주안점을 두었다. 이에 따라 비과학자들의 역할, 특히 일반 시민에게는 별 관심을 두지 않았다. 그러나 일반 시민은 소셜 미디어를 통해 이미 자신들의 의견을 표현하고 있으며, 많은 시민이 과학적 지식을 바탕으로 과학 정책 입안 등에 참여할 수 있기를 희망한다. 과학기술 분야의 발전이 결국은 일반 시민의 경제생활과 문화생활에 직접적인 영향을 미칠 뿐만 아니라, 과학기술 발전에서 우선순위를 정하거나 연구비를 배분하는 데 일반 시민의 참여가 절대적이라는 점에서 과학계나 과학 기관과 더불어 이들의 목소리를 중요시해야 한다. 마찬가지로 과학 저널리즘은 과학 분야의 감시자로서 국민의 세금으로 운영되는 연구비 수주와 운영 등이 투명하게 이루어지는지 등을 파악하는 데도 많은 노력을 기울여야 한다.

2) 과학 정책 결정 과정의 시민 참여제도

과학 분야에서 주요 정책 입안 시 실시하는 시민 참여제도는 공론장의 한 형태로 과학 민주화 달성을 위해 매우 필요하다. 과학 분야에서 시민들의 참여를 유도하는 방법에는 합의 콘퍼런스와 시민 배심원 제도 등이 있다. 먼저 합의 콘퍼런스는 시민들이 과학기술의 평가에 참여하는 것으로, 전문가와 시민들 간 토론을 통해 중요한 사안에 대해 합의점을 찾아가는 것이다(Einsiedel, 2009; Lee and Jin, 2014). 덴마크에서 1980년대 후반에 개발된 합의 콘퍼런스는 통상 선별된 일단의 보통 사람들이 정치적 · 사회적으로 논쟁의 여지가 있거나 관심을 불러일으키는 과학적 · 기술적 주제를 전문가에게 질의하고 그에 대한 전문가의 대답을 들은 뒤, 이 주제에 대한 내부 의견을 통일하여 최종적으로 기자회견을 통해 자신들의 견해를 발표하는 하나의 포럼이라고 정의된다.

합의 콘퍼런스는 신문 등 대중매체에 실은 광고를 보고 지원한 시민 중에서 15명 정도의 시민 패널(lay panel)을 뽑아 문서화된 자료와 전문가 강의 등을 통해 관련 주제에 대한 지식과 정보를 제공한다. 이에 기초한 학습과 토론을 거쳐 시민 패널은 자신들이 청취한 다양한 분야의 전문가 의견을 평가하여 정부가 취해야 할 행동을 시민의 이름으로 제출한다. 우리나라에서 합의 콘퍼런스는 시민과학센터가 1998년(GMO), 1999년(생명복제기술), 2004년(원자력발전)에 활용하면서 사회적으로 알려졌다. 이를 계기로 합의 콘퍼런스는 한국과학기술기획평가원(Korea Institute of Science Technology Evaluation and Planning: KISTEP)이 2006년과 2007년에 참여적 기술영향평가의 한 형태로 추진된 시민 공개 포럼의 모델로 활용했다. 또 2007년에는 정부의 재정 지원을 받는 한 대학 연구소가 동물 장기이식을 주제로 실행하기도 했다(이영희, 2008).

시민 배심원 제도 역시 숙의 민주주의(deliberative democracy)의 한 유형으로 15명 안팎의 소수의 시민 패널이 과학기술 분야의 주요한 사안을 조사하고, 정책 결정에 조언을 할 수 있는 방법이다. 시민 배심원 제도는 미국의 비영리단체인 제퍼슨 센터가 1970년대 초반에 고안한, 공공정책에 대한 시민 참여를 위한 체계적 프로그램이다(The Jefferson Center, 2004). 시민 배심원 회의는 공공적으로 중요한 문제를 무작위로 선택된 시민들이 4~5일간 만나서 주의 깊게 숙의하는 절차로 진행된다. 시민 배심원단은 일반적으로 지원자들이 아니라 무작위 추출 과정을 통해 15명 내외로 구성되어 보통 시민을 대표해서 일한다. 시민 배심원은 배심원에 참여하는 대가로 일정한 보수를 받으며 부여된 과제에 대해 해당 전문가들의 증언을 듣고 해결책을 토론하고 숙의한다. 전문가들의 증언은 다양한 시각과 주장을 담게 되고 시민 배심원은 제기된 문제를 해결하기 위해 질의 응답식의 증언 과정에 참여한다. 증언은 문제의 모든 측면을 공정하게 다루기 위해 다양한 의견 간에 균형을 맞추도록 설계되어야 함은 물론이다. 이러한 일련의 과정을 거쳐 나온 시민 배심원의 최종 의견이 정책 권고안의 형태로 제출된다(이영희, 2008; Lee and Jin, 2014).

합의 콘퍼런스와 시민 배심원 제도는 시민 패널의 선정 방식과 운영 방식에 다소 차이가 있다. 하지만 둘 다 공론장의 형태로 숙의 민주주의를 실행하는 주요 형식으로, 과학기술 분야의 민주화에 매우 유용하다. 따라서 과학저널리즘은 중요 과학기술 이슈의 입안 단계와 평가 단계에서 시민의 참여를 유도하기 위해 과학의 소통에 앞장서야 한다. 그리고 과학 기관 등과 협의하여 합의 콘퍼런스와 시민 배심원 제도를 도입해, 미디어를 통해 해당 내용을 보도하여 시민 참여를 확대하고, 시민 참여가 과학기술 정책 입안과 평가에 반영되도록 해야 한다. 과학기술은 민주주의 체제하에서 대중의 강력한 지지가 없이는 번성할 수 없으며, 과학의 대중화와 과학자의 대중 이해를 증진시키기 위해서는 양방향 소통이 매우 중요하다.

7. 결론

과학 저널리즘 이론은 과학기술 분야의 업적과 발견을 미디어가 어떻게 보도하는가에 대한 이론적 이해를 제공한다. 과학 저널리즘 이론에서 가장 주요한 분야는 미디어 효과 이론으로 미디어가 수용자에게 어떠한 영향과 효과를 미치는가에 대한 관심을 보여준다. 최대 효과 이론부터 최소 효과 이론으로, 또 이에 근거한 현대 저널리즘 이론으로 발전하면서 미디어 효과 이론은 저널리즘 연구와 실행에 많은 영향을 미쳤다. 미디어의 역할을 제대로 이해하는 것이 저널리즘 학자와 저널리스트 모두에게 매우 중요하며 민감한 사안이기 때문이다.

과학 저널리즘 이론은 최근 소셜 미디어의 중요성이 강조되면서 새로운 전기를 맞고 있다. 소셜 미디어의 중요성이 강조되면서 기존 전통 미디어 중심의 미디어 효과 이론으로는 변화된 현상을 제대로 짚어내기 어렵기 때문이다. 소셜 미디어와 전통 미디어가 각각 어떤 효과를 내는가와 소셜 미디어와 전통 미디어의 수용자가 같은 과학기술 이슈에서 다른 효과를 경험하는지 등은 새로운 관심 분야로 등장했다. 또 소셜 미디어 시대에는 전통 미디어와 달리 페이스북이나 트위터 등을 통해 자유자재로 의견을 표시할 수 있으므로 여러 경쟁적인 프레임이 쏟아질 것이 자명하다. 따라서 과학 저널리스트가 경쟁 프레임 속에서 어떤 프레임을 선택할지, 그러면서도 어떻게 균형 있고 공정한 보도를 할 것인지 등에 지속적으로 관심을 가져야 한다.

제5장

전문가로서 과학자의 역할

1. 서론

과학 저널리즘은 그 성격상 과학자·기술자가 주요 취재원으로 과학자로부터 보도에 필요한 자료를 확보하는 일부터 과학자들이 과학 대중화 과정에서 전문가 역할을 하도록 만드는 것이기도 하다. 과학 저널리즘에는 무엇보다 두 부류의 주요 행위자가 있다. 하나는 과학의 발견과 발전을 담당하는 과학자이다. 이 부류의 과학자는 이미 19세기 후반부터 자신들의 주요 역할 중 하나가 과학의 대중화라는 의식을 갖고 있었다. 이들은 자신들이 매우 유용한 지식을 갖고 있으며, 미디어를 이용해 자신들의 연구 업적을 일반 대중에게 알려야 한다고 생각했다. 그러나 과학자의 주요 역할을 강조하는 이 같은 초창기 의식은 여러 문제를 일으킨다. 이러한 견해에 따르면, 과학에 대한 미디어 취재는 종종 과학 분야가 비정확성, 왜곡, 잘못된 소통 또는 편견에 가득 찬 세계로 정의될 수밖에 없으며, 이는 과학자들에 의해서 정리되어야 한다는 가정을 전제하는 것이다(Dunwoody, 2009).

한편 과학 저널리즘의 다른 한 축을 담당하는 행위자는 과학 저널리스트이다. 과학 저널리스트는 과학자가 아니라 자신들이 과학 대중화에 앞장서야 한다는 입장을 견지해 왔다. 과학 분야는 특수한 분야로 일반인이 알기 어려운 만큼 저널리스트가 과학 지식을 일반인에게 알기 쉬운 용어로 알려 과학의 대중화를 실현해야 한다고 믿는다. 그러나 이러한 견해는 과학의 내용을 강조하고 있으나, 과학자의 역할을 사회적 책무를 다하는 사회 전문가로 이해하지 못한다는 치명적인 결함이 있다(Hansen, 1991). 과학자는 과학이라는 분야의 공적 담론에서 다양한 역할을 수행해야 하나, 과학 저널리스트가 이를 인식하지도 못하고, 과학자에게 깨우쳐주지도 못한다는 것이다.

21세기의 과학 저널리즘은 과학자와 과학 저널리스트 모두에게 새로운 역할을 요구하고 있다. 먼저 과학자는 과학의 새로운 발견을 담당하는 사람이라는 점과 함께 전문가로서 그 과정을 목격하고, 해당 과정과 결과에 대해 권위를 가지고 해설을 하는 사람이며 조언자여야 한다. 과학은 일반인에게 주요한 일상생활이자 비즈니스의 대상이기 때문이다. 또한 과학자의 연구는 과학자 집단 안팎에서 고강도의 검증을 받아야 한다. 과학이 단지 그 과학적 결과를 일반인에게 알리는 데 제한될 수 없으며, 과학자는 자신의 다양한 역할을 인지하고, 이에 어울리는 행동을 해야 한다. 반면 "과학 저널리즘은 일반인이 잘 모르는 정보를 전달해 주는 역할에 제한되는 것이 아니라, 과학자의 역할을 전문가로서 이해하고 과학의 사회적 책무를 이해할 수 있도록 주도적인 역할"을 해야 한다(Väliverronen, 2001: 21). 특히 과학 저널리스트는 과학 분야에서 어느 것이 뉴스이며, 어느 것이 유익하고 중요한 연구인지, 그래서 연구비가 필요한 분야가 어디인지에 관심을 가져야 한다. 과학 저널리스트는 이러한 과정을 통해 과학의 합리화를 제공해 주는 장의 역할을 하게 되며, 과학과 사회를 연계해 주는 매개자로서 자리하게 된다(Väliverronen, 1998).

이번 장에서는 과학 저널리즘의 두 핵심 행위자인 과학자와 과학 저널리스트의 역할을 상호 관계라는 점에서 조명한다. 현대사회에서 과학자가 전문가 역할을 해야 한다는 점을 논의하고, 과학자와 과학 저널리스트의 관계를 정의한다. 다음으로 소셜 미디어 시대에 과학자와 과학 저널리스트의 관계는 어떻게 정립되어야 하는지를 설명한다. 이러한 논의를 통해 과학계와 언론계의 관계, 과학자와 과학 저널리스트의 관계가 향후 어떠한 방향으로 발전되어야 하는가에 대한 담론을 전개한다.

2. 과학자, 어떻게 인식할 것인가

과학자는 과학의 발견과 발전에서 핵심 역할을 수행하는 사람이다. 과학자에 대한 인식은 나라별로 다르고 시기별로 다르다. 또 어떤 과학 분야가 가장 중요한가 역시 시대적 반영일 수밖에 없다. 예를 들어, 미국의 퓨 리서치(Pew Research)가 2009년 실행한 조사에서 보면, 20세기 말부터 21세기 처음 10년 동안 미국 과학계에서 가장 거대한 업적은 바이오 의학과 보건 분야(55%), 게놈과 유전자 연구(Genome/Genetics), 의료, 우주과학, 그리고 줄기세포 연구인 것으로 나타났다(Pew Research, 2009). 이러한 인식 속에서 과학자들에 대한 사회적 평가도 아주 긍정적(84%)으로 생각하는 사람이 아주 부정적(6%)이라는 사람을 크게 웃돌았다. 미국 시민들은 과학계가 인류 발전과 미국 경제 성장에 미치는 긍정적인 영향력에 대해 좋은 평가를 내리는 것이다.

우리나라의 경우, 한국과학창의재단(2020)이 실시한 「과학기술 국민 인식도 조사 및 발전방안 연구 용역」에 따르면, 새로운 과학적 발견과 새로운 발

그림 5-1 **사회 발전에 가장 중요한 직종(2020년도 조사)**

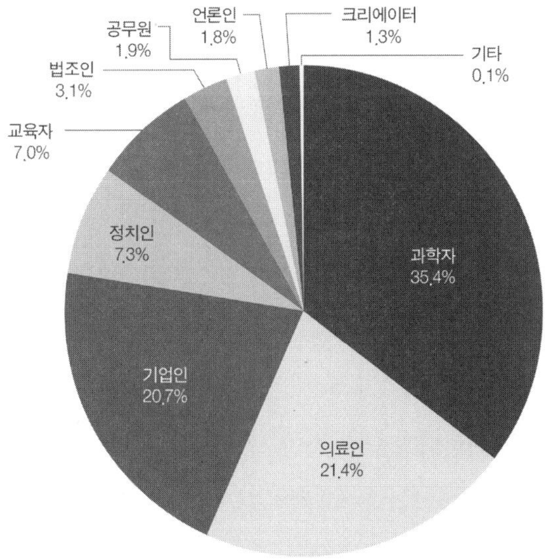

자료: 한국과학창의재단(2020).

명과 기술 사용 등 과학기술 분야에 대한 국민의 관심도는 전반적 상승세를 보이고 있다. 과학적 발견 등에 관심을 가지는 이유는, '과학기술이 우리의 삶을 보다 건강하고 편리하게 만든다'(82.6%)와 '현대사회가 직면한 다양한 문제를 해결할 수 있다'(74.6%)는 긍정적인 의견에 대한 동의율이 높았지만, '과학과 기술로 인해 지구가 파괴되고 자연이 고갈된다'는 부정적인 의견에 대한 동의율(68.4%) 역시 높은 것으로 나타났다.

같은 조사에서 한국인은 사회 발전에 가장 중요한 직종으로 '과학기술인'(35.4%)을 꼽았으며, 그다음으로 '의료인'(21.4%), '기업인'(20.7%), '정치인'(7.3%), '교육자'(7.0%) 등이 중요한 역할을 하는 것으로 인식하고 있었다. '언론인'은 1.8%로 9위에 올랐으며, '공무원'(1.9%)과 비슷했다(〈그림 5-1〉 참조).

해당 자료에서 알 수 있듯이, 국민들은 과학기술인이 우리나라 미래 발전에서 가장 중요한 역할을 담당할 것으로 보고 있다. 2013년에는 언론인 역시 여섯 번째로 중요한 직종으로 여겨졌으나, 2020년에는 순위가 다소 떨어졌다. 과학자와 저널리스트가 다른 직종에 비해 한국 사회의 발전에 큰 기여를 하고 있다는 해석이 가능하지만, 과학자에 비해 저널리스트의 인식은 다소 하향세라는 것을 알 수 있다.

그러나 과학자는 이러한 사회적인 인식이나 기대와는 달리 자신들의 영역에만 몰두해 언론과 거의 접촉을 하지 않는 것으로 나타났다. 과학자를 대상으로 한 조사에서 '과학자가 어느 정도로 비과학자와 대화하는가'에 대해서 39%가 자주 대화한다고 답한 반면, 안 한다는 답은 2%였다. 그러나 '기자들과는 어느 정도 대화하는가'에 대한 질문에서 3%만이 자주 대화한다고 답한 반면, 42%는 전혀 안 한다고 대답했다. '과학 블로그를 통해 대화하는가'라는 질문에서도 오직 2%만이 자주 하며, 82%가 전혀 안 한다고 답했다(Pew Research, 2009). 과학의 중요성이나 과학자의 중요한 업적과 사회적 평가에 비해 과학을 일반인에게 알리려는 노력은 거의 하지 않는 것이다.

과학자들이 언론을 통해 과학계에 관한 일을 일반인에게 알리려고 하지 않는 것은 여러 이유가 있을 수 있다. 대부분의 과학자는 사회생활에서 매우 제한된 관계를 유지한다는 해석도 있고, 시간이 부족하다는 측면도 있다. 무엇보다 과학자들이 신문과 방송 등 전통 미디어에 대한 불신이 높기 때문으로도 풀이된다. 이는 과학자들이 저널리스트들의 비정확성 문제를 지적하는 것과 같은 맥락이다. 저널리스트의 정확성이 부족하다는 지적은 이들이 과학적 훈련을 제대로 받지 못했다는 점에서 출발한다. 또 과학자와 저널리스트가 서로의 스테레오 타입에 대해 부정적인 이미지를 가지고 있으며, 무엇이 뉴스인지에 대한 해석의 차이, 그리고 누가 주도적인 역할을 할 것인가를 둘러싼 파워게임 역시 서로를 불신하게 만드는 요인이다(Hansen, 1991; Maillé, 2010; Valenti, 1999). 실제로 한 조사에 따르면 과학자들은 과학뉴스 보도에 대한 견해에서, 텔레비전 보도는 1%만이 우수하다고 답했으며, 14%가 괜찮다고 답했다. 반면 35%가 우수하지 못하다고 생각하는 것으로 나타났다. 신문의 경우는 2%가 우수, 34%가 괜찮다고 답해 텔레비전에 비해 상대적으로 신뢰한다는 입장을 표명했다. 그러나 과학자들은 신문에 대해서도 15%가 우수하지 못하다고 답해, 언론에 대한 불신이 크다는 것을 보여준다(Pew Research, 2009).

과학자가 미디어 보도를 신뢰하지 못한다는 것은 잘 알려진 사실이다. 과학자들은 저널리스트들을 기본적인 전문용어도 이해하지 못하는 비전문가 집단이라고 생각한다. 그러나 첨단 과학기술 분야는 일반인이 잘 모르는 영역이다. 또 많은 경우 국민들의 세금을 바탕으로 한 국가의 연구비를 통해 그 실험이 진행되는 만큼, 과학자는 과학적인 진전을 국민들에게 자세히 알려주어야 하는 의무가 있다. 과학자는 자신의 블로그나 해당 연구팀의 웹사이트를 통해 연구 과정을 투명하게 공개해야 하며, 미디어를 통해 연구 결과를 일반인이 알기 쉽게 설명해야 한다.

실제로 2019년 우리나라 총연구개발비(기업, 대학, 공공기관 부분 모두 포함)는 89조 471억 원으로, 2000년대 이후 지속적인 성장세를 보이고 있다. 국내총생산(GDP) 대비 연구개발비 비중은 4.64%로 2000년의 2.13%에 비해 크게 상승한 것을 알 수 있다. 달러화 대비로 볼 때, 2019년 우리나라의 연구개발비는 764억 300만 달러로 세계 5위권이며 GDP 대비 연구개발비 비중은 세계 2위권이다(과학기술정보통신부, 2020; 미래창조과학부, 2013)(〈그림 5-2〉 참조).

이처럼 급증한 연구개발비는 우리나라의 산업구조를 연구개발의 중요성이 커지는 과학기술 산업구조로 이행시키고, 이에 수반하는 과학기술인의

그림 5-2 **국내 총연구개발비(2000~2019년)**

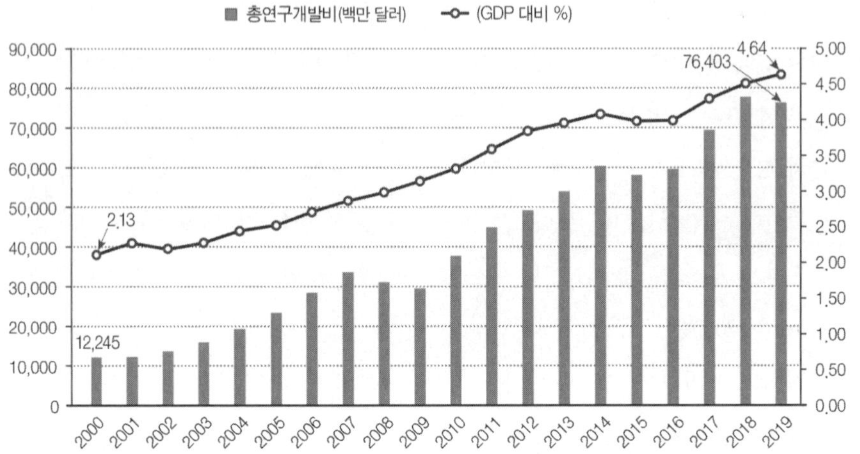

자료: 과학기술정보통신부(2020).

역할과 성과를 요구한다. 과학자가 국민에게 과학기술적 발견뿐만 아니라 진전 과정을 소상하게 알려주는 것 또한 과학기술계의 투명성을 위해서도 필요한 요소이다. 사회에서 과학의 기능은 과학적 이론의 확립과 새로운 기술의 발전이라는 측면과 함께, 정부 정책 형성에 필요한 정보를 제공하고 의사 결정을 유도해야 하는 사명이 있다. 과학적 지식을 발견하는 혁신적 사고뿐만 아니라 과학적 발견의 혁신적 사용이 요구되므로 과학자는 과학계의 이야기를 일반인에게 전달할 의무가 있다.

과학계가 일반인에게 어떻게 과학계 소식을 전하는가는 무엇보다 신문이나 방송 등 전통 미디어와의 관계에 근거한다. 블로그나 소셜 미디어를 이용하는 과학자도 있으나, 이를 통해 복잡한 과학적 발견을 전달하기에는 어려움이 있고 실제 사용도도 높지 않다. 따라서 과학자와 미디어의 관계는 다음과 같은 세 가지 차원에서 정리할 수 있다.

* 과학적 지식과 과학적 전문성
* 과학자와 저널리스트의 관계
* 과학적 전문성의 설득적 · 합법적 이용

코로나 바이러스, 조류독감, AIDS, H1N1 바이러스, 유전자 조작, 줄기세포, 기후변화 등 인류의 건강과 직결되는 과학 발견과 발전, 그리고 자연재해에 관해 과학자는 미디어를 통해 시민들에게 필요한 지식을 제공하고 정책대안을 제시하는 등 전문가의 역할을 다해야 한다. 이는 무엇보다 과학적 전문성에 근거한다.

3. 과학적 지식과 과학적 전문성

1) 과학을 어떻게 볼 것인가

과학 저널리즘이 과학과 해당 연구 결과를 다루는 데는 다양한 방법이 있다. 한스 페터 페터스(Hans Peter Peters)는 과학 중심적 입장과 문제 중심적 입장이라는 두 가지 측면에서 과학 저널리즘이 과학을 어떻게 간주하는가에 접근했다(Peters, 1995). 먼저 과학 중심적 측면에서 보면, 저널리즘의 역할은 과학 분야의 연구 결과를 정확하고, 이해할 만한 수준으로, 그리고 가능하면 흥미롭게 일반 대중에게 전달하는 것을 의미한다. 여기서 과학자의 역할은 과학을 대중화하고 일반인을 계몽하는 것이다.

반면 문제 중심적 입장에서 보면, 주된 관심은 과학이 발전하면서 필수 불가결하게 수반되는 문제들에 주어진다. 예를 들어 흡연이 건강에 미치는 폐해, 음주로 인한 사회문제, 환경문제를 어떻게 정의하고 이에 대한 해결책을 제시하는가 등에 관심이 있다. 전통 과학 저널리즘 입장에서는 과학 중심적 접근이 과학 저널리즘을 다른 분야와 구별해 주는 주된 관심사라고 할 수 있다. 정치면이나 사회면에서 과학을 취급하는 것은 주로 문제 중심적 접근에 근거하기 때문이다(Väliverronen, 1998). 따라서 과학 저널리즘에서 과학자를 어떻게 생각하는가는 과학 저널리스트가 과학 자체뿐만 아니라 과학자의 역할을 어떻게 정의하는가에 따라 크게 달라질 수 있다.

과학 중심적 입장에서 과학자가 자신의 과학적 지식을 일반인에게 알리는 형태는 여러 가지가 있다. 특히 대중 연설, 전시, 대중 행사 등의 형태로 가능하다. 그러나 무엇보다 미디어를 통해 대중에게 전파할 수 있다. 이 경우 미디어는 공론장 형성을 위해 유용하다. 과학적 전문성에서 공론장 역할이 중요한 것은 과학자가 언론인과의 인터뷰나 기고를 통해 해당 주제들의 소통에 관계하기 때문이다. 또 과학자들이 공공 전문가(public experts)로 간주되기 때문이기도 하다.

2) 전문가란 무엇인가

'전문가란 무엇인가'라는 명제는 한마디로 답하기 어렵다. 과학 분야의 경우 매우 특별한 지식을 요구한다는 측면에서 많은 지식이 있다는 것은 명백하다. 그러나 전문가는 단지 남들보다 우월한 지식이 있다고 해서 존중받는 것은 아니며, 주로 다음과 같은 기준을 충족해야 한다(Peters, 2009).

* 전문가란 특정 영역에서 특별히 높은 정도의 수월성을 가진 인물로, 전문가의 반대 개념은 특정한 과학 영역에서 초보자이다.

* 전문가의 역할은 특정 지식의 소유뿐 아니라, 고객에게 조언자(지식에 근거한 서비스)로서 역할을 담당할 때 가능하다.
* 과학자를 공공 전문가로서 간주해, 과학자의 다른 역할과 구별해야 한다.
* 과학적 전문성은 과학 저널리즘 보도에서 매우 매력적인 주제로, 이는 과학자들이 홍보 활동(public communication)을 통해 사회적 실제의 구성에서 활동적으로 관계하기 때문이다.

여기서 홍보 활동이란 어떤 아이디어를 대중에게 동시에 전달하는 것을 뜻한다. 과학적 전문성 중, 과학자들의 대중적 특성은 매우 중요하다. 과학자들의 대중적인 성격 덕분에, 정책 결정자들이 이들을 무시하지 못하게 된다. 이는 과학 저널리즘의 논리에 따라 형성된 과학적 전문주의가 정책 결정 과정의 영역으로 진입하게 되는 근거이기도 하다.

물론 단순한 과학적 지식과 과학적 전문성은 구별되어야 한다. 먼저, 과학적 지식(scientific knowledge)은 인과관계(cause-effect)의 이해에 주로 관심을 둔다. 특정한 상황, 관찰, 그리고 실험으로부터 가능한 일반적인 사실을 확인하려는 것이 과학적 지식이다. 반면 과학적 전문성(scientific expertise)은 특정한 상황에서 실제적인 문제 해결과 분석에 관심이 있다. 정책 결정자에게 특정한 상황에 대한 확실한 충고를 담당해야 한다는 것으로, 전문성(expertise)은 문제를 잘 이해하고 고객에게 적절한 조언을 제시할 때 완성된다(Peters, 2009).

결국 국가정책 등의 의사 결정에서 과학적 지식의 역할이 매우 크다고 할 수 있는데, 이는 과학자에게 정책 결정자의 조언자 기능이 있기 때문이다. 과학자는 국가 등 고객의 선호도를 결정하고, 가능한 한 결정 옵션을 발전시키며, 고객의 선호도를 이용해 결과들을 결정·평가할 수 있어야 한다. 선호도를 결정하는 것은 물론 정책 결정자의 고유 영역이다. 과학적 전문성은 정책 결정에서 조언을 하는 단계로 국한되며, 정치 영역이 필요한 목표 등에 대한 의사 결정을 실행한다. 과학자의 영역과 정치 영역의 역할이 이처럼 분리되는 것은 사실이나, 양자가 모두 "과학 분야에 있어 부정적인 여론은 자신들이 잠재적으로 가치가 있는 혁신을 실현하는 데 도움이 되지 않는다"라는 사실을 잘 알고 있다(Anderson et al., 2009: 126). 따라서 양자의 역할이 다르지만, 과학자가 정책 결정에 중요한 역할을 할수록 과학에 대한 대중의 지지를 이끌어낼 수 있다는 것은 분명한 사실이다.

물론 과학자는 전문가로서 자신의 역할을 수행하는 데 누구보다도 주의해야 한다. 과학적 지식에는 과학적 불확실성(scientific uncertainty) 문제가 항시 도사리고 있기 때문이다. 따라서 과학자는 불확실성을 최소화하기 위해 문제를 해결할 때까지 대중적 발표 등을 자제해야 한다. 언론인이 특종 경쟁과 기사 마감 때문에 불확실한 과학적 사실을 보도하여 이를 확대하는 것과 대조된다. 언론인도 불확실성을 회피하기 위해 과학자의 견해를 통해 특정 사안을 보는 과학적 접근 프레이밍의 필요성이 요구된다고 하겠다.

또 과학계와 과학자는 단지 지식의 발견과 발전을 담당하는 역할에 그치지 않고 장기적으로 시민과 사회의 지지를 얻어내기 위해 과학 정책에 대한 조언을 담당하는 전문가 역할을 해야 한다. 과학 뉴스 보도, 과학기술 분야의 시민과의 소통, 전문가로서 과학자의 역할 등을 수행할 책무가 있다.

한편 과학자와 의뢰인의 관계는 과학자를 대중적 전문가로 간주할 경우 형성된다. 미디어에서 인용하는 과학자는 정책 결정자, 시민, 환자, 소비자 등 특정한 의뢰인에게 충고를 하려고 노력하는 것으로 해석될 수 있다. 과학 언론인이 과학자를 전문가로 만드는 것이다. 그러나 전문가는 과학적 지식을 소유하는 것으로 형성되는 것이 아니라 사회 발전을 위해 의뢰인에게 조언을 제공하는 것에 따라 형성됨을 명심해야 한다. 반면 의뢰인은 전문성 이외에도 충성심을 요구한다. 오로지 신뢰할 만한 전문가의 조언만을 채택한다는 점에서 전문가-의뢰인 관계에서 결과의 신뢰성에 의문이 제기될 수 있기 때문이다.

마지막으로, 과학적 전문성에서 중요한 것은 지식 체계들 사이의 경쟁이다. 과학적 전문성은 실제적인 문제 해결과 이해에 응용할 수 있는 과학적 지식을 말하는데, 이러한 문제들은 오로지 과학으로만 인식이 가능하다. 과학 없이 오존층 파괴나 기후변화 같은 상황을 파악하는 것은 불가하다. 일상적 지식과 과학적 지식의 명백한 차이를 생산해야 할 필요성이 대두되는 것이다. 따라서 과학적 지식과 일상적 지식 중 어느 것이 문제 해결에 유용한가를 살펴야 한다. 또 일상적 지식이 문제를 해결하는 데 좀 더 유용할 경우, 미디어가 과학자를 어떻게 조명할 것인가의 문제를 풀어야 한다.

4. 과학자와 저널리스트의 관계

과학자는 종종 미디어와 협력하기를 원하지만 쉬운 일은 아니다. 과학자와 저널리스트의 관계는 어렵기도 하고 만족스럽지 못하기도 하다. 과학자와 저널리스트 간에는 마감, 뉴스 가치, 사용하는 언어의 차이가 너무 커서 양립하기 어려운 것이 사실이다. 그러나 과학은 중요한 과학이 사회이슈화하는 경우 과학문제를 대중에게 설명하고, 전달하고, 대중화해야 한다는 당면 과제를 안고 있다. 따라서 과학자와 저널리스트 간에는 협력할 수밖에 없는 특수한 관계 형성이 요구된다(Maillé, Saint-Charles and Lucotte, 2010). 따라서 과학적 전문성에서 또 하나의 중요한 명제는 과학적 전문성이 있는 취재원을 선택하고, 과학적 전문가와 저널리스트의 상호작용을 이해하고 유지하는 것이다.

1) 과학 전문가 취재원 선택의 문제점

미디어가 과학자를 전문가로 선택할 때는 여러 가지 중요 요소들을 고려해야 한다. 미디어는 전문가가 가장 적절하고 경험 있는 연구자이기 때문만이 아니라, 그들의 전문적 영역에 관계없이 고위 행정가이거나 유명한 과학자이므로 인용한다. 따라서 과학 저널리스트의 관점에서 볼 때, 전문가를 뜻하는 것은 학문적 업적이 아니라 다른 요소들 때문일 가능성이 높다. 전문가 선택 행위에 편견이 개입될 수 있다는 것이다(Peters, 2009). 실제로 과학 전문가를 미디어 취재원으로 선택할 때 제기되는 편견의 문제는 다음과 같이 여러 측면에서 나타난다.

* 미디어가 자신들의 사시(editorial directions)에 맞는 과학자를 선택해 소수의 유명한 과학자들만 주목
* 과학자들을 인용할 때 과학 대중화, 과학적 집단의 확립 등을 위한 것이 아니라, 정치와 논쟁의 소용돌이 속에서 특정한 목표를 위해 선택
* 미디어의 목적을 위해 전문가를 선택할 때에는 과학적 업적이나 유명세가 유일한 선택 기준이 되어서는 안 되며 좀 더 복잡한 구도로 이해해야 함

과학 저널리스트가 전문가를 선택하는 데 나타나는 편견은 결국 저널리스트가 취재원을 선택할 때, 이들이 유익한 기사를 만드는 데 도움이 되거나 이를 발전시킬 수 있는가를 우선 고려하기 때문이다. 따라서 어떤 것이 좋은

기사인지의 논란을 불러일으킬 수 있다. "과학 저널리스트들은 실제로 과학자를 취재원으로 선택하는 데 있어서 전문적인 능력 외에 여러 가지 요소를 검토하게 된다. 다시 말해 과학자들이 다음과 같은 특징을 갖출수록 취재원으로서 미디어에 노출될 기회가 많아진다는 것이다"(Peters, 2009: 157~158). 그리고 이 과정에서 편파적이거나 논의의 불균형을 불러일으킬 수 있다.

- 관련성(relevance)

과학 분야의 취재원은 전문가로서 수용자를 위해 적절한 코멘트를 할 수 있어야 한다. 해당 분야의 교수나 박사 또는 전문 연구원이거나 산업계의 전문 인력 등이 해당된다.

- 유명도(visibility)

과학자는 자신들의 영역 이외의 행사나 논쟁 등에 관계함으로써 저널리스트들에게 유명해져야 한다. 예를 들어 ≪사이언스≫나 ≪네이처≫ 등에 논문을 게재할 경우 유명도를 더할 수 있다. 저널리스트들의 관심 대상이 유명 학회에서 기조연설 등을 하면 미디어에 등장할 기회가 많아진다.

- 접근성과 미디어 적절성(accessibility and media appropriateness)

저널리스트는 제한된 취재원과 마감시간 때문에 늘 취재시간이 제한되어 있다. 이들에게는 과학자가 이메일이나 전화 등에 응답을 하는지, 얼마나 빨리 반응을 보이는지 등이 중요하다. 따라서 저널리스트는 간결하고 정확하게 말할 수 있으며 복잡한 질문에는 비교와 은유 등을 써가며 대답할 수 있는 과학자를 선호한다. 그리고 저널리스트들은 조직 내에서 상위 관리직위에 있거나 대중적 명성이 있는 과학자를 우선시한다.

이는 과학 저널리스트가 과학적 사실을 간결하게 말할 수 있는 과학자를 선호한다는 것으로, 복잡한 사항을 쉽게 설명할 수 있는 능력이 있는 과학자, 그리고 대담한 결론을 이끌어낼 수 있는 과학자를 선호한다는 것이다. 마지막으로 미디어 적절성이란 대중적 인지도를 의미하는데, 미디어는 일반인이 잘 모르는 과학자가 아닌 스타 과학자 위주로 인터뷰를 하거나 원고를 요구한다는 것이다.

2) 과학자와 저널리스트의 상호작용

과학자와 과학 저널리스트의 관계는 거리(distance), 갭(gap), 장벽(barrier), 펜스(fence), 기름과 물(oil and water), 창조적 긴장(creative tension)이라는 말로 설명할 수 있을 정도로, 긍정적이기보다는 부정적으로 평가하는 측면이 많다. 이는 과학자와 과학 저널리스트 간의 소통이 원활하지 못한 데서 기인한다. 양측은 서로의 언어를 이해하지 못하고, 다른 어젠다에 의해 동기화된, 그래서 서로를 이방인으로 생각하는 경우가 많다(Peters, 2013).

실제로 미디어에 대한 과학자의 태도와 과학자에 대한 미디어의 기대는 큰 차이가 있다. 특히 과학 저널리스트가 과학을 재미없는 분야로 여기며, 과학은 신문의 헤드라인을 장식할 만한 생생한 뉴스와 사실이 부족하다고 생각하는 경우가 많다. 반면 과학자는 미디어가 과학을 잘못 해석해서 국민에게 잘못된 이미지를 전달한다고 불평하는 일이 허다하다(Anderson, 2009). 미디어가 과학에 대한 대중들의 이해를 증진시키기는커녕 잘못된 미디어 보도가 과학자와 대중 간에 거리감만 키운다는 것이다. 과학자는 과학의 대중 이해에 대해 문제를 제기하는 경우가 많은데, 많은 경우 미디어의 잘못된 보도에 그 원인이 있다고 생각한다(Peters, 2013).

이덕환(2005)이 지적했듯이, 과학 저널리스트는 과학 보도가 정확하지 않다는 과학자의 주장에 대해 과학자가 자신들에게 과학 지식을 쉽게 설명해 주지 못하기 때문이라는 반응을 보인다. 사회의 엄청난 지원을 받는 과학자에게는 국민을 위해 자신의 일을 알기 쉽게 설명해 주어야 하는 책임이 있으나, 이를 제대로 이행하지 못한다는 것이다. 그러나 이덕환은 "그런 책임을 완수하기 위해서 모든 과학자가 아무런 준비도 없이 접근한 낯선 기자에게 많은 시간과 노력을 투자해야 할 필요는 없다. 부정확한 과학 보도의 책임을 불친절한 과학자에게 떠넘기는 것은 매우 잘못된 관행이다"라고 강조했다(2005: 113). 따라서 과학기술을 미디어가 어떻게 보도하고, 과학자와 저널리스트의 관계를 어떻게 설정해야 하는가는 매우 중요한 주제이다. 과학자와 과학 저널리스트 간 불신이 지속되면, 결국은 국가 전체에 부정적인 요소로 작용할 가능성이 높기 때문이다.

과학자와 저널리스트의 상호 기대에서 나타나는 차이점들은 '커뮤니케이션 모델'과 '저널리즘 모델'로 나누어 설명할 수 있다. '커뮤니케이션 모델'은 과학자는 과학적 커뮤니케이션 규범들을 대중 커뮤니케이션에 적용하려고 기도한다는 것이다. 저널리스트와 비교해서 그들 자신의 특정 영역의 지식에 초점을 두기 때문이다. 과학자가 커뮤니케이션의 오락적이거나 대중적인 측면보다, 진지하고 교육적인 측면을 선호하는 것도 이런 이유에서이다.

이와 반대로 '저널리즘 모델'은 저널리스트 입장에서 과학자에게 기대하는 것이다. 과학자는 서비스 모델을 선호하는 반면, 저널리스트는 과학자가 자신들의 과학적 목표와 이해를 도와줄 것으로 기대하는 모델이다. 따라서 과학 분야에서 커뮤니케이션의 통제 주체가 누가 되는가는 과학자와 저널리스트 간 큰 갈등으로 남아 있다. 미디어 내용과 대중과의 소통에서 누가 주도적으로 통제하는가에 대한 불일치 때문이다. 즉, "저널리스트는 과학자를 뉴스원으로 간주하고 자신을 기사 저자로 간주하는 반면, 과학자는 그들 자신을 기사의 저자로 생각하며 그 과정을 통제해야 한다고 강조한다. 과학자는 언론인을 정보 전달 도구자로 간주하는 것이다. 그러나 과학자와 언론인은 갈등 관계에도 불구하고 상당한 정도로 상호 유대를 유지해야 하므로 상호 관계에서 만족감을 표시할 수밖에 없는 경우도 많다"(Peters, 2009: 138~139).

한편 홀거 보머(Holger Wormer)는 이를 '기능적 모델(functional model)'과 '비판적 모델(critical model)'로 구분하기도 했다(Wormer, 2008). '기능적 모델'에 따르면 과학 저널리스트는 과학의 대중화에 앞장서야 하며, 과학자를 대신해서 시민들에게 과학 분야에 대한 교육을 담당하는 역할을 수행한다. 과학 분야에 대해서도 매우 긍정적이고 호의적인 지지자로 그 관계를 설정한다. '비판적 모델'은 과학 저널리스트가 저널리즘의 주요 역할 중 하나인 비판 기능을 수행해야 한다는 것이다. 과학계에 대한 맹목적인 지지가 아닌 비판적 지지자가 되어야 한다는 지적이다.

어떤 모델을 따르든 간에, 결국 과학자와 과학 저널리스트는 서로 이해하고 상대방의 문화를 받아들이는 것이 중요하다. 과학자는 저널리스트의 요구를 인지하고, 저널리스트는 과학자의 필요를 인지해야 한다. 상반된 두 문화를 잘 이해하려는 자세를 가질 때 과학자와 과학 저널리스트는 좀 더 긍정적이고 협조적인 관계 형성이 가능하다(Brumfiel, 2009).

5. 과학적 전문성의 설득적 · 합법적 이용

과학적 전문성을 과연 어떻게 담보하고 합법적으로 이용할 수 있는가 역시 과학자의 전문성과 더불어 중요한 내용이다. 과학적 전문성과 관련해 세

가지 주요 요소를 고려해야 한다. 과학적 권위와 신뢰성(scientific authority and trust), 과학에 대한 지지 여부와 전문가 논란(advocacy science and expert controversies), 그리고 과학 PR로서 전문성(expertise as part of science)에 관한 것이다(Peters, 2009; Cornell, 2009).

1) 과학적 권위와 신뢰성

과학적 권위와 신뢰성은 과학 기관은 높은 정도의 신뢰성을 유지해야 한다는 것이다. 또 과학 분야 취재원에 대한 높은 정도의 긍정적 반응을 확보해야 한다는 주장이다. 그러나 과학 전문성의 신뢰도 위기가 곳곳에서 감지되면서 과학적 권위를 상실하고 있다. 과학자들이 기술을 위한 지지자로 인식됨으로써 과학적 신뢰도가 위기에 처했기 때문이다. 또 일반인들이 최근 들어 소셜 미디어 등을 통해 자신의 의견을 자유자재로 표현하면서, 자신의 개념과 다른 의견을 표현하는 과학자에게 불신을 표출하는 현상도 벌어지고 있다. 과학자는 자신의 전문성을 바탕으로 특정 입장에 대한 합법성을 부여하고 있으나, 때로는 해당 과학자와 의견을 달리하는 과학자나 시민단체 등으로부터 의견이 다르다는 이유로 그 권위를 도전받고 있다.

2) 과학에 대한 지지 여부와 전문가 논란

과학에 대한 지지 여부와 전문가 논란은 대립적인 상황에서 과학적 전문성이 설득적 요소로 작용하는데, 이때 특정 상황에서 대중과 정책 결정자들에게 특정한 방향으로 움직이도록 확신감을 부여하기 때문에 나타난다. 예를 들어, 비영리집단들(NGOs)은 기후변화에 대한 과학적 상황을 설명하고

에너지 정책을 바꾸도록 요구하는데, 과학이 이 과정에 사용되면서 과학적 권위가 정치적 합법성으로 변화하게 된다. 이른바 '체제 옹호 과학(advocacy science)'이라고 부르는 경우이다. 과학과 정치적 · 경제적, 그리고 다른 이해와의 연계가 피할 수 없는 상황에 이르고, 일부 과학자가 체제 옹호 과학을 실행함으로써 과학계와 과학자의 전문성을 스스로 실추시킨다는 지적이다.

과학자들이 맹목적으로 과학에 대한 지지를 보내는 폐단과 마찬가지로 많은 과학 저널리스트도 과학과 기술을 발전시키는 것이 경제 발전에 필수적이라며, 이러한 국가 목표를 위해 과학을 지지해야 한다는 입장을 보인다. 정부가 과학기술 발전으로 인한 혜택을 보도하는 것을 좋아하고, 일반인들도 과학 분야에서 긍정적인 업적 보도가 나오기를 기대하기 때문이다. 그러나 문제는 과학 저널리스트가 과학에 대해 맹목적 지지자가 될 경우, 정부기관이나 국가의 과학 정책을 홍보하는 대변인 역할을 할 가능성이 높다는 데 있다. 정부나 기관에서 나오는 뉴스 보도자료가 과학계 지도자들을 만족시키려는 선전(propaganda) 목적에서 나오는 경우도 많다. 그러나 과학 저널리스트가 과학계에서 일어나는 문제점을 점검하지 않는다면, 제2의 대변인으로 전락할 수밖에 없다는 것이다. "따라서 과학 저널리스트들은 그들의 역할을 비판적 지지자(the advocate as the adversary)로 자리매김해야 한다"(Cornell, 2009: 19~20). 과학자들의 사회적 책임감을 지적하고, 과학 정책에 대안을 제시하는 것이 맹목적 지지보다 과학계를, 나아가 사회를 발전시키는 지름길임을 알아야 한다.

3) 과학 PR로서 전문성

과학 PR로서 전문성은 과학자들은 연구소, 대학, 정부 등의 구성원으로 이들 기관이 개별 과학자의 커뮤니케이션 행태에 영향력을 행사한다는 것이다. 과학의 대중 이해라는 목표하에 1980년대 들어 과학자는 자신들이 과학 분야에 대한 전문성을 독점하는, 따라서 미디어를 통해 과학의 대중화를 실행하는 데 독보적인 존재라고 생각했다. 그러나 1990년 이후 과학계는 누가 전문지식을 가지고, 이를 시민에게 전달하는가에서 다양화를 경험하게 된다. 과학 분야에 관계있는 정치인, 비영리집단, 경제인까지 미디어에 등장해 과학적 이슈를 설명하고 토론하기 시작했으며, PR 기관의 중요성이 갈수록 증가했다(Schäfer, 2011).

PR을 담당하는 기관은 물론 과학 기관 자신과 과학 기관으로부터 권한을 위임받은 전문 PR 기관으로 나눌 수 있다. 먼저 과학 기관은 자신들의 미디어 인터뷰 등에 관한 준칙을 마련해 운용하고 있다. 이는 과학 기관이 과학적 재료(연구비, 인력) 사용에 대한 합법성을 부여하는 문제 때문에, 과학자들의 독립성과 대치하는 것이다. 따라서 과학 기관은 다음과 같이 PR에 의해 합법성을 확보하는 여러 방법을 동원하고 있다(Peters, 2009).

* 법적 · 도덕적 위임에 대한 호소
* 다른 사회적 가치와 조화를 강조
* 과학자들의 작업이 사회를 위해 유익한 것이라는 사실 강조

과학자도 미디어를 자신들의 업적을 홍보하려는 수단으로 이용하고 있기도 하다. 미디어를 잘 이용할 수 있고, 이에 따른 대중적 인지도는 과학자들의 지위와 성공을 의미하기 때문이다. 과학 PR 기관은 과학 기관으로부터 과학 대중화에 대한 역할을 위임받아 대언론 전략을 구사한다. 이들 PR 기관은 때로는 과학계 전체를, 대부분은 자신들이 대표하는 과학 기관의 과학

적 업적을 일반에게 알린다. 이를 통해 정책적 이슈의 대중적 논의를 발전시키는 역할을 수행한다. 과학 PR 기관이 과학적 전문성을 지닌 또 하나의 주체로 등장하는 것은 분명, 과학자와 과학 기관의 독점적 지위를 저해하는 것이다. 그러나 과학 기관은 이미 사회 여러 분야에서 과학기술에 대한 지식을 바탕으로 정책 형성 과정과 과학의 대중화에 참여하고 있기 때문에, 과학 PR 기관을 이용하는 것에 큰 저항을 느끼지 않는다. 오히려 과학의 전문성을 유지할 수 있고, 다른 한편으로는 과학의 대중화를 도모할 수 있어서 과학 PR 기관은 갈수록 중요시되고 있다.

6. 결론

과학자와 과학 저널리스트 간의 관계는 그다지 긍정적이지 않은 것이 현실이다. 두 전문가 집단은 과학이 국민과 소통한다는 점에서 큰 역할을 담당하고, 이에 대한 필요성에 공감한다. 하지만 두 집단은 시민들이 과학 분야를 제대로 이해하지 못하는 경우가 많다며, 이는 상대방의 잘못이라고 말한다. 과학자는 과학 저널리스트가 전문지식 없이 수박 겉핥기식의 과학 보도를 실행하는 바람에 잘못된 정보가 전달됐다고 본다. 반면, 과학 저널리스트는 과학자가 과학 발견과 발전에 관한 이야기를 손쉽게 풀어서 설명해 주는 능력이 부족하기 때문에 생긴 일이라고 책임을 전가한다. 그러나 이러한 현실적 한계는 과학자를 단순히 과학기술의 발견과 발전에 기여하는 기능적인 의미로 전제하는 것이어서, 현대적 의미의 과학자의 역할과는 거리가 있다.

과학 저널리즘이 과학자를 단순히 과학적 사실을 발견하는 특수한 전문가 집단으로 간주하는 것에 안주하면 안 되는 가장 큰 이유는, 과학자들이 국민의 세금으로 형성된 연구비를 쓰기 때문이다. 따라서 과학 저널리즘은 과학자를 어떻게 보는가에서, 과학 분야의 합법성과 타당성을 부여하는 역할과 함께 과학에 대한 비판적 지지를 보내야 한다(Väliverronen, 2001). 즉, 미디어는 과학자가 그들의 연구 결과를 세금 제공자인 시민에게 설명할 수 있게 해야 한다. 저널리스트가 과학자의 연구 결과를 취재하면서 연구비가 투명하게 쓰였는지, 실험 윤리를 제대로 준수했는지, 실험 결과에 왜곡이나 부정이 없었는지를 살펴봄으로써 과학자가 사회적 책임을 수행할 수 있게 해야 한다. 이는 곧 과학 저널리즘이 사회적 감시자로 그 역할을 실행해 나가는 과정이기도 하다. 전통적인 과학 저널리즘이 과학 분야의 연구 결과를 대중에게 알리는 역할에 주목했다면, 현대 저널리즘은 과학 분야에 대한 취재 · 보도를 할 때 정치적 · 사회적 의미를 함께 고민해야 한다(Väliverronen, 2001).

과학자와 과학 저널리스트의 역할은 단지 과학 분야의 대중화에 그치면 안 된다. 과학자는 정부의 과학 정책에 영향을 줄 수 있는 전문가 역할을 해야 하며, 과학 저널리스트는 과학자가 이 같은 사회적 책무를 다할 수 있게 해야 한다. 즉, 과학 저널리즘은 과학 분야에 대한 맹목적 지지자보다는 과학기술 분야의 비판적 지지자가 되어야 한다. 과학자와 과학 저널리스트 간의 관계가 단지 호의적일 필요는 없는 이유이다. 다만, 과학자와 과학 저널리스트 간에 불신의 원인이 되는 과학 저널리스트의 전문성 부족이라는 문제를 해결하기 위해 언론계 자체의 노력도 요구된다. 전문성 확보를 토대로 과학자와 저널리스트 간 신뢰도를 확보하지 않으면 서로에게 남아 있는 불신은 계속될 수밖에 없다. 이런 점에서 이후 장에서 논의하는 과학 저널리스트의 재교육 등이 과제로 등장하고 있다.

제6장

과학 저널리즘 윤리

1. 서론

2014년 3월, 일본 과학계가 발칵 뒤집혔다. 평범한 세포를 약산성 용액에 잠깐 담그기만 해도 어떤 세포로도 변할 수 있는 '만능세포'를 개발했다며 과학계의 신데렐라로 떠올랐던 일본 이화학연구소의 여성 과학자 오보카타 하루코(小保方晴子)의 논문이 조작된 것으로 밝혀졌기 때문이다. 혁신적 만능세포로 평가받았던 'STAP(자극 야기 다기능성 획득) 세포'를 개발했다고 해서 일본 과학계의 주목을 한 몸에 받았던 오보카타. 그가 전 세계 과학계의 찬사를 받기 시작한 것은 오보카타가 주도한 만능세포 연구가 과학 학술지인 ≪네이처≫에 게재된 2014년 1월 말부터이다. 하지만 논문 발표 직후인 2월 중순부터 오보카타의 논문에 실린 사진에 대한 의문이 잇따라 제기되었다. 이에 따라 논문의 공동 저자로 참여했던 연구자 중 한 명이 논문 조작 의혹을 강하게 제기하며 공동 저자들에게 철회를 요구했다.

2014년 3월 14일 이화학연구소는 기자회견을 열고 만능세포 논문에 대한 중간 조사를 발표하면서 오보카타의 논문에 사용된 복수의 이미지가 3년 전 그가 박사학위 논문에 사용했던 이미지와 동일한 것으로 판명됐다고 발표했다. 해당 논문이 완전히 철회되려면 공동 연구자 14명 전원의 동의가 필요한 만큼 공식 철회 여부를 아직은 단언할 수 없는 상황이다. 다만 참여 연구자 중 일부는 철회 의지를 밝혔지만 또 다른 공동 연구자들은 STAP 세포를 직접 만든 것이 사실이라고 주장했다.

오보카타 사건이 더욱 문제가 된 것은 2014년 8월 5일 일본 이화학연구소의 발생·재생과학연구센터 부센터장인 사사이 요시키(笹井芳樹)가 자살했기 때문이다. 그는 같은 연구소에 있는 오보카타 연구주임의 STAP 세포 논문의 공동 저자였고, 연구를 지도·감독하는 위치에 있던 것으로 알려졌다. 논문이 ≪네이처≫에서 취소되고 연구 부정에 대한 여론이 거세지자 심신이 피곤함을 주변에 알렸다고 한다. 그는 ≪네이처≫와 ≪셀≫ 등 유명한 저널에 10여 편의 논문을 게재한, 일본에서도 유능하며 앞날이 창창한 연구자였다. 그에 대해서는 논문 작성 과정에서 부정이 있었다기보다 관리·감독이 소홀했다는 주의가 내려진 터라 그의 자살을 바라보는 일본의 반응은 안타깝다는 말로 요약할 수 있을 것 같다(원용진, 2014).

국내에서는 이미 2005년 황우석 전 서울대 교수의 연구 부정과 이를 둘러싼 미디어 보도가 큰 문제를 일으킨 적이 있어서 오보카타 사태를 예의주시했다. 황우석 사태가 ≪사이언스≫에 낸 논문이 조작이었음이 밝혀지면서 사건 전모가 드러난 것처럼, 오보카타도 결국 과학 잡지에 낸 논문이 문제가 된 사건이어서 둘은 공통점이 있다. 세계적인 과학 잡지가 두 과학자를 세계 학계와 언론의 주목을 받게 만들었으나, 결국 해당 과학 잡지들이 이 두 과학자의 '가짜' 성과를 증명해 주는 역할을 해준 셈이 되어버렸다(원성윤, 2014).

오보카타 사태와 황우석 사태의 또 다른 공통점은 과학 저널리즘 입장에서 보면, 과학적 성과와 별개로 언론 플레이로 세상의 주목을 받았다는 점이다. 황 교수는 자신의 연구 성과를 학계에 보고해 인정받기보다 신문과 방송을 통해 복제 송아지 출산 장면이나 인간 황우석을 조명하며 자신을 '국민 과학자' 반열로 이미지를 형상화시켰다. 특히 황우석 논문 조작 사태가 벌어졌을 때는 서울대병원에 입원한 뒤 수염도 깎지 않고 초췌해진 자신의 모습을 언론에 공개함으로써 '국민 과학자'를 욕보인 MBC 〈PD수첩〉에 돌팔매질을 하게 유도했다. 일본판 황우석 사태를 야기한 오보카타 역시 자의 반 타의 반으로 언론의 집중 조명을 받았다(원성윤, 2014).

한국과 일본에서 몇 년 차를 두고 터진 과학계 논문 부정 사건은 해당 사건이 과학자의 업적에 대한 초조감, 실험 과정의 윤리 문제, 과학자와 언론의 관계, 그리고 이에 따른 언론계의 보도 윤리를 다시금 되돌아보게 하는 계기가 되었다. 이 장에서는 과학 발견을 보도하는 과정에서 저널리즘 윤리를 살펴보려고 한다. 저널리즘 윤리와 관련된 현대 과학 저널리즘의 이슈와 가치가 무엇인지 살펴보고, 현대 과학 저널리즘이 이들 가치를 어떻게 준수하는지 짚어보려고 한다. 특히 황우석 박사의 줄기세포 개발을 둘러싼 저널리즘 윤리를 사회구성체(social constructivism) 이론을 통해 재조명하고 그 함의를 논의한다. 이러한 논의가 과학 분야 취재를 담당하는 저널리스트의 역할은 어떠해야 하는지에 대한 논의로 이어질 것으로 기대한다.

2. 현대 저널리즘의 주요 윤리 이슈들

21세기 과학 저널리즘은 동시 다발적으로 여러 문제를 일으킨다. 무엇보다 정보의 과다가 큰 이슈로 등장했다. 과학자, 기술자, 관리자, 저널리스트가 새로운 데이터를 양산하고 있다. 21세기 초반은 빅데이터 시대라고 할 정도로 사회 각 분야에서 정보가 쏟아지고 있고, 이는 과학기술계에서도 예외가 아니다. 문제는 정보의 양은 대중적 · 정치적 삶을 향상시키는 데 거의 영향을 주지 못한다는 것이다.

우선 미디어 분야에서 정보의 양이 급증하는 것은 과다 채널의 문제 때문에 발생한다. 언론의 자유를 보장해야 한다는 당면 과제에도 불구하고, 신문과 방송 채널이 과다해지면서 정보가 지나치게 늘어났기 때문이다. 특히 최근 들어 소셜 미디어를 통한 정보가 분출하고 있어, 일반인에게는 사실상 필요 없는 정보가 쏟아진다는 데 문제가 있다. 닐 포스트맨(Neil Postman)은 이미 이와 관련해 "미디어 테크놀로지에서의 발전 결과로서, 사회는 뉴스와 정보를 양산하고 있으나 쓸데없는 정보가 많아, 결국은 정보의 쓰레기화를 부추기고 있다"라고 주장했다(Postman, 1992: 69). 최근 소셜 미디어가 급성장하면서 분초 단위로 감당할 수 없는 정보가 쏟아지면서 어떤 것이 필요한 정보인지 분간하기가 불가능할 정도이다. 따라서 과학 저널리스트는 현대 저널리즘의 여러 이슈 가운데 저널리즘 정도를 걷기 위해서는 저널리즘의 기본 가치들을 되새겨 보아야 한다.

저널리즘 윤리는 각국마다 기준이 다르고 실천 요강도 다르다. 예를 들어 미국 기자협회는 자체 윤리 강령에서 네 가지 주요 윤리 문제를 준수해야 한다고 말한다(Society of Professional Journalists, 2014). '진실 보도', '피해의 최소화', '독립적인 태도 유지', '언론인으로서 책임감 준수'이다. 나중에 자세히 설명하겠지만 우리나라에서 2014년 4월 발생한 '세월호 사태와 기레기 논쟁'과 관련해 특히 눈길을 끄는 항목이 피해의 최소화(minimize harm)이다. 이는 저널리스트가 인간을 취재원으로, 기사의 주체로, 그리고 동료로 다룰 때 무엇보다 존중해야 할 인격체로 대해야 한다는 것이다. 뉴스 취재 · 보도의 영향을 받을 사람들에게 동정심을 보여야 하며, 특히 비극과 슬픔에 사로잡힌 사람들의 사진을 찍거나 인터뷰를 할 때 주의하라고 명시되어 있다. 뉴스의 추구가 기자의 거만함을 용서해 주지는 않는다는 것이다.

물론 우리나라 기자협회도 별도의 윤리 강령을 제정하고 있다. 이에 따르면 막중한 책임과 사명을 갖는 기자에게는 다른 어떤 직종보다 투철한 직업 윤리가 요구된다고 밝히고 있으며, 열 가지 강령을 제정했다. 언론 자유 수호, 공정 보도, 품위 유지, 정당한 정보 수집, 올바른 정보 사용, 사생활 보호, 취재원 보호, 오보 정정, 갈등 차별 조장 금지, 광고의 제한이 그것이다. 미국과 한국 기자들의 윤리 강령에서 큰 차이를 보이는 것은 미국 기자협회는 주로 원칙적이고 규범적인 윤리 강령을 이야기하는 반면, 우리나라 기자협회는 규범적인 원칙이 아니라 좀 더 실천적인 윤리 강령을 강조한다는 점이다. ≪한겨레신문≫과 SBS처럼 각 언론사마다 구체적인 윤리 강령을 별도로 제정하고 있기도 하다.

저널리스트의 윤리 강령은 더욱 원칙적이고 규범적인 기준이 우선 제시되어야 한다는 게 학계의 입장이다. 따라서 미국 등 언론 선진국의 기준을 토대로 국제 저널리즘 윤리학자들이 주로 강조하는 세 가지 윤리 규범인 '진실 보도(telling the truth)', '중립성(neutrality)', '도덕적 책임감(accountability)'을 저널리즘 윤리의 핵심이라고 할 수 있다. 한편, 클리퍼드 크리스티안(Clifford G. Christians)은 디지털 미디어의 발전과 더불어 소셜 미디어 등의 역할이 강조되고 있으나, 미디어/저널리즘 윤리는 세 가지 기본 원칙에 충실해야 한다고 강조했다. 진실성, 인간 존엄성, 그리고 비폭력 원칙이며, 이러한 기본 정신이 정의라는 명제를 실현하는 기반으로 작용해야 한다고 밝혔다(Christians, 2019). 저널리즘 윤리의 핵심으로 인간 존엄성을 지키기 위해 사생활 보호(privacy)를 지켜야 하며, 중립성을 유지해야 한다는 것이다. 이와 함께, 비폭력성은 인류 보편적인 삶의 핵심이며, 저널리즘 윤리에서 매우 진지하게, 그리고 국제적으로 적용되어야 한다고 강조했다.

1) 진실 보도

진실 보도는 모든 사회관계에서 가장 기본적인 윤리적 덕목이며, 저널리즘의 관점에서도 가장 중요한 가치이다. 진실 보도는 또한 전문직업가주의 저널리즘의 대표적인 윤리 코드로 간주된다. 대부분의 저널리즘 윤리 헌장(code of ethics)은 어떤 상황에서도 '저널리스트들은 진실을 말하는 것이 의무'라고 시작한다. 뉴스 보도의 정확성, 광고의 비사기성, 그리고 오락의 정직성이 그 예로 거론된다(Christians, 2011).

진실이라는 것이 무엇인지, 그리고 진실을 추구하는 과정에 대한 문제는 저널리즘 윤리에서 가장 많이 논의되는 주제 가운데 하나이다. 예를 들어 진실을 위해서라면 정보를 얻어내는 취재 과정에서 다소 부정직한 행위가 용납되는지, 내용이 정확한 것이어야 하는지 아니면 다소 틀리더라도 전체적으로 옳은 정보이면 문제가 없는지 등을 생각해야 한다(Singer, 2011). 진실 보도는 급증하는 인터넷 및 소셜 미디어를 통한 즉각 보도와 취재원과의 상호작용 때문에 더욱 중요한 윤리 문제로 간주된다. 전통 미디어와 달리 단문이라도 정보 위주로 재난이나 위기를 전파하는 소셜 미디어의 성격상 해당 사실의 진실 여부를 검증할 시간이 충분하지 않다. 또 갈등 관계에 있는 특정 사안에서 양쪽 당사자의 이야기를 모두 듣고 균형 있는 정보를 전파하는 것보다 특정 의견을 프레이밍하려는 의도로 편향된 정보를 전파하는 경우가 적지 않기 때문이다. 특히 저널리스트가 인터넷이나 소셜 미디어를 사용하는 경우, 속보성의 가치가 중요하다는 것을 알고 있고, 시민들도 이를 요구하는 경우가 많기 때문에 진실 보도와 정확성, 신뢰도 확보라는 저널리즘 윤리를 저해하는 경우가 많다(Singer, 2011). 과학 보도가 다른 저널리즘 영역에 비해 정확성을 우선시한다는 측면에서 진실 보도는 과학 저널리즘 윤리에서 가장 우선적으로 고려해야 할 덕목이라고 할 수 있다.

2) 중립성

저널리즘의 가치 중 두 번째로 중요한 것은 중립성 또는 객관성을 유지하는 것이다. 중립성이란 저널리스트가 어떤 사안을 취재 · 보도할 때 객관적이고 공정한 보도를 해야 한다는 절대 가치를 뜻한다. 무엇보다 객관성은 미디어가 자신들의 판단이 아닌 양자 입장을 모두 보도해야 하는 것을 말한다. 예를 들어 담배 회사에서 과학자를 고용해 '흡연과 폐암은 아무 관계가 없다'고 보도자료를 낼 때, 저널리스트가 어떻게 해당 사안에 접근해야 하며, 어떻게 보도하는가는 매우 중요하다. 담배 회사의 일방적인 주장만을 전달할 것이 아니라, 반대 의견을 주장하는 과학자를 인터뷰해 이야기의 객관성을 유지하는 것이 중요하기 때문이다. 마찬가지로 정부와 기업체, 연구소 등에서는 자신들의 업적을 과시하기 위해 자료를 왜곡하거나 부풀리는 방식으로 보도자료를 내는 경우가 있는데, 이를 어떻게 확인하고 객관화할지가 저널리즘의 주요 가치이다.

중립성을 유지하기 위해서는 당연히 자신의 친분 관계 등에 따라 보도를 하지 않아야 하겠지만, 여러 요소를 생각해야 한다. 무엇보다 중립성을 유지하기 위해서는 기사를 작성할 때 제3자적 접근 방식을 사용해야 한다. 또 뉴스원에 대해서는 항상 조심스럽게 접근해야 한다. 뉴스원이 자신의 업적을 지나치게 과장하거나 미화하려는 경우, 이해관계가 걸린 기사 작성 시 자신들의 입장에 유리하게 유도하는 경우가 많기 때문이다. 또 기사를 작성할 때 화려한 수식어 사용을 최소화하고 가능하면 역피라미드 형식의 기사 형태를 유지하려고 노력해야 한다. 물론 소셜 미디어 시대에 역피라미드 형식의 기사 작성에 이의를 제기하는 움직임도 있는 것이 사실이다. 오프라인에서는 제한된 지면과 방송시간 때문에 불가능하지만, 공간이 무제한 제공되는 온라인에서는 시시콜콜한 이야기를 쓰는 것이 가능하기 때문이다. 실제로 ≪위키트리≫의 공훈의 대표는 2014년 5월에 개최된 카이스트 미래전략대학원 주최 월례 발표회에서 "≪위키트리≫는 스토리텔링 형식의 기사 작성을 원칙으로 하며, 기자가 선택적으로 기사를 작성하기보다는 관련된 내용 전문을 보도하는 것을 원칙으로 한다"라고 밝히기도 했다. 일반 시민이 소셜 미디어 등을 통해 특정 사안에 대해 이미 많은 내용을 알고 있기 때문에 시민들은 모든 정보를 읽고 나서 판단하려고 한다는 게 그 배경이었다. 물론 이 같은 움직임이 모두 성공적일 수는 없다. 바쁜 일상생활에 쫓기는 현대인 모두가 전문을 원하는 것은 아니다. 그럼에도 중립성을 유지하기 위해 역피라미드 기사를 작성해야 한다는 저널리즘의 가치가 최근 들어 전문을 보도하는 것이 더욱 독자에게 서비스하는 것이며, 중립적일 수 있다는 논의에 밀려 그 중요성이 희석되고 있는 것도 하나의 흐름이라고 할 수 있다.

또 뉴스 가치를 지켜내는 데 무엇보다 중요한 객관성 역시 준수하기가 어렵다는 지적도 있다. 리처드 캠벨(Richard Campbell)을 비롯한 그의 동료들은 모든 뉴스에는 편견이 내재되어 있다고 밝혔다(Campbell, Martin and Fabos, 2011). 뉴스는 결국 선택적인 스토리텔링이며 객관적인 과학은 아니라는 것이다. 편집자들은 특정한 이벤트를 보도하기로 결정하는 한편 다른 이벤트들은 무시하기 일쑤이다. 기자들도 특정한 단어나 이미지를 사용하기로 결정하며 다른 것들은 무시하기 때문에 저널리즘은 기본적으로 중립성을 지키기 어렵다는 것이다.

저널리즘의 핵심인 뉴스 중립성을 해치는, 즉 비중립성을 유발하는 요소는 여러 가지가 있으나, 미국 저널리즘에서는 특히 다음과 같은 네 가지 주관적 요인들을 강조한다(Gans, 2005: 43~49).

* 인종 중심성(Ethnocentrism): 기자들이 다른 나라와 다른 문화를 특정한 국가의 실행과 가치를 모방하는지 등에 근거하여 평가
* 책임감 있는 자본주의(Responsible Capitalism): 사업가들이 모든 사람의 부를 창출하기 위해 일을 한다는 믿음
* 소규모 타운 중심주의(Small-town Pastoralism): 대규모보다는 소규모 단위를, 도시보다는 시골을 선호
* 개인주의(Individualism): 역경을 극복하는 개인들의 이야기를 선호

저널리스트는 삶의 일상에서 활발하게 참여하는 시민에 맞서 자신들이 정보의 중립적 채널 역할을 한다고 생각하나, 실제로는 앞과 같은 여러 요소 때문에 중립성을 유지하기 힘들다. 따라서 과학 저널리스트는 중립성을 해치는 여러 요소를 극복하고 중립적인 입장에서 객관적인 보도를 실행하는 태도를 유지하는 것이 매우 중요한 덕목이다.

3) 도덕적 책임감

저널리스트는 진실 보도와 중립성 유지라는 윤리 코드의 준수와 함께, 높은 도덕성을 유지할 것이 기대된다. 저널리스트로서 책임감이라는 것은 국가 이익을 실현하려는 의무감과 같은 뜻은 아니며, 취재 · 보도 과정에서 투

명성과 개방성을 담보해야 한다는 뜻으로 해석된다(Singer, 2011). 물론 현실은 그렇게 간단하지 않다. 수많은 매체 간 벌이는 경쟁과 열악한 취재 환경 속에서 저널리스트가 취재 일선에서 투명성과 개방성을 저버리는 일이 다반사이기 때문이다. 특히 국내에서는 2010년대 초반부터 저널리즘의 수준을 현저하게 떨어뜨리고 기자로서 전문성이 상당히 떨어지는 사람들을 일컬어 기자와 쓰레기의 합성어인 '기레기'라고 부를 정도로 책임감에 관한 문제가 거론되고 있다. 기레기라는 말은 2010년대 초반에 네티즌 사이에서 사용되었으나, 2013년 4월 미디어 비평 매체인 ≪미디어스≫가 네이버의 뉴스스탠드 기능을 비판하는 기사를 올리면서 본격적으로 쓰였다. 네이버는 선정적인 신문 내용을 해결하기 위해 '뉴스캐스트' 대신 '뉴스스탠드' 기능을 선보였다. 그러나 언론사들이 조회 수를 높이기 위해 본문 내용과는 다르게 제목을 자극적이고 동떨어지게 올리는 현상이 크게 바뀌지 않아서 미디어와 기자들에 대한 부정적인 인식이 계속될 것이라고 강조했다(김완, 2013).

특히 기레기라는 말은 2014년 4월 16일 전남 진도 앞바다에서 세월호가 침몰하면서 재난 속보에 대한 언론사와 기자들의 태도를 두고 본격적으로 사용되었다. 재난 주관 방송사인 KBS가 세월호 침몰에 대한 시민들의 반응을 취재하는 데 짜깁기를 하여 시민들의 반발을 불러일으켰으며, KBS 막내 기자 30여 명이 사내 망에 '반성합니다'라는 제목의 글을 올렸다. 여러 기자가 함께 쓴 해당 글에는 "현장에서 KBS 기자는 기레기 중의 기레기입니다"라며 "얼마 전 후배가 세월호 관련 시민 인터뷰를 시도하다 시민에게 '제대로 보도하세요. 왜 그 따위로 방송해서 개병신(KBS) 소리를 들어요?'라는 말을 들었다"라며 자괴감을 표출했다(곽희양, 2014). 물론 기레기 논쟁이 하루아침에 일어난 일은 아니다. 그동안 관행적으로 있었던 비윤리적 취재 행위에 대한 불신, 그리고 언론 보도에 대한 불신이 쌓여 기레기라는 말까지 듣게 된 것이다.

실제로 저널리스트가 취재와 보도를 할 때 여러 가지 책임감 있는 모습을 보여주지 못한 것이 사실이다. 무엇보다 취재 과정에서 비도덕적인 행위를 일삼아 왔다. 정보를 수집하기 위해 자신들이 기자임을 숨기거나 아예 검찰 등 국가기관을 사칭하는 일도 서슴지 않았다. 진실을 밝히는 것만이 유일한 목표이며, 그 과정에서 어떠한 비윤리적 행위를 해도 문제가 없다는 인식이 널리 깔려 있는 것이다. 두 번째로, 프라이버시 침해 문제이다. 진실을 밝히기 위해서 필요한 자료를 얻어야 한다며, 인터뷰를 원하지 않는 사람에게 카메라나 녹음기를 켜지 않았다고 거짓말을 하고 실제로는 녹음을 해서 보도하거나, 집에서 버린 쓰레기를 뒤지는 등 프라이버시를 침해했다. 클리퍼드 크리스티안(Clifford G. Christians)이 명백히 강조했듯, 프라이버시는 가장 기본적인 윤리 문제 중 하나이다(Christians, 2011; 2019). 그런데 최근 들어 디지털 기술이 발전하면서 개인 정보를 획득하고 저장하는 과정에서 특히 문제가 되고 있다. 마지막으로, 저널리스트는 이해관계 속에서 갈등하지 않기 위해 이해관계에 얽매이지 않아야 한다. 그러나 취재원에게 사례비 조로 돈이나 선물을 받거나 여행 등 특별 대우를 받음으로써, 이를 실행하지 못하는 경우도 있다.

3. 윤리 문제를 어떻게 해결할 것인가

저널리즘 윤리 문제를 해결하기 위한 방편으로 여러 가지가 있다. 무엇보다 대립적 입장들 사이에서 균형을 유지하는 것이다. 이해관계가 첨예하게 대립하는 경우 양극단에 휘둘리지 말고 균형 감각을 유지하고 기사를 취재 · 보도해야 한다. 이는 무엇보다 양자의 입장을 공정하게 보도하는 것으로 달성할 수 있다. 두 번째는 칸트의 절대 의무론(categorical imperative)을 유지하는 것이다. "이는 어떠한 상황에서도 반드시 지켜내야 할 보편적이며 도덕적 가치를 지켜내야 한다는 것이다"(Bertrand, 2002: 30). 예를 들어 언론의 자유 등이 이러한 절대적 의무론에 해당하는 것으로 저널리스트가 이러한 가치를 유지하려고 노력하면 윤리적 문제들이 해결된다는 지적이다. 또 '가장 큰 선은 무엇보다 대다수에게 이익이 돌아가는 것'이라는 점을 명심해야 한다. 존 스튜어트 밀(John Stuart Mill)이 강조했듯, 소수보다는 대다수에게 혜택이 돌아가는 것이 최대선이며, 미디어가 이를 지켜내는 노력을 해야 한다는 지적이다. 현대 저널리즘의 미디어 윤리를 담보하는 원칙을 정리하면 다음과 같다(Cornell, 2009).

* 현재 시각에 중점을 둘 것: 시간과 공간의 제약을 고려해야 한다. 특종 경쟁이 떼거리 저널리즘(Herd Journalism)을 유발할 수도 있으므로, 지나친 특종 경쟁을 자제한다.
* 전문가에 대한 의존도 강화: 과학 분야의 경우 취재원으로 전문가를 활용해야 한다는 것으로, 전문가인 과학자를 잘 활용한다.
* 갈등 구조에서 균형 감각 유지하기: 이해관계를 수반하는 이야기에서는 저널리스트가 균형 감각을 유지하는 것이 중립성을 유지하는 지름길임을 명심한다.
* 비판적 지지자로 행위할 것: 저널리스트는 과학 · 기술계에 대한 단순한 지지자가 아니라 비판적 지지자이다.

과학 저널리즘은 이미 논의한 대로 여러 가지 주요 목적이 있다. 과학의 대중화를 통해 과학기술 분야의 정보를 일반인에게 알기 쉽게 전달함으로써 과학계와 국민 대중과의 소통을 담당하고, 과학 문화 창달에 앞장서야 한다. 과학기술 분야가 일반인으로부터 격리된 것이 아니고, 일반인의 생활에 깊숙이 스며들 수 있도록 하는 것이 필요하다. 이와 함께 과학기술계의 검증이 필요한데, 이는 진실성과 윤리의 문제를 어떻게 수행하는가에 달려 있다. 과학 저널리즘은 과학기술적 발견과 발전을 정확하고 신속하게 전달해야 하는 당위성을 넘어, 현재 진행되고 있고 또 완성된 연구 결과가 정확한 연구 윤리를 바탕으로 실행되었는지, 자료 통계 등 문제점은 없었는지에 대한 검증자 역할을 해야 한다. 즉, 과학계에 대해 맹목적 지지가 아닌 비판적 지지자 역할을 해야 한다는 말이다(Cornell, 2009).

실제로 저널리스트가 과학계에 대해 단순한 지지자 역할만 해서는 안 된다. 단순한 지지는 궁극적으로 정부나 연구소 또는 기업들의 반공식적 대변인으로 전락할 가능성이 높기 때문이다. 정부나 과학 기관이 생산하는 보도자료는 대통령이나 관계 부처 장관 또는 기업체의 CEO를 만족시키기 위한 선전 자료일 가능성이 높다. 자료를 조작하거나 허위 사실을 그럴듯하게 만들어 뉴스화할 수도 있다. 따라서 단순한 지지자로 있을 경우 이러한 문제점을 집어내는 대신, 허위 사실을 유포하는 협력자 역할을 수행할 가능성이 있다. 따라서 저널리스트는 사회적 책임을 다하기 위해서 과학계에 대해 비판적 지지자가 되어야 한다.

물론 무엇보다 중요한 요소 중 하나는 저널리스트의 윤리 문제를 제도적으로 규정하고 이를 지켜내는 것이다. 한국기자협회, 한국신문협회, 한국방송협회, 한국신문방송편집인협회, 한국신문윤리위원회 등 5개 언론 단체가 2014년 9월 '재난보도 준칙'을 마련한 것이 그 주요한 출발이라고 할 수 있다. 지금까지 국내에서 개별 언론사 또는 개별 단체가 보도 준칙을 제정한 사례는 있었지만 언론 단체들이 공동으로 재난보도 준칙을 마련한 건 이번

이 사실상 처음이다. 총 15개 언론 단체가 실천하기로 한 재난보도 준칙은 크게 전문, 3개 장, 부칙으로 구성되며 조문은 총 44개에 달한다. 준칙은 전문에서 "재난보도는 피해의 확산을 방지하고 피해자와 피해 지역이 어려움을 극복해 하루빨리 일상으로 돌아갈 수 있도록 기능해야 한다"라고 적었다.

준칙의 핵심으로 볼 수 있는 '제2장 취재와 보도'는 일반 준칙, 피해자 인권 보호, 취재진의 안전 보호, 현장 취재협의체 운영 등으로 세분화됐다. 특히 일반 준칙은 비윤리적 취재금지, 무리한 보도 경쟁 자제, 취재원에 대한 검증, 선정적 보도 지양 등 세월호 참사 당시 사회문제가 됐던 언론사의 재난 취재 · 보도 관행을 지양하는 규정을 담았다. 제3장은 '언론사의 의무'로 사후 모니터링, 재난 취약 계층에 대한 배려, 재난 관리 당국과의 협조 체제 등의 내용이 포함됐다. 한국기자협회 등이 마련한 재난보도 준칙은 준칙의 제정에 참여했거나 준칙에 동의한 언론사가 이를 어기면 각 사가 속한 심의 기구의 제재를 받게 된다. 뒤늦게나마 재난보도와 관련된 윤리 문제를 당사자들이 직접 만들어 시행하고 있다는 점에서 진일보했다고 볼 수 있다.

물론 해당 재난보도 준칙은 여러 모호한 부분들이 존재하고 있어 이에 대한 개정 필요성이 제기되고 있다. 예를 들어 2019년 7월 "재난 피해자 명예훼손과 언론의 역할"이라는 주제의 포럼 발제에서 허윤 대한변호사협회 수석 대변인은 "보도 준칙의 모호한 부분은 누가 봐도 명확한 수준으로 개정돼야 한다"라고 주장했다(연합뉴스, 2019). 세월호 참사 이후 언론계가 반성하며 보도 준칙을 제정하는 성과를 냈으나, "보도 준칙의 구체성이 떨어져 실효성이 없는 문구가 많다"라는 지적이다.

재난보도 준칙 제4조와 관련해, "취재는 활동에 지장을 주지 않는 범위 안에서 이루어져야 한다"라는 문구가 있는데, 활동에 지장을 주지 않는 범위가 어디까지인지 불명확해 실효성이 없다는 것이다. 또 제20조의 "피해자와 그

가족, 주변 사람들에게 인터뷰를 강요해서는 안 된다"라는 문구는 "인터뷰를 원할 경우 반드시 동의를 받아야 한다"로 개정하고 "피해자의 심리적 상태가 불안정할 경우 인터뷰를 하지 않도록 한다"라는 문구를 넣어야 한다고 제안했다. 이러한 주장들은 취재 일선에서 활동하는 기자들의 현실적 여건과 불일치할 수 있다는 점을 감안할 수밖에 없기 때문에 보도 준칙의 개정에는 다소 어려움이 있을 수 있다. 보도 준칙을 개정하기 위해서는 따라서 보다 지속적인 공청회와 세미나 등을 통해 여론을 수렴하고, 이를 바탕으로 단행하는 것이 중요하다.

4. 황우석 사태와 과학 저널리즘 윤리

1) 황우석 사태 개요

황우석 사태는 앞에서 살펴본 일본 오보카타 사태의 한국판으로, 과학 저널리즘 윤리를 재조명하게 된 전환점이었다. 황우석 박사는 2004년 5월 체세포 핵이식을 이용한 줄기세포를 만드는 데 성공했다는 내용의 논문을 세계 최고 권위의 과학 잡지인 ≪사이언스≫에 발표한 후 국내외에서 주목을 받아 '국민 영웅'으로 떠올랐다. 또 2005년에는 환자 맞춤형 줄기세포 확립에 관한 논문을 발표해 관심을 받았다. 당시 바이오산업을 통한 국가 경제를 발전시킬 수 있다는 믿음이 더해져 황우석 박사는 정부와 국민, 국내외 학계에서 뜨거운 관심을 받았다.

그러나 황우석의 업적은 생물학 연구자들의 인터넷 학술 커뮤니티 생물학 연구정보센터인 브릭(Biological Research Information Center: BRIC)에 일부 과학자가 2005년 논문의 줄기세포 사진이 조작되었다고 의문을 제기하면서 금이 가기 시작했다. 대부분의 언론은 해당 주장이 증거가 부족하다며 무시했으나, MBC 〈PD 수첩〉이 2005년 12월 중순 이전에 황우석 연구의 윤리 문제와 사기 가능성을 보도하면서 사태의 전환점이 되었다. 〈PD 수첩〉은 황우석 당시 서울대 석좌교수의 줄기세포 연구와 관련한 몇 가지 의혹을 제기하면서 과학계 최대의 윤리 사태를 밝혀내는 데 큰 역할을 담당했다. 물론 〈PD 수첩〉의 초기 보도는 한국 사회에서 비난을 받았으며 다수의 미디어가 외면했다. 황우석의 국제적 명성과 한국의 국가이익에 저해되는 행위라는 비난을 피하기 위해서였다. 황우석은 전문성과 과학적 분야에서 탁월한 능력이 있는 인물로 일부 소소한 잘못이 있더라도 이를 문제 삼는 것은 국익을 위해 바람직하지 않다는 당시 분위기를 이겨낼 자신이 없었기 때문이다.

논란 끝에 〈PD 수첩〉이 제기한 의혹 중 불법 상당수가 사실로 밝혀졌다. 〈PD 수첩〉은 황우석 배아줄기세포 연구에 사용된 난자의 출처에 의문을 제기했고, 이 과정에서 난자 제공자에게 금품이 전달되었다는 사실이 알려지면서 과학 윤리 문제가 불거졌다. 또 황 교수의 논문은 조작됐고, 체세포 복제 줄기세포는 하나도 없었다는 지적을 제기했다. 결국 2005년 12월 서울대가 황우석 연구의 도덕성에 대해 조사를 시작했으며, 2005년 논문에서 11개 줄기세포 중 9개가 조작되었다는 사실을 발표했다(Logan, Park and Jeon, 2010). 결과는 참담했다. 황우석 박사가 2004년과 2005년에 ≪사이언스≫에 커버스토리로 출간한 두 논문은 증거 자료를 조작했다는 이유로 2006년 1월 ≪사이언스≫에서 논문 철회라는 중징계를 받았다. 서울대는 징계위원회 결정을 통해 황 교수를 파면했으며, 검찰은 황 교수를 특정경제범죄가중처벌 등에 관한 법률 위반(사기)과 업무상 횡령, 생명윤리법 위반 등의 혐의로 기소했다. 황 전 교수는 관련 연구 성과로 대통령상인 '대한민국 최고과학기술

표 6-1 **황우석 논문 조작 사건 일지**

2004년 3월		황우석 연구팀 ≪사이언스≫에 「세계 최초 체세포 복제배아 줄기세포 확립」 논문 발표
2005년	6월	황우석 연구팀 ≪사이언스≫에 환자 맞춤형 줄기세포 확립 논문 발표
	11월	MBC 〈PD 수첩〉, 줄기세포 조작 및 불법 난자 매매 의혹 제기
	12월	노성일 미즈메디 이사장 "줄기세포 없다" 폭로
2006년	1월	서울대 조사위, "논문 조작됐다" 발표, 검찰 수사 착수
	3월	서울대, 황 교수 파면 등 연구팀 징계
	5월	검찰, 황우석 불구속 기소
	6월	황우석 "논문 조작 지시 안 했다"(1차 공판)
2007년 1월		노성일 "황 박사가 논문 조작 책임져야"(8차 공판)
2009년 8월		검찰, 4년 구형(결심공판)

자료: 이해성(2009).

인상'과 상금 3억 원을 받았으나, 논문이 조작된 것으로 드러나면서 대한민국 최고과학기술인상은 지난 2020년 10월, 수여한 지 16년 만에 취소됐다(고재원 · 조승환, 2021).

황우석 사태는 사건 발생 10년이 지난 2014년에 새로운 관심을 받게 됐다. 우선 2014년 2월에 대법원은 황 전 교수의 연구비 횡령 혐의와 불법 난자 매매 혐의에 대해 유죄를 인정했다. 서울대의 파면 징계도 정당하다고 판결했다. 최종적으로 대법원은 징역 1년 6개월에 집행유예 2년을 선고한 원심을 확정했다. 두 번째로, 2014년 초에 황우석 사태의 핵심이었던 줄기세포가 미국과 캐나다에서 특허 등록을 받으면서 황우석 사태가 아직도 끝나지 않았다는 것을 보여준다. 2014년 2월 미국 특허청(The United States Patent and Trademark Office: USPTO)이 캐나다(2011)에 이어, 홈페이지에 '인간체세포 핵이식으로 만든 배아줄기세포주'가 특허등록(제8647872호)됐다고 공개했다. 미국 특허청 내용에서 발명자는 15명이고, 황 박사는 두 번째로 이름이 올라 있다. 황우석은 수암생명공학연구소에서 동물 복제 등을 통해 연구를 계속하고 있으며, 미국 특허청의 특허등록을 계기로 사회가 자신에게 기회를 주기를 바라고 있다(허문명, 2014).

세 번째로, 황우석은 2014년에 만들어진 〈제보자〉(감독 임순례)라는 영화를 통해 또 다른 차원의 조명을 받게 됐다. 영화를 만든 임순례 감독은 ≪경향신문≫과의 인터뷰에서 "바이오산업이 신성장 동력으로 크게 각광을 받기 시작했을 때, 황우석 박사의 연구는 모두의 욕망을 반영할 만한 것이었으며, 이런 상황에서 언론에 의해 사실이 아닌 것이 사실이 되어가는 과정을 그리고 싶었다"라고 밝혔다(이혜인, 2014).

황우석 사태는 이처럼 과학이라는 측면에서도 재조명을 받고 있지만 과학 저널리즘 입장에서도 재조명이 이루어져야 한다. ≪한겨레신문≫(2014)은 이와 관련해 2014년에, 2005년 황우석 사건을 제보했던 류준영 연구원의 이야기를 실으면서 "황우석 사건은 '과학조작 스캔들'이었다"라고 한마디로 정의했다. 과학은 '객관을 전제로 한 정확성'의 학문으로 "믿는다"가 아니라 "증명되어야" 하지만, "황우석은 논문이 아닌 언론으로 자신의 연구를 증명하려 했다"라고 지적했다.

황우석 사태는 20년이 다 되어가는 현시점에서 당시 과학계의 고질적인 관행이었던 과학계의 윤리보다 과학 저널리즘의 윤리를 지켜내지 못하고 황우석 사태를 만드는 데 큰 역할을 한 언론을 재조명하는 데도 초점을 맞추어야 한다. 황우석 신드롬을 조장한 한국 언론은 당시 황우석 박사의 논문과 연구 실적과 관련, 황우석 팀의 과학적 기만행위에 대한 의심에도 불구하고 한동안 침묵을 지키는 등 본연의 임무를 다하지 못했다. 한국 언론이 과학적 기만에 관한 탐사보도 기회를 상실했던 것이 가장 큰 문제점으로 지적될 수 있다.

2) 뉴스와 과학적 불확실성의 사회적 구성(social construction)

황우석 사태는 과학 저널리즘 윤리 측면에서 볼 때 무엇보다도 당시 미디어가 왜 황우석의 논문 조작을 발견하지 못했고, 논문 조작 의혹이 나왔을 때도 대부분의 언론사가 왜 적절히 대응하지 못했는가를 파악해야 한다. 황우석의 연구 윤리 문제가 아닌 미디어의 저널리즘 윤리에 관한 문제가 핵심인데, 이는 무엇보다 왜 이런 형태의 보도가 이루어졌는지를 인지해야 한다. 이덕환(2006)이 강조했듯, 무엇보다도 국내 언론은 과학 보도의 가장 중요한 원칙인 연구 성과에 대한 과학계의 일차적 검증의 중요성을 완전히 무시해 버렸다. 황우석 박사가 1999년 복제소인 '영롱이'를 체세포 복제 방식을 통해 탄생시켰다고 발표했을 때, 이에 대한 과학계의 공식적인 검증은 없었다. 황우석 박사의 일방적인 주장만 있을 뿐이었다. 과학계가 인정할 수 있는 황우석 박사의 '동물 복제 기술'의 근거는 2005년 ≪네이처≫에 발표된 '스너피'가 유일하다. 만약 미디어가 황우석 박사의 일방적인 주장에 대한 과학계의 철저한 검증을 요구했거나, 과학계의 회의적인 인식을 냉정하게 보도했다면 이후 무리한 황우석 스타 만들기는 처음부터 불가능했을 것이다.

또 황우석 사태와 미디어 윤리 문제는 주로 과학 저널리즘 윤리라는 관점에서, 특히 인간의 존엄성과 취재원 보호라는 측면에서 다루었어야 한다(Logan, 2010). 따라서 황우석 사태는 당시 뉴스 미디어가 왜 황우석 팀의 발견이 과학적으로 잘못되었다는 주장이 있었음에도 초기에 이를 간과하고, 황우석을 보호했는지 살펴봐야 한다. 황우석 연구를 둘러싼 과학적 불확실성에 대한 미디어 취재와 보도를 주저하게 만든 요인이 무엇인가를 살펴보기 위해서는 뉴스와 과학적 집단들이 직간접적으로 뉴스의 사회적 구성화 과정에 어떻게 영향을 미쳤는가, 그리고 전문가적 이해관계가 어떻게 타협

되고 협의된 형태로 나오게 되었는가를 논의해야 한다. 황우석 사태는 더욱 다양한 요소들이 복합적으로 작용한 결과이기 때문이다.

과학기술 분야에서, 기술의 사회적 의미에 대한 이해 태도는 기술이 사회에 영향을 미쳤다고 보는가, 아니면 사회가 기술에 영향을 미쳤다고 보는가에 따라 달라진다. 이런 차이는 기술의 변화가 어떻게 일어나는가에 대한 서로 다른 설명으로 이어진다. 전자는 기술 발전이 자율적이라고 보는 반면, 후자는 사회적 과정의 산물이라고 주장한다(김사승, 2008에서 재인용). '사회구성체 이론'은 기술이 그 자체의 경로를 따라 발전한다는 '기술 결정론(technological determinism)'에 대한 대안으로 발전했다. '기술 결정론'은 새로운 기술이 사회적 변화와 역사적 변화의 주요한 원인이며 사람들이 기술 도구들을 판단하고 사용하는 데 영향을 준다고 강조한다(Chandler, 1996에서 재인용; Campbell and Russo, 2003). 그러나 기술 결정론은 "사람들이 그들이 사용하는 기술에 대해 책임을 지는 것이 아니라고 강조"하면서 많은 비판을 받고 있다(Cambell and Russo, 2003: 317).

이에 반해 사회구성주의 이론은 기술이 사회를 형성하는 것이 아니라 사람들이 기술을 형성한다고 강조한다(Winner, 1977; Mackenzie and Wajcman, 1999; Bijker, Hughes and Pinch, 2012). 프랑크 웹스터(Frank Webster)가 말한 대로, "기술은 사회적 관계에서 떼어내 이해할 수 없는 사회적 선택과 가치의 결과"인 것이다(김사승, 2008에서 재인용). 다시 말해 사회구성주의 지지자들은 사회적 구조와 과정이 기술의 선택에 어떻게 영향을 미치는가에 관심을 둔다. 위비 바이커(Wiebe Bijker)와 그의 동료들은 기술적 디자인은 특히 사회적 · 문화적 · 기술적 · 경제적 요소들이 상호 연계되어 있다는 점을 강조했다(Bijker, Hughes and Pinch, 2012). 기술적 디자인은 여러 가지 사회 요소와 사람들 간 복잡한 상호작용의 결과로 탄생한다는 것이다. 손영준(2011:

125)은 이에 따라 "사회구성주의는 지식이나 정보가 객관적으로 존재하는 것이 아니라 개인의 경험과 인식, 사회 내의 상호작용을 통해 주관적으로 구성된다"라고 강조했다.

바이커는 이와 관련해서 "기술은 문화적으로 구성되며 해석될 수 있다"라고 지적했다(Bijker, Hughes and Pinch, 2012: 40). 이는 결국, 기술은 사회적 욕구와 현재 기술적 능력을 반영하는 것이라고 할 수 있다(Mackenzie and Wajcman, 1985). 물론 사회를 구성하는 요소들 간, 특히 이해집단과 개인 간에는 힘의 불균형이 있을 수밖에 없다. 따라서 기술 발전을 주도하는 개인이나 집단뿐 아니라 이런 과정에서 배제되는 개인이나 집단도 고려해야 한다(Volti, 2008: 39). 토머스 휴스(Thomas Hughes)가 강조했듯, 사회구성주의 접근은 과학기술 발전의 초기에 유용하게 적용된다(Hughes, 1994에서 재인용; Volti, 2008). 사회적 · 정치적 · 경제적 요인 등 여러 기술이 한꺼번에 출현할 때 큰 영향을 미치기 때문이다. 황우석 박사의 줄기세포 발견 역시, 해당 과학기술의 초기 단계로 기술 결정론보다 사회구성주의적 접근이 유효하다고 할 수 있다. 김사승(2008: 7)이 지적한 대로, "뉴스 생산 과정은 저널리스트가 세계의 본질을 인식하는 과정"이라고 할 때, 사회구성주의적 접근은 과학 저널리즘을 실행하는 데 매우 필요하다는 것이다.

과학적 주장에 관한 뉴스를 추적하고, 기사를 작성하고, 편집하는 과정은 복잡하고 다면적인 요소에 따라 결정된다. 기자들과 편집자들의 지식, 취재기자들이 가지고 있는 과학 분야의 경험과 훈련, 뉴스 가치 결정의 기준들, 편집자들의 규범, 대중들의 관심을 유도하는 데 뉴스 미디어의 선호도 등이 기사 취재와 작성에 복합적으로 작용한다. 이와 함께 과학적 불확실성이 보도되는 데 외적인 요인들도 큰 영향을 미친다는 점을 감안해야 한다. 따라서 언론적 · 과학적 기준과 실행의 조화, 그리고 이들이 어떻게 이야기 구성에 영향을 미치는가는 이야기의 참여자인 언론인, 과학자, 독자 사이에서 사회적으로 구성될 수밖에 없다.

3) 황우석 사태 보도의 사회적 구성과 저널리즘 윤리

언론의 뉴스 생산 과정을 분석한 미디어 사회학자들은 미디어가 생산하는 뉴스가 현실을 있는 그대로 담아내지 않는다고 강조했다(Tuchman, 1978; Stocking, 1999; Poerksen, 2008). 뉴스를 사회구성주의 시각에서 연구한 게이 터크먼(Gaye Tuchman)에 따르면, 뉴스는 미디어 나름의 특성에 따라 경험적으로 형성된 뉴스를 통해 사회적 의미를 정의하고 재정의하며, 구성하고 재구성한다(Tuchman, 1978). 즉, 터크먼은 뉴스는 사회적으로 구성된 산출물로 사람들에 의해 만들어진다고 강조했다. 특히 뉴스 생산 과정은 취재원과 현장 취재기자, 현장 취재기자와 현장 취재기자, 그리고 현장 취재기자와 에디터 사이의 협상 과정을 통해 나오며, 뉴스 생산 과정은 현실을 그대로 반영하기보다는 현실을 구성하는 행위라는 것이다. 따라서 과학기술적 사안에 대한 뉴스 취재, 기사 작성, 편집 결정 등은 각각 복잡하고 다면적인 요소에 따라 결정된다. 또 기자와 에디터의 지식이나 경험, 뉴스 가치의 기준이나 뉴스 미디어의 기호 등이 뉴스 구성 과정에 영향을 미친다고 볼 수 있다(Stocking, 1999).

황우석 사태 언론 보도 역시 기자 개인의 취재와 기사 작성이라는 측면을 넘어 전문가와 시민 집단의 인터뷰, 언론사 데스크의 게이트 키핑 역할이 어우러져 최종 보도된다는 점에서 사회구성주의 이론의 발전적 적용이 유효하다. 물론, 사회구성주의 이론은 뉴스 생산 과정이 다양한 행위자 간의 상호작용 결과라는 점을 강조하면서도, 구성원들 간 파워 관계가 균등하지 않다는 점과, 주요 행위자일 가능성이 높지만 그 과정에 참여하지 못한 개인이나 조직들은 제대로 조명하지 못한다는 비판을 받는다(Winner, 1993). 단지 뉴스 생산 과정에서 관계자들 간 역할 관계를 분석하는 데 그치지 않고, 이때 발생하는 미비점들에 대한 분석과 제언을 강조한다.

결국 사회구성 프레임은 과학적 불확실성이 과학자들에 의해서만 만들어지는 것은 아니라는 점을 인지하게 한다. 대신 사회적으로 만들어진 뉴스 산물은 저널리스트와 여러 뉴스원 간 타협과 협상을 통해 만들어진다는 점을 강조한다. 저널리스트는 과학기사에 대한 대중적 관심을 모으기 위해 과학적 발견을 신비하고, 희소하며, 근본적인 발견이라는 용어로 강조하려고 한다. 또 미디어는 ≪사이언스≫ 같은 국제 저널에 출간한 유명한 과학자에게 의존하게 되며, 과학 이야기가 단일 취재원에 의존할 때는 다른 취재원에 의존이 불가능할 때 전략적으로 이용된다. 또 긴급하고 혁신적인 과학에 대한 뉴스 보도는 주로 단일 취재원에 의존하는데, 이는 연구 영역이 첨단이어서 소수만이 연구하거나, 과학 분야 취재원이 시간 부족으로 인해 논문 등에 접근하기 어려울 때 주로 사용된다. 또 과학 이야기가 매우 논쟁적일 때 언론인들은 비난 회피를 추구하게 되며, 저널리스트는 자신의 명예를 보호하기 위해 방어적으로 기사를 작성하기도 한다. 황우석 박사의 줄기세포 개발 과정에 대한 과학 저널리즘 보도는 결국 이러한 여러 사안이 복합적으로 영향을 미쳤다고 할 수 있다.

박재영 등이 당시 황우석 사태를 취재한 19명 기자들을 대상으로 한 연구 결과에 따르면, 황우석 사태는 실제로 여러 요인이 복합적으로 작용했다(Park, Jeon and Logan, 2009). 한국 기자들은 황우석 연구에 의문을 품지 않았다. 해당 논문이 ≪사이언스≫에 출간되었기 때문에 어떠한 의심도 하지 않았으며, 특히 해당 저널이 황우석의 발견에 대해 국제적인 보도 콘퍼런스를 열기도 해서 전혀 의심하지 않았다는 것이다. 일부 기자들은 ≪사이언스≫ 자체가 신뢰도를 부여했다며, ≪사이언스≫에 출간된 논문이 다른 사람들에 의해서, 특히 언론에 의해서 조사된다는 것 자체가 말이 안 된다고 믿기도 했다. 〈PD 수첩〉이 논문에 의심을 품고 있었으나, 다른 미디어들은 국제적으로 명성이 높은 저널과 국가적 스타 과학자의 연구 결과에 도전하지 않았다(박재영 외, 2008; Logan, Park and Jeon, 2010).

한편 황 교수의 논문이 매우 복잡한 바이오 기술에 관한 것이어서 이 문제를 확인하는 데 도움을 줄 취재원이 거의 없었다는 문제도 있었다. 기자들은 황 교수의 연구 논문에 도움을 줄 전문가가 거의 없었으며 특히 언론에서 취재할 전문가는 더욱 없었다고 강조했다. 취재원으로부터 DNA가 일치하지 않을 가능성에 대해 이야기를 들었으나, 불확실성 속에서 기사를 작성할 수 없었다고 밝혔다. 황 교수의 논문에 반대되는 증거를 제공할 만한 취재원이 부족했기 때문에 논문 내용을 믿으려는 경향이 있었다는 것이다(Park, Jeon and Logan, 2009).

국가 영웅으로서 황우석의 이미지 역시 언론 보도를 제한하는 요인이었다. 황 교수에 대한 보도를 제한하게 만든 것 중 하나는 한국 문화와 사회적 전문가 문화 측면에서 황 교수의 독보적 엘리트 지위 때문이었다는 것이다(Logan, Park and Jeon, 2010). 많은 한국인이 황 교수의 연구가 국가 경제 발전을 가져올 것으로 기대했다. 또 사람들은 황우석을 대중적 우상으로 생각했으며 그의 연구가 한국에 큰 경제 성장을 가져다줄 것으로 믿는 경향이 있었다고 말했다. 줄기세포가 희망이라는 단어와 코드가 일치하는 마당에, 함부로 황우석을 부정하는 기사를 쓰기 어려웠다는 지적이다.

또 과학 저널리스트의 지식 부재가 황우석 사태를 막지 못한 원인으로 지적되기도 했다. 인터뷰 대상자들은 황 교수의 논문과 연구가 그들 자신의 지식 범위를 뛰어넘는 것이라고 인정했다. 박재영과 그의 동료들에 따르면 조사 대상자 가운데 6명만이 황우석의 ≪사이언스≫ 논문을 읽은 것으로 나타났다(Park, Jeon and Logan, 2009). 기자들은 논문을 이해하지 않은 상태에서 황우석을 취재했으며, 과학 지식이 부재해서 기사화하는 데 어려움을 겪었다. 기자들은 줄기세포에 대해 동료로부터 배웠으나, 절반도 이해하지 못했다고 자신의 지식 부재를 솔직하게 인정했다. 일부에서는 브릭에서 황 교수의 연구에 의문을 제기했을 때 그 내용이 무엇을 의미하는지 몰라 어떤 입장을 택해야 하는지 고민했다고 답하기도 했다. 황우석 사태에 대한 초기 미디어 대응은 여러 사회적, 그리고 미디어 내부의 문제가 복합적으로 얽히면서 검증이 이루어지지 못했다. 황우석 사태에 대한 보도를 제한한 요소들을 요약하면 다음과 같다(Park, Jeon and Logan, 2009).

* 황우석 개인과 ≪사이언스≫의 권위
* 한국의 국가적 이미지와 이해관계
* 황우석의 명성과 미디어 자체의 명성을 유지하기 위한 결정
* 기자들과 에디터 사이의 과학적 지식에 관한 격차
* 과학 전문기자와 에디터의 부재
* 온라인 신문에 대한 기존 제도권 신문들의 불신
* 일부 언론인은 황우석을 비판할 만한 충분한 정보가 부재(자료 및 취재원)함을 걱정

결국 과학 저널리스트는 황우석 사태에서 앞에서 제시한 여러 요인이 구성되어 만들어진 취재·보도 과정에 개입되었으며, 따라서 해당 사안을 윤리적인 관점에서 취재하는 데 어려움을 겪었다고 할 수 있다. 물론 일부 언

론인은 언론 보도가 위험 회피라는 현실에 지배되고 있다는 것을 인식하며, 서서히 황우석 교수를 비판하는 출구 전략을 사용하기도 했다.

5. 인공지능 시대의 뉴미디어 윤리

2010년대 이후 과학 저널리즘 윤리 분야에서 나타난 또 다른 문제점은 인공지능(Artificial Intelligence: AI) 등 첨단 디지털 기술의 등장과 함께 시작됐다. 인공지능을 이용, 소셜 미디어상에서 가짜뉴스(fake news)가 범람하면서 전 세계 시민들을 혼란에 빠뜨리고 있기 때문이다. 인공지능은 제4차 산업혁명의 핵심 기술로, 산업계는 물론 미디어 분야에서도 큰 역할을 할 것으로 기대되고 있다. 인공지능은 그러나 인공지능 알고리듬이 편견과 공정성, 그리고 감시와 같은 문제점을 드러내면서 사회적 문제 역시 야기하고 있다.

먼저 인공지능 알고리듬 편견은 이로 인해 현존하는 사회문화적 문제들, 즉 불평등, 사회적 배제, 디지털 격차 등을 전 세계적으로 확산시킬 수 있다는 점에서 큰 걱정거리로 등장했다. 전 세계 많은 시민들은 수학적 공식으로 체제화된 인공지능 알고리듬이 편견 없이 만들어지고, 인간들이 걱정 없이 사용할 수 있을 것으로 믿어 의심치 않았다. 현실은 그렇게 간단치 않은 것이 문제이다. 인공지능은 빅데이터에 크게 의존하고 있는데, 이미 페이스북 등 소셜 미디어에서 가짜뉴스를 양산하고 있기 때문이다(Jin, 2021).

전 세계적으로 가짜뉴스가 확산된 것은 주로 2016년부터이며 이후 급속히 증가하고 있다. 〈그림 6-1〉에서 보듯이, 2015년까지 전 세계적으로 가짜뉴스는 연간 2000건 미만이었으나, 2016년 6272건으로 3배 이상 급증했으며, 2018년에 무려 5만 9289건으로 치솟았다. 주로 미국 대통령 선거가 열린

그림 6-1 **가짜뉴스 증가 현황**

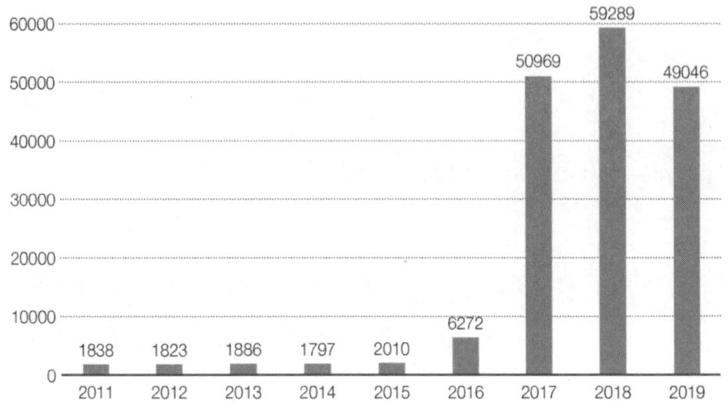

자료: Jin(2021).

2016년 이후 대통령 선거를 둘러싸고 가짜뉴스가 양산되기 시작했다. 물론 해당 자료는 신문에만 제한된 것이어서 소셜 미디어 등 뉴미디어를 포함하면 가짜뉴스 수는 이보다 훨씬 클 것이라고 짐작할 수 있다.

인공지능과 관계된 여러 사회문화적 문제들 중에서도 사용자 대표성 역시 크게 두드러지고 있다. 대표성 피해(representational harm)라는 것은 인공지능 알고리듬이 정형성을 강화하거나 특정 집단을 등한시할 때 주로 나타난다(Dickson, 2018). 대표성 피해는 또, 일부 소수의 디지털 플랫폼이 빅데이터를 독점할 때 주로 발생한다. 즉, 빅데이터를 독점할 수 있는 메가 플랫폼들이 인공지능과 알고리듬을 개발하는 데 선두 역할을 하고 있으나, 이 과정에서 알고리듬의 문제점들에 대해서는 별 대책을 세우고 있지 않기 때문이다. 실제로 인공지능의 대표 격인 머신 러닝(Machine Learning) 체제는 데이터상에서 나타나지 않는 변수들에 의존해서 결정을 내리고 있는지 여부를 알기 어렵다. 즉, 여러 가치 편견을 데이터로부터 유발할 수 있다는 것이다.

예를 들어 특정 인공지능이 이전의 데이터에 근거해서 구직자들을 판단할 수 있는 프로그램을 만들 때, 이전의 구직자들이 대부분 남성이었을 경우 여성 구직자들은 자동으로 탈락시킬 수 있는 여지가 있다는 것이다(Taylor, 2019).

대표성 피해는 주로 디지털 플랫폼에서 나타난다. 한 예로 2015년에 구글은 자체 포토앱으로 하여금 두 명의 흑인을 고릴라로 분류하게 만드는 실수를 유발했고, 이로 인해 사과를 해야만 했다. 구글이 전 세계에서 가장 큰 플랫폼 중 하나이나 앱 개발자들이 대부분 백인이어서 흑인의 대표성을 간과했기 때문에 발생한 사건이었다. 빅데이터를 머신 러닝으로 학습한 결과 알고리듬은 사람보다 뛰어난 결과를 산출할 수 있다. 그러나 구글의 사례에서 볼 수 있듯이 인공지능에는 사람에겐 볼 수 없는 맹점과 노골적 차별이 존재한다. 인공지능 알고리듬은 사람보다 객관적이고 과학적인 판단을 할 것이라는 기대를 받고 있지만, 현실은 전혀 그렇지 않다. 데이터와 알고리듬은 현실의 반영인데, 현실은 이미 왜곡과 편견으로 가득한 데다, 인공지능과 알고리듬이 대부분 25살부터 50살 사이의 백인 남성들에 의해 주로 개발되고 있다는 점에서 차별과 한계를 보이고 있기 때문이다(구본권, 2019).

인공지능의 확대 사용과 함께 발생하는 가짜뉴스, 공정성(또는 대표성), 그리고 집단 감시체제의 문제는 미국 등 서구뿐만 아니라 중국과 한국 같은 비서구 국가들에서도 크게 나타나고 있다. 인공지능 알고리듬의 중요성을 강조하면서, 이들 비서구 국가들은 인공지능의 부정적인 측면을 애써 외면하고 있기 때문이다. 비서구 국가들이 디지털 경제 확대를 위해 제4차 산업혁명을 추구하고 있는 가운데 인공지능, 알고리듬, 그리고 빅데이터 등이 연계됨으로써 발생하는 사회적 문제들을 외면하고 있는 것이 현실이다(Jin, 2021). 저널리즘/미디어 윤리는 과학 분야는 물론 기술 분야에서도 점차 확대되고 있다. 따라서 첨단 과학기술의 발전과 더불어 이에 걸맞은 윤리규범을 확대해 나가는 것이 과학기술을 더 발전시킬 수 있다는 것을 염두에 두어야 할 것이다.

6. 결론

과학 저널리즘의 윤리는 결국 과학의 역할을 어떻게 인식하는가와 밀접한 관계가 있다. 이런 전제하에 과학 저널리스트들이 과학은 진실을 찾아가는 과정일 뿐, 최종적인 진실을 밝혀내는 작업이 결코 아니라는 것을 인식하는 것이 매우 중요하다. 과학사는 실제로 오류의 역사라고 해도 지나치지 않다. 불확실성은 과학의 정상적이고 필수적인 특성이며, 과학적 전문성은 축적된 지식이 아니라 불확실성을 관리하는 기술로 이해해야 한다(Zehr, 1999; 박재영 외, 2008에서 재인용). 따라서 과학 저널리스트가 과학의 불확실성을 확신하고 있어야 하며, 첨단 과학 분야일수록 불확실성에 대한 확실성을 가지고 취재·보도에 임해야 한다. 첨단 과학일수록 불확실성이 높아지는데 마땅한 취재원이 없기 때문에 이는 늘 조심해야 한다.

우선 과학계의 부적절한 관행들이 점차 정상적인 것으로 받아들여지고 있다. 과학자의 이미지는 앞에 적은 표상과 크게 다르지 않고, 실제로 과학자들도 그것을 운명으로 받아들이려 한다. 심지어 미래의 과학자들도 그에 익숙해지며, 그 이미지에 자신을 가두는 일을 스스로 해내려 한다. 이는 과학계의 재생산 구조처럼 보이지만 실상은 보이지 않는 비과학적 요소가 더 큰 힘을 쓰는 구조일 뿐이다. 이 자연스럽지 않은 것의 자연스러움, 그것이 지금 탈출구 없는 과학계의 모습이다(원용진, 2014).

과학의 연구 윤리는 황우석 연구팀의 줄기세포 논문 조작 사건을 계기로 이후에도 지속적으로 높아졌다. 관심의 폭도 넓어져 직접적인 연구 부정행위 외에 올바른 논문 인용법, 연구실 문화, 이해 충돌의 문제, 과학자의 사회적 책임, 옴부즈맨 제도 같은 다양한 주제가 다뤄졌다. 연구 윤리에 대한 인식이 높아지고 넓어진 데에는 대학과 연구기관 단위별로 만들어진 연구윤리위원회, 관련 정보를 제공하는 연구윤리정보센터 같은 연구자 집단의 노력이 밑거름이 되었다. 과학계 안팎에 미치는 연구 윤리의 범위는 점차 일상적인 연구 활동의 영역으로 넓어지는 흐름을 보인다. 또한 연구 윤리 문제가 큰 사건으로 비화하기 이전에 이것을 미리 예방하는 제도와 문화를 만들려는 여러 노력으로 이어지고 있다(오철우, 2010).

과학계의 부적절한 관행이 특히 문제가 되는 것은 이러한 사태 대부분이 미디어 윤리와 접목되기 때문이다. 황우석 사태와 일본의 오보카타 사태에서 알 수 있듯이, 21세기 과학 저널리즘은 속보 경쟁에서 뒤지지 않기 위해 뛰어들다 보니, 과학 보도의 원칙을 지킬 수 없게 되고, 그 결과 적지 않은 오보를 내고 있다. 이는 과학 저널리스트들이 과학적 발견과 발전을 취재 · 보도하는 과정에서 저널리즘 윤리원칙을 저버리는 이유이다. 따라서 일부 과학계가 주도하고, 언론이 과학계의 부적절한 관행을 부추기는 현상이 계속되고 있다고 해도 과언이 아니다. 과학 저널리스트가 특정 과학에 대한 전문지식이 부족한 상태에서, 해당 사안의 진실 여부를 말해줄 수 있는 과학계 취재원을 찾지 못하면 그 사태는 더욱 커진다. 국가적인 관심을 받고 있는 사안에 대해서는 더욱더 점검이 어려운 것이 현실이다. 특히 사회구성주의 관점에서 본 황우석과 오보카타 사태는 첨단 과학기술 보도가 다양한 요소의 구성에 따라 이루어진다는 것을 알 수 있다. 주된 역할을 수행하는 취재기자와 전문지식이 없이 취재기자에게 의존하는 데스크, 그리고 국가 경제 발전과 난치병 치료에 대한 관심 때문에 해당 과학자를 영웅시하는 분위기 등이 복합적으로 얽혀 있으며, 이런 사안이 저널리스트의 보도 행태에 적지 않은 영향을 미쳤다.

따라서 과학 저널리즘은 저널리즘 윤리 준칙을 준수해야 하는 당면 과제와 함께, 과학기술 분야를 보도할 때 지속적으로 영향을 미치는 여러 구성요소를 어떻게 처리할 것인지가 중요 과제로 등장했다. 과학기술과 재난 부분 등의 취재 · 보도는 저널리즘의 다른 영역에 비해 전문적인 능력과 함께 고도의 저널리즘 윤리의식을 요구하기 때문이다. 과학 저널리스트는 자신들의 취재원이자 전문가인 과학자와 견줄 만한 상당한 수준의 전문지식을 쌓는 한편, 최고 수준의 저널리즘 윤리의식을 가다듬어야 한다.

제3부

뉴미디어 시대의 과학 저널리즘

제7장 | 빅데이터와 과학 저널리즘

제8장 | 위험보도와 과학 저널리즘

제9장 | 디지털 플랫폼 시대의 과학 저널리스트 재교육

제10장 | 과학 저널리즘의 미래

제7장

빅데이터와 과학 저널리즘

1. 서론

빅데이터가 가장 많이 쓰이는 영역이 과학기술 분야이며, 과학 저널리즘을 연구하는 저널리즘 학자나 과학 저널리즘의 실행자인 언론인 모두 빅데이터를 이해하지 못하면 그 역할을 다하기 어려워지고 있다. 빅데이터는 과학 저널리즘의 학문 영역뿐만 아니라 과학 저널리즘 현장에서도 가장 중요한 최신 경향 중 하나이다. 데이터 저널리즘이라는 영역이 이전에도 있었으나, 최근 빅데이터를 사용하는 데이터 저널리즘과는 그 규모나 영향력 면에서 큰 차이를 보이고 있다. 빅데이터는 자연재해에 대한 대책부터 의료 분야의 문제점을 파악하고 보도하는 데까지 과학 저널리즘 분야에서 그 역할을 점점 확대하고 있기 때문이다. 빅데이터는 무엇보다 데이터 분석을 통해서 사회 변화를 이끌어낼 수 있는지 또는 이러한 잠재력을 가지고 있는지가 관건이다. 빅데이터가 사회 변화의 원동력이 되기 위해서는 정치 · 경제 · 사회 · 문화 · 환경 · 기술과 가치관 등 사회 전반에 걸친 변화의 징조를 파악하고 평가해야 한다.

이 장에서는 과학 저널리즘의 최대 관심사 중 하나로 등장한 빅데이터에 대한 이해를 통해 과학 저널리즘을 어떻게 해석할 것인가를 집중 논의한다. 또 빅데이터 시대의 과학 저널리즘 규범을 그 이전의 규범과 비교하여, 빅데이터 시대에 과학 저널리즘의 취재와 보도는 어떠해야 하는지에 대한 담론을 전개한다. 마지막으로, 빅데이터 시대 과학 저널리즘의 전망 및 미디어 윤리에 대한 토론을 통해 빅데이터 시대를 맞이하는 과학 저널리즘의 현 위치를 파악하려고 한다.

2. 빅데이터의 기원과 정의

잘 알려진 대로 농경사회 · 산업사회 · 정보화 사회에서 지식 공유는 각각 구술, 인쇄 문자, 디지털 문자를 활용한다. 초기 정보화 사회는 업무 과정을 시스템화하고 이로부터 파생되는 지식을 디지털화하며, 인터넷과 같은 사이버 공간에서 인적 네트워크의 목적성을 띤 정보의 흐름이 생기게 된다. 특히 스마트폰 등 모바일 환경의 변화와 개인의 감성을 더욱 중요시하는 가치가 증대하고, 의도하지 않은 데이터를 양산하게 된다. 구글 사용자가 무심코 누르는 클릭 수와 검색 종류, 스마트폰을 통해 남겨진 개인의 생활 자취 등 비구조적이고 무작위적인 데이터가 새로운 정보의 원재료로 주목받는 시대가 온 것이다. 2014년 후반, 정부가 카카오톡을 감청한 사태가 이러한 문제점을 잘 보여준 사례이다. 국가정보원이 '통신제한조치(감청)'를 이용해 '국가보안법' 위반 피의자의 카카오톡 대화 내용을 감청해 온 사실이 드러났는데, 이는 카카오톡 사용자들의 정보가 국가기관은 물론 일반 사기업에도 노출될 수 있다는 것을 보여주었다. 그러나 빅데이터를 한마디로 정의하기에는 많은 어려움이 있다. 빅데이터는 기존의 학술 저널 등에서 전통적으로 다루었던 데이터양보다 훨씬 큰 데이터를 의미하지만, 어느 정도부터 빅데이터라고 할 수 있을지 정해진 바가 없다. 데이터의 양만이 빅데이터를 정의하는 척도가 아니기 때문이다. 따라서 빅데이터는 무엇이 빅데이터인가가 핵심이지만, 그저 데이터 용량이 크거나 아주 많은 데이터라고 이야기할 수 있을 뿐이다.

빅데이터는 1997년 컴퓨터 학술 저널인 ACM의 디지털 라이브러리(Digital Library)에서 처음 사용했다. 당시 마이클 콕스(Michael Cox)와 데이비드 엘즈워스(David Ellsworth)는 시각화(visualization)가 컴퓨터 시스템에 매우 중요하고 재미있는 도전을 던지고 있다고 밝히면서, 빅데이터에 대한 우려를 표명했다(Cox and Ellsworth, 1997). 대용량 데이터 자료들은 일반적으로 매우 크고, 메인 메모리와 로컬 디스크의 용량에 큰 부하를 주고 있으며, 이러한 현상을 빅데이터의 문제라고 말했다. 콕스와 엘즈워스는 데이터 저장소에 담을 수 있는 데이터는 한계가 있기 때문에 더 이상 데이터를 담을 수 없는 사태가 올 것이라고 경고했다. 이후 빅데이터라는 용어가 본격적으로 쓰이기 시작했는데, 초고속 인터넷망을 통해 이메일, 그림, 동영상, 텍스트 등 다양한 형태의 데이터가 전송되고 속도가 빨라지고 있다. 데이터 분석에 많은 투자를 하고 있는 IBM(2014)은 빅데이터가 단순히 크기만을 의미하는 것은 아니며 데이터 생성과 프로세싱의 속도와 데이터의 다양성 등을 포함한다고 밝혔다. 따라서 빅데이터는 데이터의 크기를 포함해, 다음과 같은 네 가지 속성(3V1C)을 공유한다(Pence, 2013; Parks, 2014).

• 데이터의 크기(Volume)

데이터의 크기는 빅데이터를 구성하는 가장 중요한 요소이고, 데이터는 단순한 텍스트 형태가 아니며 크기도 날로 커지고 있다. 데이터 크기가 커지면서 데이터를 지원하는 체제도 커져야 한다는 것이 논의의 핵심이다. 즉, 빅데이터는 기존 데이터베이스 관리 도구의 데이터를 수집, 저장, 관리, 분석하는 역량을 넘어서는 데이터 세트 규모이다. 따라서 그 정의는 주관적일 수밖에 없으며, 앞으로도 계속 변화할 것이다.

• 다양성(Variety)

데이터는 여러 가지 형태로 저장될 수 있다. 과거에는 데이터가 텍스트나 비디오, PDF 형태로 저장되는 것을 의미했으나 현재는 이러한 개념을 적용하기 어렵다. 그리고 한 가지 데이터가 동시에 여러 가지 형태로 저장되고 있으며, 이러한 도전이 빅데이터를 구성하는 요소이다.

• 생성 속도(Velocity)

데이터의 성장과 소셜 미디어의 확장은 데이터의 개념을 바꾸고 있다. 어제의 데이터가 오늘의 뉴스라는 전통적인 신문의 개념은 소셜 미디어 시대에는 어울리지 않는다. 소셜 미디어는 초 단위로 특정 사안에 대해 업데이트를 단행하기 때문에 한 시간 전의 뉴스는 이미 버려야 할 지나간 정보일 수도 있다. 데이터의 움직임은 이제 실시간으로 이해해야 하며 데이터의 실시간 생성 속도가 빅데이터를 구성하는 한 요소이다.

• 복잡성(Complexity)

데이터 관리 및 처리의 복잡성이 하나의 특징으로 나타난다. 오늘날 데이터는 여러 다양한 소스로부터 기원한다. 그러나 데이터를 서로 연계시키고, 변형시키는 등의 역할이 중요하다.

빅데이터와 관련해 IBM은 특히 3V의 문제점을 지적하고 이를 제대로 이해하고 사용해야 한다고 말한다. IBM(2014)은 축적된 단순 데이터의 양이 급증하면서, 현존하는 총정보량이 2010년 약 1.2ZB(zettabytes)에서 2020년에는 40ZB로 늘어날 것으로 예측했다. 이는 2005년 데이터의 300배에 해당하는 양이다. 실제로 현존하는 총정보량은 2018년에 33ZB였으며(Vopson, 2021), 2020년에는 약 64ZB로 추정됐다(Statista, 2021). 제타바이트는 엑사바이트(exabyte)의 1000배 크기로 1엑사바이트가 HD 화질의 비디오 3만 6000년어치를 저장할 용량 또는 온라인 DVD 대여 사이트인 넷플릭스(Netflix) 전체 카탈로그를 3000회 이상 스트리밍할 수 있는 양이며, 제타바이트는 DVD 2500억 개에 맞먹는 용량이다(Pence, 2013).

또 데이터는 정형화된 형태와 비정형화된 형태가 혼합되어 등장할 것으로 예측했으며, 데이터 생성 속도는 데이터가 흐르는 속도뿐만 아니라 데이터가 취합되고, 분석되고, 재생되는 속도에 의존한다고 강조했다(IBM, 2014). 정보화 사회가 심화되고 사람과 사람, 사람과 기계, 기계와 기계가 연결되어 정보를 교환하는 초연결 사회(hyper-connected society)가 도래하면 목적성이 있는 의도한 정보에서 점차 의도하지 않은 데이터를 양산하게 된다. 그리고 의도하지 않은 데이터가 크기, 속도, 종류, 복잡성 측면에서 기하급수적으로 생산되면서 수집 · 저장 · 분석 · 활용 가능성을 새롭게 인지할 수밖에 없다는 지적이다. 빅데이터 시대에 무엇보다 먼저 인지해야 하는 것은, 관계망 속에서 데이터 빅뱅이 일어나고 있다는 사실이다. 데이터는 실제로 다음과 같은 관계망에서 시작되고 생성된다.

* 사람과 사람 사이: 트위터, 페이스북, 카카오톡에서 사람과 사람이 소통함으로써 발생하는 SNS 데이터
* 사람과 기계(컴퓨터) 사이: 구글의 클릭, GSP 이용, 게놈 신호 등 생체 신호
* 기계와 기계 사이: 기상 센서 처리, 전력계통 신호, 과학실험 데이터

이러한 관계망이 의미하는 바는 모든 것이 연결되는 초연결 사회는 단순하게 네트워크로만 연결되는 것이 아니라 만물의 정보가 의미론적으로 상호작용하는 형태라는 뜻이다. 이에 근거한 빅데이터의 속성은 즉각적 의사 결정과 실시간 서비스가 가능하다는 것이다. 빠르고(fast) 스마트(smart)하게 현대사회가 변하고 있음을 밝히며, 결국은 빅데이터의 시대를 넘어 스마트 데이터(Smart Data) 시대가 도래함을 이야기하는 것이기도 하다. 여기서 스마트 데이터란 정보가 실제로 의미 있는 것이어야 한다는 말이다. 단지 어느 백화점의 주간 판매 실적이 급증했다는 숫자만을 나열하는 것과 전체 판매 중 가장 판매가 높았던 때는 언제이고, 그 반대가 언제인지를 확인하는 것은 큰 차이가 있다. 알고리듬은 의미 없는 숫자를 의미 있는 전망으로 만들어낸다. 따라서 스마트 데이터는 신호와 형태가 잘 짜인 알고리듬에 의해 추출될 때 달성된다(Lorentz, 2013).

또 빅데이터의 출처와 유형도 여러 가지로 나타나고 있다. 파일 형태도 로그 파일, 수치, 텍스트, 오디오, 비디오 등으로 볼 때 정형 자료(structured data), 반정형 자료(semistructured data), 비정형 자료(unstructured data)로 구분된다. 정형 자료는 고정된 필드에 저장된 데이터, 관계형 데이터베이스 및 스프레드시트 등을 예로 들 수 있다. 반정형 자료는 고정된 필드에 저장되어 있지는 않지만, 메타 데이터나 스키마 등을 포함하는 데이터로 XML이나 HTML 텍스트를 예로 들 수 있다. 한편, 비정형 자료는 고정된 필드에 저장

되어 있지 않은 데이터로, 텍스트 분석이 가능한 텍스트 문서 및 이미지 · 동영상 · 음성 데이터 등이 있다(조성우, 2011). 그중 빅데이터 시대에는 정형화된 데이터가 아닌 의도하지 않은 데이터인 비정형 데이터의 중요성을 알아야 한다. 의도하지 않은 데이터가 왜 중요한 역할을 하는가는 다음처럼 정리할 수 있다.

* 빅데이터 시대에는 의도한 데이터보다 의도하지 않은 데이터로부터 훨씬 더 많은 정보와 가치를 얻기 때문이다.
* ICT의 발전과 스마트 기기의 확산은 사람 간의 소셜 데이터 및 패턴의 흔적이 데이터로 저장되는 데이터 혁명을 일으킨다.
* SNS가 진화하면서 개인 조직의 행태를 추론하고 여론을 파악할 수 있는 비구조화된 데이터를 양산한다.
* 과거에는 인터넷상에서 생산된 게시물, 이용자의 클릭, 검색 기록, 로그 등 비구조화되고 의미 없는 데이터는 쓰레기로 치부되고 용량을 많이 차지한다는 이유로 일정 기간 후에 모두 삭제되었다.
* 정보의 홍수에서 의도하지 않은 데이터들이 정책 및 상업적 정보로 활용될 가능성이 높다.

예를 들어 아마존이 고객들의 클릭을 분석하여 같은 책을 구입한 다른 사람들이 이전에 어떤 책을 함께 구입했는지 보여줌으로써 판매 실적을 올릴 수 있다. 이는 정보의 홍수 속에서 의도되지 않은 비정형 데이터들이 상업적 정보로 활용되는 것이다. 또 쓰레기 데이터의 감성 파악이 중요하다. 수많은 쓰레기 데이터는 소비자 구매, 취향, 감정 패턴을 실시간으로 파악할 수 있어서, 새로운 서비스 및 가치 창출이 가능하다. 따라서 그 중요성이 증대하고 있다. 특히 SNS에서는 이용자들이 제품이나 서비스에 대한 이용 흔적 데이터를 분석함으로써 새로운 비즈니스 모델 및 정서를 파악하고 있다.

실제로 페이스북(Facebook, 2020)에 따르면 2020년 12월 말 현재 정규적으로 활동하는 페이스북 사용자가 26억 명에 이르고 있으며, 해당 숫자들은 페이스북의 고부가가치 창출에 기여하고 있다. 페이스북의 광고 수입 증가는 페이스북이 저장하고 분석할 수 있는 사용자 데이터 수가 급증하는 것을 반영하기 때문이다. 최근에는 페이스북의 모바일 사용자가 급증하면서 모바일 광고를 위해 사용자의 반응과 UGC(user generated content)에 대한 적정 광고 비율이 얼마인지 데이터 분석을 통해 이루어내고 있기도 하다. 특히 페이스북은 앞에서도 설명했듯이 2021년 10월 29일, 회사명을 페이스북에서 메타(Meta)로 변경한다고 선언했다. 페이스북의 미래와 관련, 메타버스(meta-verse)를 강조하는 새로운 회사 형태로 거듭난다는 것이다. 페이스북이 따라서 가상현실(VR)을 강조하는 메타버스를 통해 어떤 비즈니스 방향성을 가져올지에 많은 관심이 쏠리고 있다(Heath, 2021; CNN Business, 2021).

빅데이터 분석은 여러 장점이 있다. 빅데이터 분석은 무엇보다 알고리듬에 기초하여 컴퓨터로 분석하기 때문에 일단 시스템을 구축한 이후에는 시간과 인력, 즉 비용을 절감할 수 있다. 또 전집을 대상으로 분석하기 때문에 표본오차가 없다. 박대민(2014: 241)이 지적한 대로 “일부 결측값을 비교적 정확히 추정할 수도 있다. 휴먼 코딩을 하지 않으므로 코더 간의 신뢰도 문제도 없다. 대규모 전집 데이터를 활용하기 때문에 다양한 관계를 파악할 수 있으며, 그 결과 통계처리 시 나타나는 2종 오류(type II error)를 범할 가능성이 낮아진다. 알고리듬 자체가 잘못되어 체계적인 오류가 발생할 수도 있는데 이 경우 알고리듬만 수정하면 전체 데이터를 비교적 쉽고 정확하게 수정할 수 있다. 또 데이터 추동적(data-driven)이기 때문에 해석에서 연구자의 편견이 개입할 가능성이 줄어든다".

3. 빅데이터 시대의 과학 저널리즘 규범

빅데이터는 트위터와 같은 소셜 네트워크의 분석과 연계되는 경우가 많다.* 대규모 데이터 세트의 시각화, 그리고 이들 대규모 데이터를 컴퓨터 지원을 통해 분석하는 것을 포함한다(Parks, 2014). 또 빅데이터는 사용도가 급증하는 모바일 기기 또는 항상 켜져 있는 센서들과 값싼 컴퓨터 보관 장치 등에 의해 가능한 것으로, 인간 행위에 관해 생성된 대규모 정보를 기술하는 데 쓰이기도 한다. 실제로 디지털 · 소셜 미디어 시대에 컴퓨터 · 모바일 사용자들은 매일 다른 사람이나 기계와 소통하거나, 자료를 찾거나, 물건을

* 예를 들어, 2014년 봄, 커뮤니케이션 분야에서 가장 대표적인 국제 학술 논문집인 ≪저널 오브 커뮤니케이션(Journal of Communication)≫은 빅데이터 특집호를 발간했다. 모두 10편의 논문이 게재되었는데, 대부분은 대안 저널리즘 또는 1인 미디어 시대를 연 소셜 미디어, 특히 트위터상의 빅데이터를 분석한 것이었다. 수록된 논문 중에는 어젠다 세팅 이론을 크게 발전시킨 매콤의 논문도 있었는데, 그는 2012년 미 대선 당시 트위터 이용을 둘러싼 빅데이터를 통해, 해당 이론을 다시 한번 발전시켰다. 빅데이터에 대한 관심이 단지 소장 학자들뿐만 아니라 저널리즘 분야의 저명 학자들에게까지 미친, 최신 트렌드가 되었음을 증명한 것이라고 할 수 있다. ≪저널 오브 커뮤니케이션≫의 특집호는 앞으로 빅데이터가 과학 저널리즘 분야에서 큰 관심을 끌 수밖에 없다는 데에서 향후 빅데이터와 과학 저널리즘 간의 관계를 되돌아보는 계기가 되었다. 저널리즘/커뮤니케이션 분야에서 빅데이터에 관해 제대로 된 연구 논문들을 한데 모아 빅데이터의 중요성을 가늠해 볼 수 있었다는 데 큰 의의가 있었다. 해당 저널의 특집호에 이어 이후 빅데이터에 관한 많은 연구들이 쏟아졌으며, 같은 해인 2014년 ≪빅 앤드 소사이어티(Big and Society)≫라는 저널이 만들어지기도 했다.

사거나, 의견을 공유하면서 그들 자신이 거대한 데이터를 만들어내고 있다(Manyika et al., 2011: 1; Lewis, Zamith and Hermida, 2013).

여기서 빅데이터란 정보로 만들어지기 위한 하부구조, 즉 정보가 되기 위해 필요한 자료를 뜻한다. 또는 의사 결정이나 판단의 근거 등 특정 목적에 쓰이는 정보를 만들어내는 재료를 의미하기도 한다. 자연현상, 사회현상을 설명하기 위해 실험을 통해 데이터를 생산할 수 있는데, 우리의 관심은 빅데이터가 사회 변화를 이끌어낼 수 있는지 또는 잠재력이 있는지이다. 빅데이터가 사회 변화의 원동력이 되기 위해서는 정치 · 경제 · 사회 · 문화 · 환경 · 기술과 가치관 등 사회 전반에 걸친 변화의 징조를 파악하고 평가해야 가능하다고 할 수 있다(Parks, 2014). 그리고 이러한 데이터는 분석 자동 장치에 의해 재정비된 것으로, 정보를 모아서 정제하고, 배포할 수 있는 뉴스 저널리즘을 위해 원재료를 제공하게 된다(Bell, 2012). 데이터 세트를 뉴스화하기 위해 수집하고, 정제하고, 평가하고, 시각화하는 일은 매우 중요하다. 지금까지 이런 일들은 컴퓨테이셔널 저널리즘(Computational Journalism) 또는 데이터 저널리즘(Data Journalism)이라고 불렀다. 데이터 저널리즘은 수십 년 전부터 시작된 컴퓨터 매개 보도(computer-assisted reporting: CAR)를 그 기원으로 들 수 있으며, 저널리즘 분야에서 빅데이터 시대를 이끌어냈다고도 할 수 있다. "데이터 저널리즘은 새로운 형태의 스토리텔링 방식으로, 전통적인 취재보도 기법에다 데이터 분석, 프로그래밍, 그리고 기사의 시각화를 혼합한 것으로 볼 수 있다. 데이터 저널리즘은 주로 공공 데이터나 크라우드소싱과 같은 방식의 도움으로 얻은 데이터 세트를 분석하는 데서 출발한다"(Appelegren and Nygen, 2014: 394).

빅데이터는 주요 사회적 · 문화적 · 기술적 현상을 대표한다고 할 수 있으며, 빅데이터가 과학 저널리즘에 미치는 함의가 무엇인지 알아보는 것은 매우 중요하다. 과학 저널리스트들이 새롭게 등장한 빅데이터의 도전을 받아들이고, 빅데이터의 장점을 활용할 수 있어야 한다. 기존의 저널리즘 영역을 넘어서 빅데이터 시대에 새로운 역할을 하는 기술 혁신가와 정보 과학자가 정보를 저널리즘 형태로 바꾸어가는지도 깊이 살펴봐야 한다(Lewis, 2012). 이와 함께 빅데이터 시대에는 소비자들의 프라이버시와 데이터의 정확성 여부 등에 대한 문제점도 제기되는 만큼, 이들을 어떻게 해결할지도 과학 저널리즘 윤리 차원에서 다루어야 한다. 개인이 만들어내는 데이터를 손쉽게 얻어서 분석할 수 있는 빅데이터 시대에 윤리적 실행은 어떠해야 하며, 과학 저널리스트가 담보해야 하는 저널리즘 규범은 무엇인지 명심해야 하기 때문이다.

이러한 개념적 · 윤리적 문제들은 과학 저널리즘을 위한 빅데이터의 함의를 탐구하기 위해 필요하며, 과학 저널리즘 자체에 미치는 영향에 대해서도 구체적으로 살펴봐야 할 당면 과제를 던진다. 과학 저널리스트는 전통적으로 대중에게 정보를 이야기 형식으로 전달하는 방법을 강구해 왔다. 하지만 빅데이터 시대에 과학 저널리스트는 데이터 세트를 통한 어려운 문제들을 설명하기 위해 컴퓨터 도구를 이해해야 하며, 통계학과 사회과학을 이해해야 한다(Cohen, Hamilton and Turner, 2011; Flew et al., 2012). 이는 결국 뉴스가 스토리텔링에서 데이터 위주로 변환하는 것을 의미한다.

이러한 변화가 과학 저널리스트의 전문가 문화와 윤리, 저널리즘의 가치에 어떤 영향을 미치는지 생각해 봐야 한다. 뉴스의 스토리텔링에서 데이터로의 전환은 뉴스 형식의 단순한 기술적인 변화에 머물지 않는다. 빅데이터는 결국 저널리스트가 다음과 같은 여러 가지 새로운 도전에 직면하게 만든다(Delgago, 2014).

• 기술적 · 기법적 다양성 확보

대부분의 저널리스트는 빅데이터를 분석할 때, 이를 효과적으로 이용하기는커녕 가장 기본적인 기술과 지식밖에 없는 경우가 많다. 저널리스트는 데이터의 시각화와 분석 능력을 갖추어야 한다. 어디서, 어떻게 중요한 데이터베이스에 접근할 수 있는지를 아는 것도 결국은 적절한 정보를 수집한다는 측면에서 중요하다.

• 빅데이터의 정치성

빅데이터의 활용은 단지 기법적인 것만을 뜻하지는 않는다. 이는 본질적으로 정치적이기 때문이다. 정보의 자유 문제를 어떻게 다루어야 하는지, 그리고 어떤 데이터가 공개적으로 사용될 수 있는지 등을 아는 것은 매우 중요하다. 공공 정보에 대한 접근 문제는 어제오늘의 일은 아니나, 빅데이터는 앞으로 그 중요성에 비추어 정보에 대한 접근과 관련해 많은 정치적인 논쟁을 몰고 올 가능성이 높다.

• 빅데이터와 윤리

빅데이터의 사용은 근본적으로 윤리적 측면에 대한 새로운 도전을 제공한다. 빅데이터를 이용해 기사를 작성 · 보도하는 것은 분명 새로운 이야기를 만들어낼 측면이 있다. 따라서 저널리스트는 개인과 비즈니스의 프라이버시 측면, 공공의 이익 간에 적절한 판단과 실행을 만들어내야 한다.

4. 빅데이터 시대의 저널리즘

21세기 들어 빅데이터는 뉴스를 지배하고 있다. 언론인은 빅데이터가 저널리즘 실행에 어떤 영향을 미칠지 예의 주시하면서 통계 처리 및 컴퓨터 기법 등 필요한 사회과학 도구들을 익히느라 여념이 없다. 에밀리 벨(Emily Bell)은 빅데이터의 흐름은 저널리즘의 지형을 바꿀 정도로 영향력이 크며, 신문사의 편집국과 방송국의 보도국은 실시간 정보 처리와 해당 정보를 모으고 처리할 수 있는 능력에 따라 부침을 거듭할 것이라고 전망했다(Bell, 2012). 특히 저널리스트에게 새로운 기술이 요구되고 있다고 벨은 강조했다. 소셜 미디어가 대부분의 저널리스트에게 익숙한 대화와 정보 배포의 기술을 요구하는 정도였다면, 빅데이터를 처리할 수 있는 능력은 대부분의 뉴스룸에서 그다지 중요하지 않은 정도의 기술로 여겨졌으나, 그 상황이 크게 바뀌고 있다는 것이다.

저널리스트가 사회과학적 방법을 기사 작성에 이용한 것은 하루 이틀 일이 아니다. 21세기 들어 지속적으로 증가하고 있다. 데이터 과학 기법은 경제 분야 저널리스트들이 줄곧 사용했으나 지금은 거의 모든 분야의 기자들이 이용하고 있다. 최근 들어서는 저널리즘에서 빅데이터를 이용해 기사를 작성하기 위해 사회과학 기법을 배우고 이를 활용하는 것이 점차 중요해지고 있다(Fairfield and Shtein, 2014).

실제로 미국 인디애나 주립대학 저널리즘 대학이 2013년 하반기에 미국 신문, 방송, 매거진 저널리스트 1080명을 대상으로 실시한 조사에서, 미국의 저널리스트 중 무려 68.6%가 사회에서 복잡한 문제들을 분석하는 것이 매우 중요하다고 밝혔다. 1992년에 했던 같은 조사에서는 48.2%, 2002년 조사에서는 50.9%만이 같은 대답을 한 것에 비하면 큰 폭으로 증가했음을 알 수 있

그림 7-1 **디지털 시대 미국 언론인의 가치관 변화**

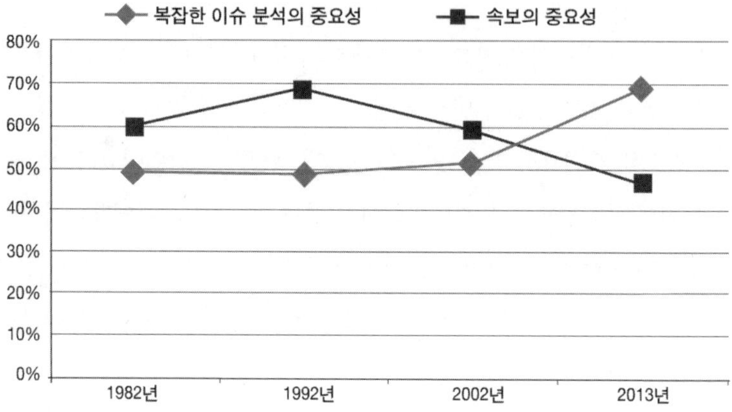

자료: Wilinat and Weaver(2014: 13~14)에서 재구성.

다. 사회적으로 중요한 여러 이슈를 빅데이터를 통해 분석하는 것이 하나의 방법이다. 같은 기간 뉴스 속보가 저널리즘의 중요한 가치인가라는 질문에 '그렇다'고 답한 비율은 1992년 68.6%에서 2013년에는 46.5%로 크게 떨어졌다(〈그림 7-1〉 참조).

인터넷부터 시작된 온라인 저널리즘과 최근의 소셜 미디어 발전은 결국 속보는 이들 뉴미디어에 맡기고, 저널리스트는 더욱 심층적인 분석 보도를 해야 한다는 것을 저널리스트들도 인지하고 있는 것이다(Wilinat and Weaver, 2014). 빅데이터를 이용한 보도는 최근 들어 큰 반향을 불러일으키고 있다. 미국에는 컴퓨터를 매개로 한 보도나 사회과학 기법을 사용한 저널리즘 프로젝트에 수여하는 필립 마이어 어워드(Philip Meyer Award)가 있다. 2012년에는 프레드 셜트(Fred Schulte), 조 이턴(Joe Eaton), 데이비드 도널드(David Donald), 고든 위킨(Gordon Witkin)이 그들의 프로젝트인 "코드 깨기(Cracking the Codes)"로 이 상을 받았다. 이 프로젝트는 2001년부터 2010년까지 미국

병원과 의료진의 메디케어(Medicare) 시스템 의료비 청구서 실수와 남용에 대한 탐사보도로, 의료진이 과다한 진료비를 청구해 무려 110억 달러나 되는 수익을 올렸다는 것이 핵심 내용이다. 메디케어는 미국 연방정부가 지원하는 의료보험으로 65세 이상 노인이나 장애인 등이 대상이다. 미국의 경우 병원들이 응급실 비용을 과다 청구하는 것이 관행처럼 되어 있으며, 이는 미국 메디케어 시스템에서 거의 걸러지지 않은 채 해당 병원에 비용이 지급되었다는 것이다.

미국에서는 매년 200만 명 이상의 의사가 다섯 단계로 나뉘어 있는 코드로 의료보험 시스템에 접속해서 의료비가 실제로 얼마나 들었는지 신고한 뒤 해당 비용을 받게 되어 있다. 그런데 해가 갈수록 비용을 많이 받는 코드로 접속해서 의료비를 과다 지불받은 것으로 나타났다(Schulte, Donald and Witkin, 2012). 이들은 조사 기간에 미국 메디케어 시스템을 통해 치료받은 환자의 5%를 대상으로 조사했다. 이는 전국 7000개 병원에서 40만 명의 의료진이 청구한 진료비를 대상으로 한 빅데이터 조사 결과 밝혀진 것이다. 조사는 병원 방문 진료(8400만 건)와 응급실 진료(500만 건)에 관한 것으로, 해당 샘플에 20배를 곱해 전국적인 데이터를 만든 것이다. 물론 해당 조사가 5% 샘플링을 통해 진행된 만큼 전체 데이터가 아니라는 점에서 완벽한 수치는 아니다. 하지만 이 정도의 빅데이터를 가지고 조사를 단행한 적이 이전에 거의 없었다는 점에서 빅데이터 활용도의 중요성을 보여주었다고 할 수 있다. 실제로 메디케어 시스템 담당자들은 10년 이상을 진료비가 과다 청구되는지에 대해 조사하려고 노력했으나, 미국의료협회 등의 반대로 이를 제대로 수행하지 못했다. 그러나 해당 팀이 빅데이터를 통한 탐사보도를 단행하면서 이러한 사실이 공식적으로 드러났다.

미국 메디케어 체계는 의사들이 환자의 경중에 따라 5단계 코드로 나누

그림 7-2 **병원 응급실 방문 비율**

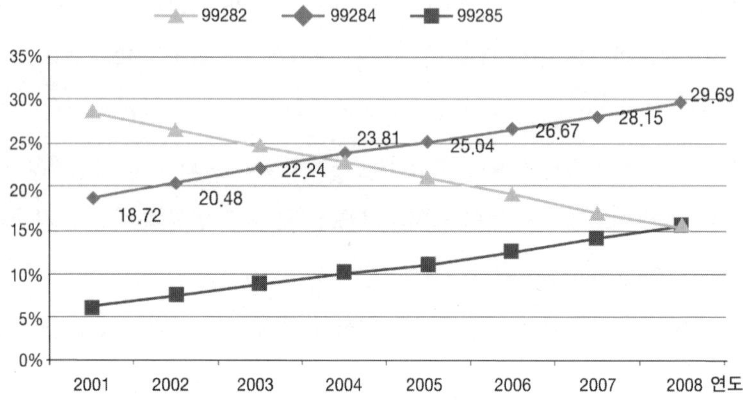

자료: Schulte, Donald and Witkin(2012)에서 재구성.

어, 건당 50달러부터 324달러까지 보험금을 청구하게 되어 있다. 〈그림 7-2〉에서 보는 것처럼 미 병원과 의료진은 의료비가 낮은 99282 분야는 청구를 줄여나간 반면, 의료비가 높은 99284와 99285 코드 분야는 지속적으로 과다 청구하는 방법으로 수익을 올린 것으로 나타났다. 5개의 코드 중 청구비가 두 번째로 낮은 99282 코드의 경우 2001년 비중이 28.61%였으나 지속적으로 줄어 2008년에는 15.54%에 불과했다. 반면 의료비 청구 비용이 네 번째와 다섯 번째로 큰 99284 코드와 99285 코드는 의료비 청구가 해마다 증가했다. 99284 코드의 경우 2001년 18.72%에서 2008년 29.69%로 늘었고, 99285 코드의 경우 2001년 6.24%에서 2008년 15.62%로 배 이상 늘어난 것을 알 수 있다.

미국과 캐나다 등 여러 나라의 언론사들은 이미 빅데이터를 이용한 데이터 저널리즘을 활용해 많은 독자와 소통하고 있다. 미국 메디케어 보도 등의 사례에서 보듯이, 과학 저널리즘은 앞으로 빅데이터를 어떻게 처리하고, 이로 인한 데이터 저널리즘을 어떻게 수행하는지가 매우 중요한 사안으로 등장했다. 빅데이터 처리를 손쉽게 할 수 있는 저널리스트와 언론사의 역할은 증가하는 반면, 그렇지 못할 경우 변화하는 언론 환경에서 살아남기 어려울 가능성마저 있기 때문이다. 신동희(2014)가 지적했듯, 언론이라는 도메인과 빅데이터가 결합하는 새로운 데이터 저널리즘이 갈수록 중요시될 것으로 보인다.

하지만 안타깝게도 국내 데이터 저널리즘 수준은 걸음마 단계이다. 자체 데이터 저널리즘 팀이 미비하거나 자사가 가진 기사 자료에 이미지 또는 플래시(Flash) 등 그래픽 정보를 연결하는 정도가 전부이다. 제한적인 데이터 사용, 다양성이 결여된 기사 형태, 독자들의 참여와 소통 부재로 국내 데이터 저널리즘은 어려움을 겪고 있다. 최근 인포그래픽(Infographic)을 강화하려는 언론사가 늘고 있지만, 저널리즘적 성격보다는 디자인과 소프트웨어에 중점을 두는 경향을 보인다. 이런 배경에는 데이터의 중요성에 대한 인식 부재도 있지만 언론사 자체의 구조적인 문제가 있다.

데이터를 원활하게 이용하기 위해선 뉴스룸 자체를 온전한 디지털 미디어로 전환하는 것이 중요하다. 그러나 국내 현실은 뉴스룸에서 데이터를 관리하는 조사 자료부나 데이터베이스부의 역량과 규모가 극히 제한적이다. 현재의 뉴스룸 환경은 대부분 디지털 기술과 인프라 위에서 펼쳐지는 반면, 조직 내부의 구조와 문화는 현실적으로 이를 뒷받침하지 못하고 있다(신동희, 2014). 따라서 일회성 단기적 투자나 반짝 관심이 아닌 대중 독자와 상호작용하는 소통의 플랫폼을 만들어가는 계속적인 과정이 중요하다.

빅데이터 저널리즘과 관련해서 최근 빠르게 등장하는 것이 로봇 저널리즘(Robot Journalism)이다. 실시간으로 생성되는 수많은 데이터와 과거에 만들어진 뉴스 기사를 바탕으로 로봇이 사람보다 빠른 시간에 기사를 작성하는 것으로, 이미 여러 뉴스 미디어가 사용하고 있다. 예를 들어 미국의 ≪로스앤젤레스 타임스(LA Times)≫는 로봇이 지진 발생 기사를 작성한다. 미국 지질 조사기관으로부터 지진 발생 시 강도, 장소, 시간 등에 관한 수많은 데이터를 받아서 이를 특정한 알고리듬을 이용해 기사를 만들어내는 것이다. 또한 ≪포브스(Forbes)≫는 빅데이터 분석에 필요한 알고리듬을 전문 기관으로부터 지원받아 로봇이 수많은 데이터 세트와 기존의 기사를 토대로 비즈니스 기사를 작성하고 있다(Talbi, 2014). 한편, 블룸버그 뉴스(Bloomberg News)는 2019년 현재 약 3분의 1의 뉴스를 로봇 저널리즘 형태로 생산한다. 사이보그(Cyborg)로 불리는 블룸버그의 시스템은 기자들을 도와 수많은 기사를 만들어내고 있다. 특히 로봇 저널리즘의 주 영역이 스포츠와 비즈니스라는 점에서 경제 전문 미디어회사인 블룸버그에서 로봇 저널리즘을 활용하는 것은 당연할 정도이다(Peiser, 2019).

향후 로봇 저널리즘이 인간 저널리스트를 전적으로 대체할 것으로 보이진 않으나, 로봇 저널리즘이 많은 부분에서 현실화될 가능성은 높다. 로봇 저널리즘의 핵심이 빅데이터에 근거한 저널리즘인 만큼, 이를 이해하고 상호 보완적인 역할을 수행하기 위해서도 빅데이터에 대한 해석 기법 등을 익혀두어야 한다.

5. 빅데이터 시대의 저널리즘 교육

빅데이터는 데이터를 처리할 수 있는 능력을 제고하고 그래픽 디자인 등을 다룰 수 있어야 한다는 점에서 저널리즘에서 새로운 교육 기회를 요구하고 있다. 디지털 기술이 날이 갈수록 발전하는 가운데, 저널리스트 또는 예비 저널리스트가 빅데이터를 어떻게 처리할 수 있는가는 사전교육이나 재교육을 통해 제공될 수 있기 때문이다. 빅데이터 관련 이론과 기법 등을 제대로 익히지 않으면 앞으로 펼쳐질 데이터 저널리즘 시대에 낙오될 수밖에 없다(Weiss and Royal, 2013). 미국의 일부 대학은 다음처럼 이미 컴퓨터 사이언스와 커뮤니케이션 · 저널리즘을 융합해서 교육시켜야 할 필요성을 느껴 특별 워크숍, 강연을 하는 한편, 학위 과정을 신설하고 있다.

* 크레이톤대학의 저널리즘, 미디어, 컴퓨터 융합학과(Creighton's Department of Journalism, Media and Computing)
* 맥길대학의 대학원 저널리즘 프로그램(McGill Graduate Journalism program)
* 뉴욕대학의 컴퓨터와 디지털 저널리즘(New York University: Computational and Digital Journalism)
* 컬럼비아대학의 저널리즘과 컴퓨터 사이언스 석사학위(Columbia University: Masters in Journalism and Computer Science)

국내에서는 카이스트(Korea Advanced Institute of Science and Technology: KAIST)가 과학 · 엔지니어링 분야와 과학 저널리즘을 융합한 과학 저널리즘 대학원을 2010년부터 운영하고 있다. 이들 사례가 보여주듯, 저널리즘과 컴퓨터 사이언스 또는 엔지니어링 분야의 결합은 과학 저널리즘의 새로운 지평을 열 것으로 전망된다.

저널리즘 · 커뮤니케이션 분야에서는 디지털 미디어가 이미 정보 배포 등에서 큰 영향력을 행사하고 있다. 따라서 과학 저널리즘이 고민해야 하는 것은 단지 새로운 기술 발전에 따른 컴퓨터 프로그래밍이나 프레임워크뿐만이 아니다. 현대사회에서 갈수록 중요성을 더해가는 빅데이터의 역할에 관한 것이다. 저널리즘과 컴퓨터 사이언스의 결합이 꼭 바람직한 것만은 아니지만 현실이 되어가고 있다는 점에 주목해야 한다. 이러한 두 영역에서 미래 직업은 컴퓨터 과학자들이 디지털 미디어 실무자를 이해해야 하며, 과학 저널리스트는 빅데이터나 데이터 과학을 이해해야 한다는 것을 명심해야 한다. 빅데이터와 데이터 저널리즘을 이해할 수 있는 사람이 할 수 있는 분야는 다음과 같다(Weiss and Royal, 2013).

* 디지털 미디어 테크놀로지의 뉘앙스를 이해
* 다양한 디지털 플랫폼을 통해 정보를 어떻게 소통하고 배포할지에 대한 지식
* 정보를 어떻게 모집·정리하고 필터링할 수 있는가에 대한 이해
* 프로그램 정보가 어떻게 효과적인 응용과 디지털 인터페이스와 프레임워크로 전환될지에 대한 이해
* 해당 정보를 어떻게 명료하고, 정확하며, 복잡하지 않게, 그리고 심미안적으로 즐겁게 만드는가에 대한 이해
* 데이터와 정보가 어떻게 이합집산되고 분석되는가에 대한 이해 증진

6. 빅데이터 시대의 윤리 문제

빅데이터는 과학 저널리즘 입장에서 볼 때 여러 문제점이 있다. 다나 보이드(Danah Boyd)와 케이트 크로포드(Kate Crawford)가 강조했듯, 빅데이터 세트 자체가 객관성을 담보하는 것은 아니기 때문이다(Boyd and Crawford, 2012). 저널리즘의 한 관심은 어떻게 주관성을 배제하고 객관성을 담보할 것인가이다. 많은 경우 빅데이터가 이러한 문제를 해결해 줄 것으로 믿는다. 그러나

빅데이터는 우리가 기대하는 것과는 달리 중립적이지 않을 수도 있다. 안드레 오볼러(Andre Oboler) 등이 지적했듯이 소셜 미디어는 엄청난 양의 데이터를 모으고 있으며, 컴퓨터 매개 사회과학은 이러한 데이터를 정제하는 도구를 제공하고 있다(Oboler, Welsh and Cruz, 2012). 이러한 두 가지 요소의 결합은 개인과 사회에 매우 중요한 영향을 미친다. 구글과 페이스북, 트위터 등에서 데이터양이 급증하면서, 사회에 미치는 영향력에 대해서 더 많이 고민해야 할 시점이다. 적절한 안전책이 없으며 컴퓨터 매개 사회과학이 적절치 못한 감시 도구로 쓰이거나 개인이 프라이버시를 침해할 정도로 데이터를 유용할 가능성이 높기 때문이다. 즉, 빅데이터는 저작권 문제나 개인정보보호 문제를 일으킬 가능성이 높다. 빅데이터에 너무 많은 정보가 담긴 데다가, 빅데이터 분석으로 주민등록번호처럼 수집되지 않은 정보도 상당히 정확하게 추정할 수 있기 때문이다(Acquisti and Gross, 2009; 박대민, 2013에서 재인용).

따라서 결국 저널리즘 분야에서 빅데이터를 활용할 때, 빅데이터의 유용성을 담보해 내는 것은 많은 기간 훈련된 저널리스트 자신밖에는 없다고 봐야 한다. 빅데이터가 제공하는 이야기는 완성된 것이 아니며, 불확실하고, 아직은 개방형 질문을 던지고 있다. 따라서 데이터를 다루는 기자들이 좋은 데이터와 나쁜 데이터를 구분해 내고, 좋은 이야기와 나쁜 이야기를 구별할 수 있어야 한다. "빅데이터 시대의 저널리스트는 한편으로는 이야기 구성에 필요한 데이터를 분석해 낼 능력이 있어야 하며, 한편으로는 이러한 분석 과정과 결과를 제대로 해석해 낼 능력을 보유해야 한다"(Bell, 2012: 3).

한편 과학 저널리스트는 소셜 미디어를 통해 얻은 빅데이터를 사용할 때 발생하는 저널리즘 윤리를 고려해야 한다. 빅데이터 시대에 가장 중요한 변화 중 하나가 빅데이터로부터 발생하는 반대급부이기 때문이다(Fairfield and

Shtein, 2014). 데이터 세트가 커지고 해당 알고리듬이 좋아질수록, 개인의 프라이버시를 침해할 가능성은 줄어들 수 있다. 그러나 이를 완전히 해결할 수는 없다. 또 해당 자료를 사용하는 데 필요한 비용도 증가할 수밖에 없다. 투명하고 객관적인 데이터 사용과 분석, 그리고 해석이 절대적이기 때문이다. 빅데이터는 개인정보의 수집과 취합, 가공을 훨씬 더 쉽고 저렴하고 신속하게 하므로 프라이버시 침해의 위협도 키울 것으로 우려된다. 따라서 빅데이터의 지속적 활용을 위해서는 사회적 가치와 잠재적 프라이버시 위험 간 균형을 유지할 수 있는 윤리적 사고를 모색하는 것이 더욱 절실하다(황주성, 2013). 제6장에서 다루었듯이 과학 저널리즘 분야에서 윤리 문제는 2014년 봄에 발생한 세월호 사태 이후 재난보도 준칙 마련으로 이어질 만큼 새로운 전기를 맞고 있다. 재난보도 준칙에서 고려되지 않은 것이 빅데이터로 발생하는 정보 재난의 위험성에 관한 것이다(이광석, 2013). 빅데이터가 가져다주는 기회가 프라이버시 침해부터 사이버 안보에 이르기까지 여러 정보 재난을 초래할 개연성을 무시할 수 없다. 따라서 빅데이터 시대의 저널리즘 윤리 문제 역시 개인적인 수준부터 미디어 기관에 이르기까지 구체적으로 명시하고 이를 지켜야 한다.

7. 결론

빅데이터 시대가 도래하면서 저널리즘, 특히 과학 저널리즘의 형태가 크게 변화하고 있다. 과학기술 분야가 다른 분야에 비해 데이터의 중요성이 강조된 것은 하루 이틀이 아니다. 그러나 최근 과학계가 그 새로운 발견에 있어 과학 저널리스트가 이해하기 어려운 정도의 통계 기법을 쓰는 빅데이터

연구에 의존하면서 그 중요성이 강조되고 있다. 특히 빅데이터의 등장은 전통적인 방법에 의존하던 기존 과학에 대한 신뢰도를 급격히 감소시키고 있다. 기존의 데이터양을 통해 나온 결과들에 대해, 과연 데이터양을 무한대로 했을 경우 어떤 결과가 나올지 의구심을 품게 되었기 때문이다.

과학계의 변화는 결국 과학기술 분야를 취재·보도하던 과학 저널리즘의 양상에도 변화를 요구하고 있다. 빅데이터를 이용한 실험과 연구를 어떻게 제대로 이해할 수 있는가가 주요 요소로 등장했기 때문이다. 또한 과학 저널리즘 자체에서 빅데이터를 이용한 기사 분석이 중요한 분야로 여겨지고 있다. 과학이 단순히 흥미 위주로 재미있게 스토리텔링되던 시대를 지나 오늘날에는 다소 어렵더라도 분석적이고 체계적인 보도의 필요성이 절실해졌다고 할 수 있다. 과학 저널리즘에서 빅데이터를 활용한 보도의 중요성이 커진다는 것은 빅데이터를 제대로 이해하고 분석할 줄 아는 능력을 가진 저널리스트가 필요하다는 이야기이기도 하다. 빅데이터가 과학계는 물론 과학 저널리즘의 본질에 도전을 던지고 있다고 해도 과언이 아니다.

물론 빅데이터 시대라고 해도 기존의 저널리즘 취재·보도 관행이 전적으로 바뀌는 것은 아니다. 저널리즘 실행은 디지털 저널리즘의 스토리텔링이 빅데이터 분석과 결합되어 중요 사안의 배경과 문맥들이 빅데이터 분석과 함께 조화를 이루어야 한다. 또 과학 저널리즘 연구에서도 기존의 내용분석이 빅데이터로 인해 상당 부분 바뀌고 있으나, 컴퓨터를 사용한 분석과 사람이 직접 시행하는 내용분석이 함께 이루어지면 서로의 부족함을 보충할 수 있고, 그 결과도 더욱 신뢰할 수 있기 때문이다.

무엇보다 빅데이터는 미래 예측과 관련이 있는 만큼, 미래 전략과도 맞물려 있다. 빅데이터의 대부분은 인간의 행태와 관계가 있는데, 많은 데이터를 통해 미래에 인간의 행태가 어떻게 변화될지를 미리 예측한다는 점에서 빅데이터가 중요하다(Mosco, 2014). 이는 무엇보다 빅데이터를 어떻게 확보하고 분석할 것인지가 미래 예측에서 앞서게 된다는 것을 의미하기도 한다. 최근처럼 언론사의 부침이 심한 때에 빅데이터에 대한 분명한 인식과 분석 기술을 가진다는 것은 언론기관, 그리고 언론인으로서 자신들의 미래를 설계할 수 있다는 점에서 절대적으로 필요하다. 빅데이터 시대의 의미를 제대로 이해하고 이를 받아들인다면 과학 저널리즘을 비롯한 저널리즘 현장과 학계 모두가 새로운 전기를 맞게 될 것이다.

제8장

위험보도와 과학 저널리즘

1. 서론

앞에서도 설명했듯이 과학적 발견은 시민들에게 긍정적인 효과를 미치기도 하지만 잘못 사용되거나 자연재해가 발생하면 커다란 피해를 줄 수도 있다. 따라서 과학 저널리즘에서 위험보도는 매우 중요한 영역으로 자리 잡고 있다. 과학기술 보도에서 '위험'은 사회적으로 대립되는 평가들을 수반하는 특성이 있다. 한쪽에서는 우리 사회의 안정성을 해치는 '위험'으로 인식되는 것이, 다른 쪽에서는 감내할 수 있는 사회적 조건이 된다. 이는 과학기술 시대의 명과 암으로 갈리는 현대 과학기술이 갖는 '위험'의 이중성에 기초한다. 수돗물에 불소를 주입하여 먹는 사실이 한쪽에서는 위협적인 '발암물질'의 공포를 유발한다. 반면 다른 쪽에서는 우리의 충치를 예방하고, 수도관의 부식을 막는 행위로 인식된다. 소시지 가공 제품에 사용되는 대표적인 식품첨가물인 아질산나트륨이 한쪽에서는 위암을 일으키는 대표적인 식품첨가물로 인식되는 반면, 다른 쪽에서는 식욕을 자극하는 발색제 및 식품 보존을 위한 보존제의 역할을 하는 것으로 인식된다. 최근 가장 많은 관심을 받고 있는 기후변화에 관한 사안은 그 정도는 다르지만 탄소중립을 통해 지구를 보존해야 한다는 의견과 개발도상국가들의 경제발전을 위해서는 탄소중립을 조기에 실시하기 어렵다는 의견이 동시에 나타나고 있다.•

이러한 인식의 차이 때문에 울리히 벡(Ulrich Beck)이 위험의 '과학적 합리성'과 '사회적 합리성'에 대해 언급한 것처럼(벡, 1997: 68~69), 현대 과학기술은 위험 저널리즘 관점에서 위험 '주관성'의 소통이 필요하다. 위험 저널리즘 관점에서 미디어는 이러한 담론을 구축하는 과정에서 소통의 중재자 역할을 할 것으로 기대된다. 특히 공공담론의 핵심을 담당하는 미디어는 여론과 반응해서, 경쟁하는 다양한 미디어 담론을 생산한다고 할 때(Gamson and Modigliani, 1989), 한국의 미디어는 위험 저널리즘의 중재자 역할을 어떻게 담당하고 있을까라는 질문을 던지게 된다.

국내에도 위험보도의 여러 유형이 있다. 예를 들어, 방사능의 낙인 효과로 인한 방사선 피폭에 대한 불안감은 최근 시민들에게 매우 심각한 문제로 여겨진다(오미영 · 최진명 · 김학수, 2008: 478). 방폐장은 방사선 피폭으로 인한 위험 때문에 설립 때마다 큰 난관에 부딪치곤 한다. 하지만 2000년대 초반 경주 방폐장 유치 과정에서는 이러한 낙인 효과가 주요하게 나타나지 않았

• 한국 정부가 2030년까지 온실가스 배출량을 2018년 대비 40% 감축하고, 2050년에는 '순 배출량 0' 이른바 '넷제로'를 달성하기로 결정한 가운데, 이에 대한 언론의 보도가 다양하게 나타나고 있다. 한편에서는 환경문제의 중요성 프레임을 선택, "'2050 탄소중립은 늦다'… 청년 기후활동가들 '2040 기후중립' 시나리오 발표"(김한솔, 2021)와 같이 탄소중립의 조기 달성을 강조한 신문이 있는가 하면, 산업계의 어려움을 강조하는 프레임을 선정, "2050년 용광로 사라진다… '탄소중립'에 산업계 '비명'"(YTN News, 2021) 같은 제목의 보도를 내보낸 언론사도 있다.

다. 도리어 지역사회가 위험 수용에 적극적이었다. 방폐장 설립 후보지였던 부안과는 정반대의 상황이 경주에서 일어난 것이다. 물론 경주는 방폐장 유치의 대가로 특별지원금 3000억 원, 수수료 85억 원, 한국수력원자력 본사 이전, 1300억 원의 양성자가속기 설치에 따른 1조 5000억 원의 경제적 효과 등 총 4조 원의 경제적(보상) 지원 약속이 있었다. 그렇다면 지역사회의 위험 수용 문제는 경제적인 조치로 해소될 수 있는 것인지, 그리고 이때 공론장으로서 뉴스 미디어는 어떤 역할을 했는지 의문을 품게 된다.

무엇보다 최근 들어 가장 중요한 위험보도는 코로나 바이러스와 관련되었다는 데 이의가 없다. 2019년 12월 중국 우한에서 시작된 것으로 알려진 코로나 바이러스가 순식간에 전 세계를 휩쓸면서 500만 명이 넘는 사람들이 목숨을 잃을 정도로 심각한 위험 사태이기 때문이다. 즉, 시민들의 생명과 직결된 보건 위험이 전 인류에게 큰 관심사였다고 할 수 있다. 코로나19 발병 이후 백신 개발과 투약을 둘러싼 안정성 역시 논란의 소지가 되었다. 많은 사람들이 백신주사를 맞고 사망까지 이르는 등 부작용 역시 적지 않았다. 독감주사와 달리 단기간에 백신이 개발된 데다 축적된 경험이 부족하다 보니 백신을 거부하는 사람들이 많아지면서 코로나19의 종식이 어려워지고 있다는 점도 문제점으로 대두됐다.

이 장에서는 위험 논쟁에서 코로나 바이러스와 방폐장 두 사례와 관련된 위험보도에 관한 논의를 전개한다. 코로나 바이러스의 경우 특히 국내 11개 중앙 일간지가 코로나 바이러스에 관한 위험보도를 어떻게 실행했는지를 살펴보고, 방폐장은 국내 방송에서의 보도를 각각 살펴봄으로써, 과학 저널리즘에서 위험보도의 중요성과 문제점에 관한 담론을 구축하고자 한다. 특히 미디어 담론을 구축하는 정부와 과학계의 위험보도에 대한 관점이 어떻게 차이가 나는지를 분석한다.

2. 위험 주관성의 소통

과학 저널리즘의 한 분야인 위험보도를 논의하기 위해서는 위험사회가 무엇인지를 우선 살펴봐야 한다. 위험에 관한 논의는 울리히 벡의 위험-객관주의와 니클라스 루만(Niklas Luhmann)의 체계이론 등으로 발전했다. 객관적 위험의 증가인가, 아니면 위험 감수성의 증가인가의 논의는 '위험'이 과학적인 객관성의 표준차원만이 아닌 사회 총체적인 차원에서 이루어져야 하는 것을 말하며(한태학, 1998: 147), 결과적으로 '위험'의 본질을 사회적으로 고민하는 위험 커뮤니케이션의 필요성을 증가시켰다.

벡은 "사회적 합리성 없는 과학적 합리성은 공허하며, 과학적 합리성 없는 사회적 합리성은 맹목적"이라고 현대 '위험'의 특징을 설명했다. 현대 과학기술과 관련하여 경험하는 대부분의 사회적 분쟁은 과학적 합리성을 추구하는 사회세력과 사회적 합리성을 추구하는 사회세력의 '위험'을 둘러싼 '위험' 인식의 차이에서 비롯된 만큼, 이러한 상호의존성은 위험의 '주관성'에 대한 소통이 필요하다고 주장했다(벡, 1997: 68~69).

벡의 '위험/안전'이라는 이분법적 시각에서 벗어나 '위해/위험'의 이분법적 틀을 제시한 루만의 해석은 위험 저널리즘에서의 미디어의 역할을 부각시킨다. 그의 설명에 따르면 '위험사회'는 우리가 그 '위험'의 요인을 제거하면 안전하게 되는 것이 아니다. 현대사회는 다룰 수 없는 '위해'를, 우리가 다룰 수 있는 '위험'으로 바꿔야 하는 '위험사회'이다. 위험사회의 '위해'는 과거, 현재, 미래에 동시에 존재하며 그 '위해'는 우리가 다룰 수 없는 것이었다. 하지만 위험사건에 대한 '의사 결정과정'을 통해 우리가 다룰 수 있는 '위험'으로 '위해'가 전환된다. 위험은 더 이상 '불안'의 정치성 · 경제성을 띠지 않으며 다만 전가될 뿐이다. 때로는 정치적 타협으로, 때로는 입법과정을 통해 경제적으로 전가되는 것이다(노진철, 2004: 120). 물론 과학 저널리즘 입장에서는 미디어의 역할을 무시할 수 없기 때문에 미디어가 위험을 어떻게 프레임했는가를 살펴보는 것이 중요하다.

3. 미디어 담론과 프레임

위험보도에 관한 논의는 상당히 많이 진행되어 왔다. 이 절에서는 특히 위험보도가 코로나 바이러스에 관한 사례 연구에 집중하고 있기 때문에 건강 · 보건 관련 정의를 살펴보고자 한다. 국제보건기구(World Health Organization, 2005)에 따르면 위험 커뮤니케이션은 생존과 건강, 또는 경제적 · 사회적 복지에 대한 위험에 직면한 사람들과 해당 분야의 전문가나 공적 요원들 간 정보와 충고 그리고 의견의 실시간 교환을 의미한다. 위험 커뮤니케이션의 궁극적 목적은 위험에 직면해 있는 모든 사람들이 질병 발병과 같은 위험으로부터 이를 최소화할 수 있는 정보화된 결정을 내릴 수 있도록 하는 것을 의미한다. 또는 이러한 위험을 사전에 방지할 수 있도록 정보를 제공하는 것이다. 위험 커뮤니케이션은 다양한 전략을 사용할 수도 있으며 여러 종류의 커뮤니케이션 방법을 동원하기도 한다. 즉, 전통 미디어와 소셜 미디어를 통한 보도, 미디어 인지 캠페인 실행, 건강 증진 캠페인과 커뮤니티 참여 등을 통해 위험 커뮤니케이션/저널리즘의 목표를 달성할 수 있다. 물론 이 중에서 가장 중요한 것은 미디어를 통한 보도와 정보 제공이라고 할 수 있다. 코로나 바이러스와 같은 대규모 위험에 처해 있을 경우, 신문 · 방송과 같은 전통 미디어와 소셜 미디어가 함께 필요한 정보를 제공하거나 상호 간 정보를 교환함으로써 위험 인지부터 위험 회피까지 이어지는 위기관리를 실현하는 데 효과적이기 때문이다.

위험보도는 그러나 해당 위험을 언론에서 어떻게 프레임하느냐에 따라 그 보도 형태와 이로 인한 시민들에 대한 영향이 다르게 나타날 수 있다. 예를 들어 코로나 바이러스 이후 백신 발명과 효과에 관한 보도와 관련, 백신이 유일한 해결책이라고 프레임하는 것과, 백신의 부작용을 강조하는 것은 전혀 다른 결과를 가져올 수 있기 때문이다. 이와 관련해 엔트먼은 프레임을 '파편화된 패러다임(fractured paradigm)'이라고 규정(Entman, 1993: 51)했는데, 이는 "거대담론의 붕괴에 의한 자연스러운 현상"으로도 이해된다(이준웅, 2000: 121~122). 특히 제6장에서도 논의했듯이 사회구성주의 이론의 입장에서 보면 프레임은 담론의 기본 요소가 된다.

특히 공공담론의 중심축인 미디어 담론은 사회적 갈등이 되는 쟁점 사안에 대해 경쟁하는 프레임의 구성 형태를 갖는다. 윌리엄 갬슨(William A. Gamson)도 미디어 담론의 경쟁 관점에서, 단일한 지배 이데올로기를 파악하기보다는 사회 내에서 갈등하는 다양한 문화 자원들의 관계 및 여론 변화에 주목했다. 그는 서로 충돌하는 사회 내의 담론들이 포함된 복합적인 프레임으로서 '패키지' 개념을 구상하고 이 패키지를 분석해 어떻게 사회 내의 담론들이 역학관계를 이루는지 살폈다. 그가 과학 보도와 관련하여 행한 연구는 핵에너지 관련 미디어 담론에 관한 것이다. 그는 1960년대부터 1970년대까지 에너지 위기와 경제 발전을 토대로 한 개발주의 담론의 미디어 프레임 패키지가 1980년대 환경 담론의 영향을 받아 어떠한 변화가 일어나는지 상황을 분석했다(Gamson and Modigliani, 1989). '패키지'는 다양한 담론의 경쟁적 구성물이므로 패키지를 분석하여 사회적 논란에 대한 설명이 가능하게 된다. 예를 들어 핵 발전은 '에너지 독립(energy independence)'으로 프레임될 수 있지만, 동시에 환경 파멸을 방지하는 '공적 책임(public accountability)'으로 프레임이 될 수도 있다. 이것은 해당 시기의 사회문화적 맥락에 따라 해석이 달라지는 것이다. 즉, "다양한 미디어 담론의 프레임들이 헤게모니 싸움을 벌이고 여기서 이긴 미디어 담론의 프레임이 해석적 패키지를 구성하게 된다. 결국 논쟁의 영역을 둘러싸고 보수적인 미디어는 진보적인 이슈에 대해, 진보적인 미디어는 보수적인 이슈에 대해, 논쟁의 영역에서 서로를 일탈의 영역으로 밀어내는 것이다"(Hallin, 1986: 117).

이러한 뉴스 제작자의 정치적 성향 문제와 연관된 것 중 하나는 정보원 활용 문제이다. 미디어 제작자의 정치적 성향은 뉴스의 종적 다양성 또는 횡적 다양성 문제와 연관되지만(Entman, 1985; 윤영철, 1991: 132) 무엇보다 뉴스의 '객관 보도' 규범의 영향이 크다. 미디어 제작자는 정보원 취재 방식으로 편파 시비를 벗어난다. 하지만 동시에 고급 정보를 얻기 위한 취재 방식으로, 파워엘리트들과의 유대가 깊어진다. 게다가 "공공담론의 주요한 담론 형성을 하는 미디어 제작자에 대한 파워엘리트의 홍보 전략 때문에, 결국에는 파워엘리트의 대리인 역할을 하는 모습을 보이기도 한다"(알철, 1991: 112). "심지어 1970년대 유신정권하에서 한국의 언론은 '객관 보도' 규범을 내세워 독재정권의 대변인 역할을 했다는 평가를 받기도 한다"(김연식 · 윤영철 · 오소현, 2005: 84). 결국 "미디어 입장에서는 '객관 보도'의 규범으로 접근이 용이하며, 뉴스 가치가 있는 정보를 독점하는 정치 엘리트들과 교류한다고는 하지만, 실제 정치 엘리트들 입장에서는 자신들이 속한 조직의 정치적 영향력을 확대하기 위한 목적을 위해서 언론은 홍보 전략의 대상이 된다"는 것이다(윤영철, 1992: 276~277).

정보원 활용 문제는 레온 시걸(Leon V. Sigal)의 연구에서 보듯 정보원 취재 관행과 관련한 정보원의 미디어 자율성 침해 문제를 발생시킨다(한동섭 · 임종수, 2002: 6에서 재인용). 정보원과 미디어의 관계에서 미디어 자율성에 관해 한동섭과 임종수(2002)는 뉴스 생산물에 담긴 뉴스 보도의 이념적 헤게모니 쟁탈전에 주목한다. 뉴스 제작자들이 정보원의 정보가 갖는 이데올로기성을 그대로 전달하는 것이 아니라 자신의 이념적 성향에 맞게 뉴스를 제작한다는 것이다. 서로 다른 성향의 신문사들이 뉴스 생산물을 통해 서로 다르게 세상을 보는 각 신문사의 시선을 제공함으로써 헤게모니 투쟁의 담론을 형성한다.

실제로 갈등 현안을 다룬 국내 뉴스의 미디어 담론에서는 주체들의 대립 관계가 부각되며, 일탈성이 강조되고, 지향적 가치와 규범을 강조하는 '정부 통제' 프레임, '절차' 프레임, '민주적 합의' 프레임으로 나타나거나, 경쟁하는 주체들의 대립관계가 부각되는 '대립', '대항', '갈등', '분열' 등의 프레임으로 나타난다(김원용 · 이동훈, 2005: 176~180). 또한 부정성, 일탈성, 책임성을 강조하는 프레임인 '폭동', '정부 책임' 프레임이 나타나기도 한다(양정혜, 2001; 김원용 · 이동훈, 2004; 박성희, 2006). 특히 과학기술 위험을 둘러싼 위험담론에서는 이러한 특징을 확인할 수 있다.

하지만 미디어는 과학기술 위험이 논쟁의 대상이 될 때는 위험의 존재조차도 '실제이다'와 '허구이다'를 넘나드는, 서로 상반된 기사로 다루기도 한다. 게다가 영국 언론의 광우병 보도 사례처럼 위험보도에서 경제적 결과를 강조하는 뉴스 프레임이 등장하면 원인 규명이나 대책에 대한 논의를 전개시키지 못하는 모습도 보인다(이귀옥 · 박조원, 2006: 296).

4. 위험보도에서 바람직한 과학 저널리즘의 역할은 무엇인가

이 절에서는 코로나 바이러스가 2020년대 초반에 등장한, 인류의 생명과 건강과 직결되는 위험임을 인지하고, 국내 신문들이 코로나19와 관련된 안전·위험들을 어떻게 미디어 담론화하는지 살펴보고, 이를 통해 건전한 공공담론을 구축하기 위한 위험 커뮤니케이션/저널리즘 차원에서 바람직한 미디어 역할을 논의한다. 무엇보다 신문 보도는 코로나 바이러스 관련 보도를 어느 정도로 실행했는지, 코로나 바이러스 문제를 해결하기 위한 백신 개발과 백신주사 실행 보도는 어떻게 단행되었는지를 살펴본다.

분석 기간은 코로나 바이러스가 2019년 12월 말에 발생했다는 점을 감안, 2020년 1월부터 2021년 3분기가 끝난 9월 말까지의 언론 보도를 대상으로 했다. 해당 시기를 각 분기별로 총 7기로 나누어 분석했다. 총 7기의 시기 구분을 통해 신문 뉴스의 위험담론을 설명했다. 해당 기사는 기사 통합검색(Korean Integrated News Database System: BIG KINDS)에서 수집했다. 해당 분기마다 코로나 바이러스와 백신 등의 키워드를 집어 넣어 해당 기사가 몇 건씩 발생했는지를 살펴보았다.

먼저 해당 기간 동안 국내 중앙 일간지들은 코로나 바이러스라는 용어를 포함한 기사를 모두 4만 912개를 작성한 것으로 나타났다. 또 백신 보도라는 용어를 포함한 기사를 6만 4408개 양산한 것으로 집계됐다. 이 중 코로나 바이러스 보도는 해당 바이러스의 발병일과 가까웠던 2020년 1분기와 2분기에 각각 1만 1000건 이상씩 쏟아냈으며, 이후 급격히 줄어들어 2021년 1분기부터는 분기별로 2000건대의 기사만이 나온 것으로 집계됐다. 반면 백신 관련 보도는 바이러스 초기에는 주로 코로나19와 관련된 위험에 집중한 데다 아직 백신이 개발되지 않은 시기여서 많은 보도가 나오지 않았으나 갈수록 많아지는 현상을 보였다. 즉, 2020년 1분기에는 2903건의 신문기사만이 나왔으나, 백신 개발과 백신주사 투여가 시작되면서 관련 기사가 급격히 증가, 2021년 2분기에 1만 6913건을 보도한 것으로 나타났다(〈표 8-1〉 참조).

표 8-1 **한국 신문 위험보도**

(단위: 건)

		코로나 바이러스 보도	백신 보도
2020년	1분기	11,390	2,903
	2분기	11,252	3,696
	3분기	6,507	4,133
	4분기	4,030	9,147
2021년	1분기	2,693	12,919
	2분기	2,229	16,913
	3분기	2,811	14,697

자료: 한국언론진흥재단(2021).

코로나 바이러스 관련 신문기사가 2020년 1분기에 가장 많이 나온 것은 물론 2020년 1월 20일 국내에서 첫 확진자가 발생한 것과 이후 44일 만에 누적 확진자가 5000명을 넘었던 것과 직접적인 연계가 있다. 코로나 바이러스 확산에 따라 정부가 2020년 2월 23일 감염병 위기경보 단계를 '경계' 단계에서 최고 단계인 '심각' 단계로 격상하고, 중앙재난안전대책본부를 설치하여 중앙정부 및 지방자치단체의 지원 체계를 한층 강화하기 시작한 때하고 맞물려 있다(질병관리본부, 2020a; 2020b).

세계보건기구(WHO) 역시, 2020년 3월 12일 코로나 바이러스에 대해 전염병 경보 최고 단계인 '세계적 대유행', 즉 '팬데믹(Pandemic)'을 선언했다. 세계보건기구는 코로나 바이러스의 전 세계적 확산 사태가 단순한 공중보건의 위기가 아니라 정치 · 경제 · 사회 · 문화 등 모든 분야에 걸쳐 영향을 미치는 심각한 위기이며, 이를 극복하기 위한 모든 부분과 개인이 싸움에 참여해야 한다고 지적했다. 코로나19에 대한 대비, 진단 · 방역 · 치료, 전염 차단, 바이러스 정보 취득 등을 강조했다(조계완, 2020).

김태종(2020: 460~461)이 코로나19 시기를 보다 소규모 시기별로 분류한 조사에도 비슷한 결과가 이어졌다. 2019년 12월 31일부터 2020년 1월 19일까지 한 달간 보도된 코로나19 관련 뉴스 중 가장 많은 비중을 차지한 것은 세계보건기구, 불안감, 감염자, 감염, 전염 등의 키워드를 포함하는 '국제적 불안감 고조'로 관련 뉴스 건은 모두 23.8%였다. 다음으로는 감염자, 춘절, 대이동, 확진, 환자 등의 키워드로 대표되는 '중국 춘절 시기 확산 우려'(16.5%), 증상자, 당국, 질병관리본부, 감염병, 사람 등의 키워드로 대표되는 '국내 증상자 발생 우려'(14.5%) 등의 순이었다. 물론, 질병관리본부, 입국자, 조사, 대응, 검사법 등 '정부 초기 대응조치'가 가장 많은 29.3%를 차지했다. 질병관리본부가 24시간 대응체계를 가동하기 시작한 1월 5일부터 '정부 초기 대응조치' 관련 뉴스가 다른 토픽들에 비해 크게 증가하면서 국가 주도의 코로나19 대응활동이 언론의 주목을 받았다고 할 수 있다.

결국 코로나19와 관련하여 국내 언론은 해당 질병의 발병 초기에는 코로나 바이러스로 인한 위험과 정부 대응에 대한 보도에 중점을 두었으며, 최근으로 올수록 백신 접종과 관련된 보도에 치중했다는 것을 알 수 있다. 국내 저널리즘은 이 과정에서 여러 프레임을 통해 바이러스의 위험과 대응책을 제시했다고 볼 수 있다.

물론 많은 시민들은 코로나19와 관련된 정보를 소셜 미디어나 유튜브 등에서 획득했다. 제1장에서 설명했듯이, 특히 청소년들은 유튜브나 소셜 미디어를 통해 과학기술 관련 정보를 획득하고 있는데, 실례로 유튜브 방송인 아시안 보스(Asian Boss)가 코로나19 초기 고려대 구로병원 감염내과의 김우주 교수를 인터뷰한 영상은 2020년 3월 28일 업로드된 후 폭발적인 관심을 불러일으켰으며, 2021년 10월 22일 현재 총 660만 뷰를 기록하기도 했다. 따라서 국내 과학 저널리즘의 코로나19 위험보도는 향후 유튜브나 소셜 미디어를 통한 정보 전파 등에 더욱 많은 관심을 가지고 분석까지 이어져야 할 것으로 보인다.

5. 경주 방폐장 선정 시 위험보도 형태•

경주 방폐장 관련 분석 기간은 부안 군수가 방폐장 유치를 신청한 2003년 7월부터, 일본 후쿠시마 원전 사태가 발생해 세계적으로 원자력발전 정책에 대한 성찰 여론이 일었던 2011년 4월까지를 대상으로 했으며, 해당 시기를 주요 사안에 따라 총 4기로 나누어 분석했다. 부안 후보지 선정 과정을 다룬 제1기는 2003년 7월부터 2004년 2월 방폐장 유치 주민투표 실시까지, 제2기는 주민투표 결과 부안 방폐장 유치 부결이 결정된 이후부터 원전 센터 정부 지원 특별법이 제정되기 직전인 2004년 11월까지로 구분했다. 경주 방폐장 선정을 다룬 제3기는 2004년 12월부터 경주 방폐장 건설이 주민투표로 결정된 2005년 11월 3일까지를, 제4기는 선정 이후부터 2011년 4월 후쿠시마 원전 사태 당시까지로 구분했다. 이 연구는 총 4기의 시기 구분을 통해 TV 뉴스의 프레임과 정보원 진술과 활용을 비교하고, TV 미디어의 위험담론을 분석했다.

해당 기사 역시 한국언론진흥재단의 기사 통합검색(BIG KINDS)에서 채집했으며, TV 3사의 인터넷 뉴스 사이트를 참조해 KINDS 검색에서 빠진 기사와 메인 뉴스 기사로 잘못 검색된 기사를 보충하거나 삭제했다. '방폐장' 검색어 외에 '원전 센터'로 검색해야 하는 기사는 각 방송사 사이트를 참조해 추가했다.

신문기사와 달리 방송 뉴스는 10개 이내의 문장과 인터뷰로 구성되는 특

• 경주 방폐장 부분 분석은 ≪언론과 사회≫ 제20집 제4호(2012)에 게재된 「TV 뉴스의 과학기술위험 보도태도 분석: 부안과 경주 방폐장 TV뉴스 분석을 중심으로」(고영준 · 진달용)를 발전적으로 재구성한 것이다.

징이 있다. 따라서 이러한 어려움을 극복하고 좀 더 객관적으로 내용을 분석하기 위해 노력했다. 분류에서 전체적인 문맥에 따른 내용분석을 바탕으로 하되, 특히 반대 뉴스는 '우려', '충돌', '격렬', '반발', '악화', '의심', '허술' 등의 부정적 가치판단을 내포하는 단어를 근거로, 찬성 뉴스는 '기대', '희망', '축제', '21년 만에' 등의 긍정적 가치판단을 내포하는 단어를 근거로 분류했다. 정보원의 찬반 분류에서도 문맥에 따른 내용분석을 바탕으로 하되 '혼란', '논란', '불신', '저항'처럼 부정적인 단어가 사용될 때는 정보원 성격 분석에서 반대로 분류하고, '승리', '필요', '안전'처럼 긍정적 의미로 사용될 때는 정보원 성격 분석에서 찬성으로 분류했다.

1) 방송사의 프레임 형성과 변화

2003년 7월 1일부터 2011년 4월 30일까지 분석한 총 기사 수는 289개이며, MBC 105개, KBS 101개, SBS 83개로, 'MBC-KBS-SBS' 순으로 나타났다. 시기별로 살펴보면 1기와 3기가 'MBC-KBS-SBS', 2기와 4기가 'KBS-SBS-MBC' 순서로 차이를 보였다. 사회적 이슈가 발생한 1기와 3기에는 MBC의 뉴스 생산이 우세하게 나타났다(〈그림 8-1〉 참조). 뉴스 기사의 유형은 기자가 직접 리포팅을 하는 스트레이트 기사(53%)와 앵커가 직접 기사를 전달하는 단신(21%)이 73% 이상을 차지했다. 하지만 과학기술 위험 관련 보도에서 기대되는 해설 기사나 기획 기사의 비율은 15%와 11%에 그쳤다.

두 번째로, 정보원 진술 활용의 문제는 엔트먼이 정립한 언론의 종적 다양성 개념과 횡적 다양성 개념의 보도시각을 분석하는 데 주요한 기제를 담당한다(Entman, 1985). 특히 언론의 종적 다양성 개념과 관련하여 뉴스 기사에 어느 정보원을 선택하느냐에 따라 경쟁하는 담론에 영향을 주기 때문이다.

그림 8-1 **방송사 시기별 뉴스 기사**

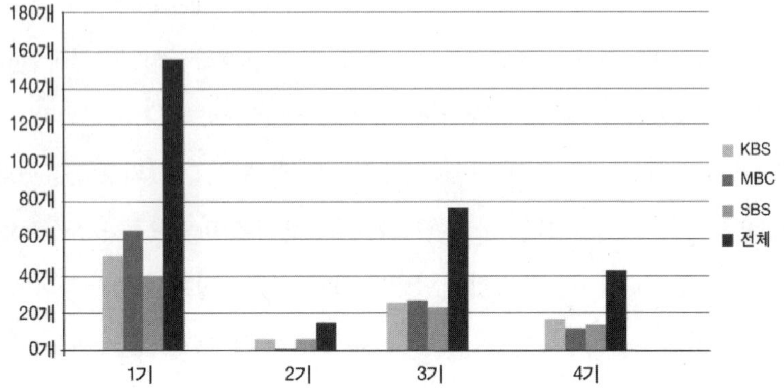

방송 3사는 총 289개의 기사에 468명의 정보원을 활용해 평균 1.64명의 정보원을 활용한 것으로 나타났다. 이 중 MBC가 1.84명으로 기사당 가장 많은 정보원을 활용했으며, 다른 방송에 비해 지역 주민을 정보원으로 활용한 비율이 제일 높았다. 앞서 사회적 이슈가 발생한 시기에 뉴스 생산이 타사보다 많은 점을 고려할 때 여러 갈등 주체들의 담론이 MBC 뉴스에서 다양하게 경쟁하고 있음을 알 수 있다. 시기별로 4기에 기사당 정보원 활용 비율이 가장 높은 것으로 나타났는데, 이것은 안전성 문제로 인한 갈등 주체들의 원자력 담론 경쟁 때문으로 해석된다. 4기 역시 정보원 활용에서는 MBC가 2.42명으로 가장 높아 다양한 담론을 담고 있는 것으로 이해된다.

정보원 활용 특징은 1기의 경우 MBC, SBS가 반대 측 지역 주민의 의견을 선택한 데 비해, KBS는 주로 찬성 측 지역 주민을 정보원으로 활용했다(〈표 8-2〉 참조). 총 4기에 걸쳐 MBC는 반대 담론을 위해, KBS는 찬성 담론을 위해서 전문가를 주되게 활용하는 것으로 나타났다. KBS의 보도기사는 지역 주민과 전문가들로 찬성 담론을, MBC 보도기사는 같은 정보원들로 반대 담

표 8-2 **방송 3사 정보원 찬반 분석**

(단위: 명, %)

	정부		정치인 (국회 포함)		지자체 (지방의회 포함)		시민단체		전문가		지역 주민		기타	
찬	84	85.7	10	40.0	49	67.1	23	25.8	13	44.8	57	46.7	9	28.1
반	0	0	4	16.0	18	24.7	59	66.3	11	37.9	57	46.7	14	43.8
중	14	14.3	11	44.0	6	8.2	7	7.9	5	17.2	8	6.6	9	28.1
합	98	100	25	100	73	100	89	100	29	100	122	100	32	100

론을 구축하고 있다.

세 번째로, 2003년 부안 후보지 유치 과정에서는 거부감을 이유로 '방폐장'이란 용어 대신 '원전 수거물 관리센터'라는 명칭이 의도적으로 쓰였다. 정부에서조차 원자력법에 따라 '방폐장'이란 명칭을 2005년 11월부터 공식적으로 쓰기로 한 점에 비추어 볼 때 대표적인 친원전담론의 태도를 보이는 용어 선택이다. 조사 결과 KBS의 경우 1기에 원전 센터로 표현한 기사가 방폐장으로 표현한 기사보다 3배 이상 많았다. 2기의 경우 15개 기사 중 13개가 원전 센터로 검색된다. 3기인 경주 선정 과정에서도 이러한 선택이 보이기도 하는데 방송사마다 차이가 있다. MBC는 원전 센터 검색은 1건으로 상대적으로 적었다(〈표 8-3〉 참조).

1기의 경우 주된 프레임은 '갈등 대립'이 높게 나타났으며, SBS는 '폭력 난동'이 많이 사용됐다. 3사 모두 주요 정보원은 시민단체나 지역 주민이었다(〈표 8-4〉 참조).

2기에는 모든 방송사가 단신보도가 주였고, MBC는 타 방송사와 달리 단신 이외의 기사는 없었다. 2기는 방폐장 선정이 원점으로 돌아가고 사회적 이슈가 없어서 관련 뉴스의 생산이 저조했다.

유치 경쟁이 심했던 3기에는 지역 발전과 임피(In My Front Yard: IMFY)라

표 8-3 **방송 3사 검색어 분류**

(단위: 건)

		방폐장	원전 센터	기타	합계
1기	KBS	10	33	8	51
		19.6%	64.7%	15.7%	100.0%
	MBC	44	15	5	64
		68.8%	23.4%	7.8%	100.0%
	SBS	17	11	12	40
		42.5%	27.5%	30.0%	100.0%
2기	KBS	1	6	0	7
		14.3%	85.7%	0.0%	100.0%
	MBC	0	2	0	2
			100%		
	SBS	1	5	0	6
		16.7%	83.3%	0.0%	100.0%
3기	KBS	23	3	0	26
		88.5%	11.5%	0.0%	100.0%
	MBC	26	1	0	27
		96.3%	3.7%	0.0%	100.0%
	SBS	19	3	0	22
		87.0%	13.0%	0.0%	100.0%

는 긍정과 부정의 프레임이 'MBC−KBS−SBS' 축으로 스펙트럼을 나타냈다. MBC의 경우 '지역 발전' 프레임이 주로 나타난 반면, SBS는 '임피' 프레임이 주되게 나타났다. 정보원 활용도 MBC는 지역 주민, KBS는 시민단체 및 지자체, SBS는 정부로 나타났다.

경주 방폐장 선정 이후인 4기는 안전성이 이슈가 된 가운데 KBS는 '대립 갈등' 프레임이, SBS는 '지역 발전' 프레임이 주되게 나타났다. 선정 이후의 이러한 프레임은 혼란과 경제적 이익에만 초점을 맞춘 친원전담론을 구축하는 것으로 이해된다. 안전성 논란에서는 3사의 주 정보원이 정부로 나타났다(〈표 8-5〉 참조). 안전성 논란의 주체가 주된 정보원이 될 수밖에 없는 것이 한국 과학 위험보도의 한계이기도 하다.

표 8-4 1기 상위 소주제 프레임과 주요 정보원(중복 허용)

(단위: 건)

	KBS			MBC			SBS		
	유치 찬반	시위 문화	주민 투표	유치 찬반	시위 문화	님비	유치 찬반	시위 문화	폭력 시위
정부 책임	7	2	3	19	10	9	7	4	3
님비	3	5	2	12	15	17	3	4	3
갈등 대립	23	15	10	26	22	18	14	9	8
폭력 난동	3	6	1	8	8	7	4	9	14
과학 진보	0	0	0	0	0	0	0	0	0
환경 안전	0	0	0	1	0	0	0	0	0
지역 발전	4	0	1	8	5	2	3	1	0
주민 합의	5	1	4	7	2	2	2	1	1
국책 개발	2	1	1	2	0	0	0	0	1
도덕성	1	1	1	5	2	2	1	0	0
기타	0	0	0	3	1	1	0	0	0
주 정보원	지역 주민	지역 주민	시민 단체	지역 주민	지역 주민	시민 단체	시민 단체	지역 주민	지역 주민
횟수	19	8	6	19	8	6	10	8	10

표 8-5 4기 상위 소주제 프레임과 주요 정보원(중복 허용)

(단위: 건)

	KBS		MBC		SBS	
	안전성 논란	약속 이행	안전성 논란	약속 이행	안전성 논란	약속 이행
지역 발전	0	2	0	2	1	3
임피	0	1	0	0	0	1
생태-환경	4	0	2	0	1	0
국책사업	0	1	0	3	2	3
안전성	7	0	5	1	3	0
대립 갈등	1	3	2	2	2	2
정책 집행	4	2	4	0	2	2
기타	0	0	1	0	0	0
주 정보원	정부	지역 주민	정부	정부/ 지역 주민	정부/ 시민단체	시민단체
횟수	4	2	5	각 3	각 2	5

2) 위험보도의 담론

1기, 2기의 경우 위험담론이 갈등 주체들에 의해 서로 경쟁하고 있었지만, TV 뉴스는 갈등 상황에서 폭력 사태나 기존의 사회경제체제의 변동을 '일탈' 시하는 보도 태도를 취해, 반핵 시민층의 위험담론은 주류 프레임으로 등장하는 데 실패한다. 국내의 위험보도는 특히 경제적 결과를 강조하는 뉴스 프레임이 나오면 '위험'의 원인 규명이나 대책에 대한 심층적인 논의를 더 이상 하지 못하는데(이귀옥 · 박조원, 2006: 296) 3기, 4기의 방폐장 위험보도에서도 이러한 모습이 관찰된다. 영국의 광우병 사례 연구에서도 위험보도에서 경제적 악영향이 강조되면 도리어 경제적 영향을 줄이기 위해 언론은 보도를 자제하고 원인 규명이나 대책 논의를 제대로 하지 못했다(Washer, 2006: 26).

(1) 기사 분석

☞ 사례 ① '위험' 용어 사용 분석

방폐장 보도에서 '위험'이란 단어 사용이 총 289개의 기사 중 9개에 불과했다. '위험'이란 용어가 TV 뉴스 기사에 많이 나타나지 않았는데 이러한 보도 태도는 2기에 '방폐장'보다 더 안전해 보이는 '원전 센터'로 생산된 기사가 더 많았던 것으로도 확인할 수 있다.

☞ 사례 ② 시기별 연속 기사 비교: 기사 수, 표제어, 정보원

주요 기사 중 원투기사로 생산된 뉴스를 살펴보면 1기에는 현금 보상 논란, 군수 폭행사건, 격렬 시위, 원점 재검토, 산자부 장관 사표 제출 등이 있다. 특히 군수 폭행사건은 이틀에 걸쳐 7~8건의 뉴스가 생산돼 갈등 주체의 폭력 이미지를 극대화했고, 이와 아울러 정부 책임 프레임이 본격적으로 작

표 8-6 **1기 연속 기사 비교**

1기	KBS	MBC	SBS	KBS	MBC	SBS
2003.9.8	2	2	2	군수에 폭행 … 중상	군수 집단폭행	군수 집단폭행
				갈수록 사태 악화	경찰과 대치	사태 갈수록 악화
2003.9.9	5	6	5	"폭력엔 단호 대처"	"부안 폭력 엄단"	"집시법 개정 검토"
				대화하다 뭇매	긴장 속 촛불 집회	"폭력 관련자 엄단"
				"치안 확보 뒤 대화"	"예정대로 추진"	"전치 6주 중상"
				"정부가 자초"	밤새 무법지대	정면충돌 우려
				주무부처 뭐 했나	왜 이 지경까지…	뒷짐이 화 키웠다
				-	대책 없이 '강행'	-
2003.9.10	1	3	2	연휴에 촛불 집회	촛불 집회 계속	추석에도 시위
				-	폭행 가담자 검거	긴장 속 대치
				-	대화 통로가 없다	-

동하기 시작한다(〈표 8-6〉 참조).

이것은 또한 정보원 선택에도 영향을 주어 방송 뉴스는 사태의 원인 규명보다는 일탈의 영역에서 군수 폭행사건을 다루게 된다(Hallin, 1986). 2003년 9월 9일 기사에서는 KBS와 SBS가 경찰청장의 진술을 주요 정보원으로 활용하기도 했다. 반면 MBC는 하지 않았다.

3기 뉴스는 마치 선거 방송을 연상하게 하는 뉴스 구성이 이루어졌다. 선거의 승리와 방폐장 선정 의미가 뉴스의 주된 대상이 되고, 후유증이 큰 이슈가 된다. 그러나 방폐장의 지역사회가 담당해야 할 과학기술적 위험에 대한 평가나 의미와 관련된 보도는 없었고, 도리어 KBS의 경우 고준위 폐기물 관련 기사가 뒤를 이었다. KBS의 경우 경제적 효과에 집중해 11월 3일 기사가 3배나 많이 생산되었다.

(2) 4기 TV 3사의 위험보도 분석

4기는 방폐장 위험 논란으로 정부와 시민단체의 원자력 담론이 경쟁했지만, 경제성 프레임으로 원인 규명 프레임은 배제되었다.

☞ 사례 ③ 4기 과학적 연구 사실에 대한 보도기사의 태도

2009년 6월 1일 KBS는 경주 방폐장 건설이 2년 6개월 지연된다고 보도했다. 공사 지연이 2년 6개월이나 됨에도 다른 방송에서는 메인 뉴스로 다루지 않았다. 6월 18일에 KBS는 경주 방폐장 동굴 6개 중 5개가 "암반 연약"이라는 사실을 알리며, 시민단체와 원전 측의 주장이 담긴 문서 자료를 이용해 뉴스를 생산한다. KBS는 6월 19일에 후속 보도로 경주 방폐장 터 결정 과정의 문제점을 지적하고, 건설 불가 수준인 4, 5등급임을 폭로한다. 그리고 6월 23일에는 지경부가 경주 방폐장 안전성 조사를 의뢰한 것을 단신으로 보도한다.

MBC는 8월 12일이 돼서야 방폐장 안전성 논란이란 제목으로 경주 방폐장 문제를 보도한다. 사실 경주는 정부가 방폐장 후보지를 물색할 때 후보 도시가 아니어서 지반 문제가 있을 개연성이 있었지만 언론이 간과했다. 더구나 안전성 규명이 중요한 뉴스였음에도 MBC는 8월 26일 원전담론인 방사성 폐기물 저장고 포화론을 기사화한다. SBS는 10월 5일 국감의 정치적인 논란이 되는 시점이 되어서야 이를 기사화한다(〈표 8-7〉 참조).

KBS는 2010년 1월 13일 이전의 안전성 논란 후속 보도로 방폐장 처분 동굴터 암반-수리지질 불량을 기사화한다. 바닷물의 유입이 확인됐으며, 사업자 측이 보고서 작성 당시 암반 불량의 정도를 축소했다고 보도한다. 하지만 3월 26일에는 경주 방폐장 말고는 다른 방법이 없다는 직설적인 방폐장 저장 포화론을 기사화한다.

표 8-7 **경주 방폐장을 둘러싼 안전성 논란과 관련된 기사 변화**

2009.6.1	KBS	경주 방폐장 건설, 2년 6개월 지연
2009.6.18	KBS	경주 방폐장 동굴 6개 중 5개 "암반 연약"
2009.6.19	KBS	"경주 방폐장, 사전 조사부터 이미 허술"
2009.6.23	KBS	지경부, 경주 방폐장 안정성 조사 의뢰
2009.8.12	MBC	방폐장 안전성 논란
2009.8.26	MBC	방사성 폐기물 저장고 '포화 상태'
2009.10.5	SBS	사업 차질 불가피
2010.1.13	KBS	방폐장 처분 동굴 터 암반 · 수리지질 불량
2010.3.26	KBS	방폐물 저장 '포화상태'
2010.7.9	SBS	난장판 된 토론회
	KBS	"전기도 판매 경쟁"

식품 위험보도에서 관찰한 경제성 프레임이 원인 규명 프레임을 잠식했듯이 언론은 도리어 방폐장의 안전성 논란에도 저장고 포화에 대안이 없다는 식의 보도를 생산한다. 그리고 7월 9일 한수원 이전과 관련한 방폐장 기사를 갈등 구도로 프레임을 구축한다. SBS는 갈등 우려를 지자체의 인터뷰를 이용해 생산했고, KBS는 전력산업 구조 개편 기사를 KDI 인터뷰만으로 기사화했다. MBC는 이 기사를 메인 뉴스가 아닌 다음 날 조간 뉴스에서 다뤘다. 경주 방폐장의 위험담론은 방폐장 지역의 지역 갈등이 부각되고 전력사업의 경제성이 기사화되면서 대중의 관심에서 사라지고 만다.

☞ 사례 ④ 원전 경제성 담론 기사

방송 3사 중에서 KBS가 유일하게 경제성 프레임의 기사를 생산했다. KBS는 4기에 원자력발전 경제성 프레임의 기사를 2건 생산했다.

☞ 사례 ⑤ 원전 폐기물 처리장 '포화' 프레임의 기사화

일부 신문에서는 포화 주장에 의문을 제기하는 기사도 있었지만 방송에

서는 포화 논란에 의문을 갖는 기사는 찾아볼 수 없었다. 반면 포화를 인정하고 시간의 촉박성을 강조하는 기사를 생산했다.

3) 방송사의 위험보도, 어떻게 이해할 것인가

갬슨은 공공담론을 지지하는 하부의 사회적 담론이 서로 경쟁하는 것으로 보았다. 이념적 정파성으로 신문의 위험보도가 다양한 담론을 반영하는 데 한계를 나타낸다면, 공영성을 추구하는 TV 뉴스에서는 다양한 담론을 담아내야 하기에 원초적으로 서로 상충하고 혼재하는 담론들이 경쟁하는 특징이 있다. 따라서 이데올로기가 아닌 하위 가치와 문화 상징의 총합인 '패키지'의 변화, 이를 여론에 반영하는 과정에서 공공담론이 구축된다. 부안과 경주 방폐장과 관련한 과학기술 위험의 TV 보도에서도 원전담론과 관련해 서로 경쟁하는 사회적 담론이 생산되는 것을 확인할 수 있었다. 그러나 미디어 담론으로 위험 및 안전성 담론이 채택되어 기사화되는 데는 방송 뉴스 자체의 특성과 각 방송사의 보도 태도가 나타났다.

정보원 활용의 경우 MBC가 정보원 활용도가 제일 높아, 다양한 갈등 주체의 담론이 MBC 뉴스에서 다루어졌음을 확인할 수 있었다. 전문가 활용에서도 MBC는 주로 반대 담론을 위해, KBS는 찬성 담론을 위해서 전문가를 활용한 것으로 나타났다. KBS의 보도기사는 지역 주민과 전문가들로 찬성 담론을, MBC 보도기사는 같은 정보원들로 반대 담론을 구축한 점이 특징이다. 검색어 분류에서도 친원전담론의 용어 선택인 '원전 센터'의 기사 검색이 1기 KBS의 경우 타사보다 3배 이상 많았지만, 3기 MBC의 경우 원전 센터 검색 횟수는 1건에 불과해 채널별 특성을 확인할 수 있다. 하지만 TV 3사는 사회질서가 교란되거나 기존의 원자력 에너지 경제 시스템을 저해하는 사건

사고를 일탈의 영역으로 보는 보도 태도를 취했다. 즉, 과학기술적 위험 사실과 원인 규명의 뉴스 프레임보다는 질서와 경제적 이익을 강조하는 논조의 기사를 생산하는 뉴스 성향을 보였다.

1기의 경우 KBS는 유치 반대시위가 격렬해지고, 유치 반대론자들에 의해 군수 폭행사건이 발생하자, TV 뉴스는 반원전담론 대신 갈등 대립의 폭력 현상에 주목하는 기사를 생산한다. 결과적으로 사태의 근본 원인을 규명하는 것은 소홀해지는데 이는 이미 선행 연구에서도 확인된 사실이다.

2기 뉴스에서는 반원전담론이 위축된 것으로 나타났다. '방폐장'이라는 검색어 대신, '방사성'이라는 단어가 주는 부정적인 이미지를 피하는 '원전 센터'라는 단어로 검색해야 나오는 기사가 15개 중 13개나 생산됐기 때문이다. TV 뉴스 미디어의 이러한 의도적 선택은 1기의 폭력적인 상황을 경험하면서 보수화된 사회적 정서가 '친원전담론'의 미디어 담론에 반영된 것으로 해석된다.

유치 경쟁이 심했던 3기에서는 지역 발전과 임피라는 긍정과 부정의 프레임이 MBC－KBS－SBS의 축으로 스펙트럼이 나타났다. MBC의 경우 지역 발전 프레임이 주로 나타난 반면, SBS는 임피 프레임이 주되게 나타났다. 정보원 활용도 MBC는 지역 주민, KBS는 시민단체 및 지자체, SBS는 정부로 나타나 뉴스 이슈의 주제와 주체가 방송사별로 달랐다. 하지만 3기에서도 부정선거, 과열, 혼탁의 이미지가 과학기술 위험의 원인을 규명하는 뉴스 프레임 활성화를 방해한 것으로 나타났다. 1기 부안 사례에서 과격, 폭력의 이미지가 과학기술 위험의 원인을 규명하는 뉴스 프레임이 활성화되는 것을 방해한 것과 유사하다.

4기에는 경주 방폐장 터의 실제적인 '위험'이 알려지면서 위험담론이 다른 시기보다 활성화되었다. 그러나 주요한 미디어 담론으로는 발전하지 못했다. 도리어 안전성 논란 가운데서도 3사의 주 정보원이 모두 사업의 실질적 주체인 정부로 나타났다. 방송사별 특성을 살펴보면 안전성이 이슈가 된 가운데 KBS는 대립 갈등 프레임이, SBS는 지역 발전 프레임이 주되게 나타났다. 선정 이후의 이러한 프레임은 혼란과 경제적 이익에만 초점을 맞춘 친원전담론을 구축하는 것으로 이해된다. 영국 광우병 사례나 김치 파동 연구에서 확인한 것처럼 경제성 담론에 민감한 언론은 위험보도의 원인 규명이나 대책에 대한 논의를 전개시키지 못한다. 도리어 경주 방폐장 선정 과정이나 실제적인 위험에 대한 언론의 검증 역할은 하지 않고, 기존에 구축된 핵에너지 경제의 변동을 경계하는 원전 경제성 담론과 지역 발전의 프레임을 구축했다. 심지어 SBS는 KBS의 첫 보도 이후 4개월이나 지나고 국정감사의 현안이 되어서야 이를 기사화하는 모습을 보였다.

반핵 시민계층의 반원전담론이 TV 뉴스 미디어에서는 활성화되지 못한 반면, 정부의 폐기물 포화담론은 미디어 담론을 통해 방폐장의 안전성을 대대적으로 강조하고 방사성 폐기물의 포화연도를 상기시켜, 방폐장 부지 확보가 시급한 국가 과제라는 주장에 긍정적인 국민 여론을 조성한 점에서 성공적이었다(김철규 · 조성익, 2004). 3기 방폐장 유치를 위한 지자체 간 경쟁이 치열했던 점에서도 이러한 사실을 확인할 수 있다. 특히 고준위가 아닌 중저준위 폐기물 처리장이라는 점과 경제적 지원(보상)이 미디어를 통해 재확인되면서 위험 수용이 이루어진 것으로 보인다.

하지만 경주 방폐장으로 폐기물이 첫 유입되는 과정에서 '불안'은 해소되지 않은 것으로 나타났다. 정책 전문가들은 이를 위험 요인이 해소되지 않은 가운데 일어난 편익-위험거래의 문제점 때문이라고 지적한다. 부안 사례에서 우리가 주목했던 '불안'의 정치성 · 경제성은 경제적 지원(보상)으로 해결될 수 없는 것이었다. 불안의 정치성 · 경제성이 경제 논리에 왜곡되었다고 해석한 것이다. 부안과 경주 사례에서 TV 뉴스는 방폐장 건설과 관련해 갈등 문제, 지역 발전 문제, 에너지 문제 등에 관해 다양한 미디어 프레임을 생산했지만, 원인 규명이 될 수 있는 과학기술 위험 문제에서 초점을 잃었다. 특히 4기 위험담론이 활성화될 수 있는 결정적인 시점에서는 기존 원자력 경제담론에 동조하면서 위험담론을 외면하는 모습을 보였다.

무엇보다 중요한 것은 바람직한 위험 커뮤니케이션을 위한 미디어 역할의 필요성이다. 앞서 살펴봤듯이 방폐장 보도와 관련해 TV 언론 미디어는 사회적 갈등과 대립에만 주목했다. 또 방폐장 지역 주민의 위험 수용 과정을 '임피'의 시각에서 언론사 특유의 경마 중계식으로 보도하기도 했다. 더불어 '불안'의 정치적 정파성에서 촉발된 위험담론이 소통되는 과정을 규범을 벗어난 사회적 일탈로 이해한다. 지금까지 원자력 안전담론과 위험담론을 TV 뉴스 미디어가 어떻게 미디어 담론화하는지 살펴봤다. 중요한 것은 앞으로 과학기술 위험과 관련한 건전한 공공담론을 구축하는 위험 커뮤니케이션을 할 때, 미디어가 위험 소통을 위해 어떤 역할을 담당해야 하는지 확인하고 이를 발전시켜 나가야 하는 것이다.

6. 결론

코로나 바이러스나 후쿠시마 원전 사태와 같은 과학기술 재난을 겪으면서 우리는 과학기술의 양면성을 어떻게 위험 저널리즘 · 커뮤니케이션을 통해 다뤄야 할지 고민하게 된다. 21세기 과학기술의 성과인 원자력, GMO, 나노 기술에 대해 전문가들은 '안전'하다고 설명한다. 그러나 시민들은 '만에 하나'의 위험에 불안감을 느낀다. 심지어 후쿠시마 원전이 한반도에 미칠 영향과 관련한 보도에 나타나듯 사회 저변에는 과학자와 정부에 대한 불신 풍조가 깔려 있다.

미국 과학계의 '정치적 엘리티시즘(Political Elitism)'과 '사회를 위한 과학'의 역사적 대결에서도 보듯 과학의 독자성도 중요하고 과학의 사회적 책무 요구도 존중되어야 한다. 하지만 21세기 불확실성이 오히려 정체성이 되어 버린 과학기술계는 이제 위험 커뮤니케이션에 더욱 주력하고 시민의 과학 참여를 확대해야 한다. 과학기술은 21세기 지속 가능한 발전을 위해서 꼭 필요한 조건이기 때문이다.

울리히 벡이 언급한 제2의 근대성처럼 현대사회에서 위험에 대한 사회적 분쟁은 위험의 사회적 합리성을 주장하는 세력과 위험의 과학적 합리성을 추구하는 세력 간 위험을 둘러싼 인식의 차이에서 출발한다. 위험을 확률로만 설명하지 말고 신뢰를 바탕으로 한 소통의 채널로 만들어야 한다. 21세기의 지속적 발전을 위해서는 무엇보다 위험에 대한 사회적 면역력을 증대시켜 위험 지수를 낮춰야 한다. 이를 위해 위험을 둘러싼 다양한 담론이 공론장에서 경쟁할 수 있도록 미디어는 소통의 중재자 역할을 충실히 담당해야 한다.

그러나 이 장에서 논의한 바와 같이 한국의 언론, 특히 TV 뉴스는 과학기술 위험 소통의 채널 역할을 하고 있지 않다. 도리어 위험 커뮤니케이션의 소통을 저해하는 결과를 초래했다. 사회적 갈등과 대립에만 주목하고, 방폐장 지역 주민의 위험 수용 과정을 '임피'의 시각에서 언론 특유의 경마 중계식으로 보도하기도 했다. 또 '불안'의 정치적 정파성에서 촉발된 위험담론의 소통 과정을 사회적 일탈로 이해하는 것으로 나타났다.

위험사회에서 미디어는 '사회적 합의'를 위한 여론 창구의 역할을 충실히 해야 한다. 그러나 방폐장 보도에서 보듯이 국내 TV 뉴스 미디어가 원자력 안전 · 위험담론을 어떻게 미디어 담론으로 구축해 위험 커뮤니케이션을 저해하는지 확인할 수 있었다. 현대사회의 위해를 우리가 감내하고 피할 수 있는 위험으로 전환하는 위험의 소통을 위해서는, 다양한 주체들이 과학기술의 발전을 둘러싼 '정치적 결정' 과정에 참여하는 위험 커뮤니케이션이 필요하다. 이를 위해서는 공공담론의 주요한 축을 담당하는 언론 미디어가 제 역할을 해야 한다.

이는 위해 감소를 위해 이해 당사자들이 '위험' 결정에 참여하는 것을 의미하며, '위험'에 대한 정치적 결정(또는 거시적 의미에서 사회적 합의 또는 타협)이 바로 '위해'를 회피하는 위험 커뮤니케이션의 바탕이 됨을 뜻한다. 과학기술 위험과 관련한 공공담론을 구축하기 위해서는 미디어는 위험 소통의 매개자 역할을 제대로 수행해야 한다. 그리고 이러한 위험사회의 위험 커뮤니케이션은 우리 사회가 숙의 민주주의로 나아가는 길이기도 하다.

제9장

디지털 플랫폼 시대의 과학 저널리스트 재교육*

1. 서론

한국의 뉴스 미디어 환경이 급변하고 있다. 디지털 기술시대가 도래하면서 2011년 하반기부터 신문과 방송의 겸업 허용에 따른 종합편성채널(이하 종편)과 제2의 뉴스 전문 채널이 등장해 언론계가 구조적 · 인력적 측면에서 융합(convergence)이라는 큰 틀로 편입되고 있다. 기존 방송 인력이 종편에 흡수되면서 이에 따른 기존 네트워크의 공백이 생기고, 신문기자가 방송사로 이직하는 등 저널리스트들의 대규모 이동이 가시화되고 있기 때문이다. 특히 앞에서도 논의했듯이 청소년들이 과학 관련 정보를 습득하는 채널로 유튜브와 소셜 미디어를 주로 사용하고 있다는 점에서 과학기술 분야는 다른 영역에 비해 뉴미디어의 영향력을 크게 받고 있다고 할 수 있다. 다른 나

* 이 글은 ≪신문과 방송≫ 미디어 포럼란에 게재된 「소셜미디어 시대 언론인 재교육 실태」(2012.1)를 대폭 발전시킨 것이다.

라와 달리 우리나라는 네이버와 카카오 등 포털로 알려진 디지털 플랫폼들의 역할이 미디어 시장에 큰 영향을 미치고 있기도 하다. 디지털 플랫폼은 검색엔진(구글, 네이버), 스마트폰, 소셜 미디어 그리고 OTT 서비스는 물론, 2020년대 초에 인기를 끌고 있는 메타버스(metaverse) 등을 포함하는 개념으로, 해당 플랫폼을 이용해서 새로운 프로그램을 개발하거나 정보 교류와 같은 상호 간 네트워크를 확장할 수 있는 체제를 의미한다. 특히 메타버스는 차세대 디지털 플랫폼으로 각광받고 있다(Jin, 2021; Kim, 2021). 메타버스가 소셜 미디어, 온라인 게임, 증강현실(AR), 가상현실(VR) 그리고 암호화폐까지의 여러 특징들을 한데 어우르는 인터넷 플랫폼으로, 사용자들이 가상적으로 상호 교류할 수 있기 때문이다(Kim, 2021).

새로운 언론 환경의 등장은 방송기자 · 신문기자와 방송 PD에게 새로운 기회를 제공한다. 하지만 뉴미디어와 종편이 등장하면서 전문지식을 습득하기 위한 재교육이 필요해졌다. 신문기자에서 방송기자로 전업하는 언론인은 물론, 기존의 네트워크나 케이블에서 종편으로 이동하는 기자와 PD, 그리고 신문사에 남아 있는 기자에게도 변화된 환경에 걸맞은 재교육이 필수이다. 유튜브를 통해 많은 정보가 전달되고 있기 때문에 지상파 방송은 물론 신문들도 유튜브 채널을 만들어 운영하고 있어, 이에 대한 대비도 절실한 실정이다. 새로운 언론 환경에서 요구되는 언론인의 역할에 대한 재고 역시 중요한 문제로 등장하고 있는 것이다. 변화하는 환경에 맞도록 언론인 재교육을 통한 언론 전문직업가주의와 윤리의식 배양 등도 중요한 과제라는 점을 다시 한번 강조하고 싶다.

그러나 국내의 언론 환경은 현직 기자나 PD들의 재교육과는 거리가 멀다. 새로운 형태의 뉴미디어 등장으로 중견 저널리스트에게 제공되는 재교육의 기회가 수적으로나 양적으로 극히 부족하다. 저널리스트에 대한 재교육은 한국 언론 현실에서 제한적이었으며, 최근에는 그 필요성에도 불구하고 재교육에 관심을 가질 수 있는 여력이 없어졌다. 언론사가 수습기자들에 대한 교육 이외에 체계적인 재교육 프로그램을 운영할 만한 여유가 없었으며, 있었다고 해도 만족도가 극히 낮았다.

무엇보다 최근 페이스북이나 유튜브 등 소셜 미디어와 공유 플랫폼을 포함하는 디지털 플랫폼의 등장과 확산은 현직 저널리스트로 하여금 새로운 환경에 적응할 재교육을 절실하게 요구하고 있는데도, 현실적인 여건 때문에 충분한 재교육이 이루어지지 못하고 있다. 다행히 재교육을 한다고 해도 실습 기회 부족, 협업기관과의 연계 부족, 뉴미디어 환경에 필요한 새로운 교육 내용 부재 등으로, 그 실효성이 크지 않다. 따라서 새로운 환경에 적응하면서 저널리즘 본연의 사명을 지켜내기 위한 재교육 문제가 어느 때보다 중요하다.

현재 국내 언론인의 재교육은 크게 나누어 신문기자, 방송기자, PD 그리고 방송작가를 대상으로 한 국내외 장단기 연수와 일부 국내 대학의 전문대학원 프로그램이 사실상 전부라고 할 수 있다. 물론 일부 방송사와 언론재단, PD 협회 등에서 시행하는 전문 언론인 재교육 코스가 있으나, 인원이나 교육 효과에서 보면 현직 저널리스트를 대상으로 하는 재교육과는 아직 거리가 멀다.

이 장에서는 디지털 플랫폼 시대, 글로벌 미디어 시대를 지향하는 국내 저널리스트의 재교육 문제를 심층적으로 진단하고 이에 대한 대안을 제시하려고 한다. 특히 저널리스트의 재교육 문제를 주로 담당하는 국내외 전문대학원의 커리큘럼을 분석하여 언론인 재교육 프로그램이 효과적인지를 중점적으로 논의했다. 국내 (전문)대학원들이 언론인 재교육을 제공하면서 적절한 이론과 실무지식 획득 기회를 부여했는지, 현직 언론사들과 연계를 제대로 구축했는지, 국제적 마인드를 갖춘 저널리스트를 배출하는 소명을 달성하고 있는지에 대한 담론을 전개했다. 마지막으로, 전문대학원의 커리큘럼이 중견 언론인들로 하여금 콘텐츠 제작 등까지 요구하는 교육과정을 도입하는 것이 바람직한지에 대한 담론을 담았다.

2. 과학 저널리즘 재교육의 인식

21세기 초반, 국내 저널리즘 재교육이 중요시되는 것은 블로그와 소셜 네트워크 사이트가 등장하면서 웹 2.0 기술이 나오고, 이에 따라 언론계의 풍토가 달라지고 있기 때문이다. 1990년대 말 이후 본격적으로 등장한 디지털 기술에 대한 적응이 끝나갈 무렵, 새로 등장한 웹 2.0 기술시대는 저널리스트의 작업 환경을 크게 바꾸어놓고 있다. 예를 들어 신문기자들이 현장에서 촬영한 비디오를 신문사의 온라인판에서 그대로 송출하면서, 속보 및 비주얼 이미지 경쟁에서 더 이상 독점 구도를 형성하지 못하고 있다(Thornton and Keith, 2009). 또 과학 · 경제 · 문화 분야 등의 전문가들이 자신의 블로그를 개설해 시청자들과 직접 소통에 나서면서 방송 저널리스트의 입지가 점차 좁아지고 있다(Brumfiel, 2009).

국내 언론 환경은 이미 1990년 이후, 주력 매체 이외에도 인터넷을 통한 기사 서비스를 일반화하는 등 다기능 전문가를 요구하고 있다(신두식, 2010). 국내외 저널리즘 환경은 디지털 기술의 영향에 따라 상호작용하는 커뮤니케이션, 즉 뉴스의 생산자인 방송기자, 신문기자, PD와 소비자인 일반 시민이 쌍방향으로 소통하는 단계에 접어들 것으로 전망됐다(김주환, 2000). 그러나 최근 웹 2.0 기술시대에 등장한 저널리즘의 형태는 이와는 다른 형태로 나타나고 있다. 수동적인 청중에게 저널리스트가 정보를 일방적으로 전달해 주던 형태에서, 디지털 미디어가 등장하면서는 쌍방향으로 의사소통을 단행하려 했다(Schäfer, 2009). 반면 소셜 미디어 시대에는 정보 채널 독점이 아닌 개방형 구조를 형성해야 하며, 경제 · 과학 · 문화 전반에 걸쳐 청중과 교류하는 단계로 진화하고 있다(Schäfer, 2009). 따라서 이에 적절히 대처할 수 있는 능력을 키워야 한다.

또 초기 디지털 미디어 시대와 달리, 최근에는 과학기술 · 문화 분야의 전문가들이 블로그나 유튜브를 통해 직접 청중과 연계를 도모하고 있다. 또 청중도 기존의 방송, 신문 대신 디지털 플랫폼에 뉴스 정보를 의존한다는 측면에서 많은 변화가 있다고 할 수 있다. 이러한 새로운 상황이 발생한 것은 방송과 신문 저널리스트가 전문지식 부족과 잦은 오보 등으로 신뢰를 잃었기 때문이기도 하다. 언론에 대한 신뢰를 잃은 청중과 전문가들이 소셜 미디어 등 디지털 플랫폼을 이용해 자신들의 과학적 발견이나 경제적 측면의 의견, 문화 안내 등을 단행함으로써 저널리즘 환경이 크게 바뀌고 있는 것이다.

언론 환경이 급변하면서 저널리스트들의 재교육이 필요한 이유는 크게 세 가지 측면에서 강조된다. 첫째는 디지털 플랫폼 시대 기술 · 문화 변화에 맞는 이론과 실무교육을 실시할 필요성이다. 둘째는 무엇보다 변화하는 환경이 저널리스트의 전문직업가주의에 어떤 영향을 미치는지 간파하고, 적절하게 대처하여 저널리스트 본연의 임무를 수행하는 전문직업가주의를 유지 · 고양해야 하기 때문이다(Macdonald, 2006; Carpenter, 1999). 신문과 방송의 융합과 탈규제, 소셜 미디어의 등장, 미디어 회사들의 다국적화가 진행되면서 저널리스트의 자질이 저하되고 있다는 주장이 계속되고 있다. 이러한 상황에서 전문가로서 저널리스트가 독자와 시청자에게 어떤 모습으로 다가가야 하는지 다시 한번 고려해야 한다(Macdonald, 2006: 746).

미국 저널리즘 스쿨은 전문직업가주의를 수행하자는 데서 시작되었다. 따라서 언론 (전문)대학원의 주요 목적 역시 언론의 전문직업가주의에 기인해야 하며, 이러한 정신을 발전시켜야 한다. 전문직업가주의와 관련해서는 기업의 지배로부터 자유로운 소양을 기르고 철저한 윤리의식을 배양한다는 점 이외에, 급변하는 언론 환경에서 중요한 점은 정보를 어떻게 생각하느냐 하는 좀 더 개념적인 접근이라고 하겠다(Aldridge and Evetts, 2003). 기존의 언론인 교육과 재교육은 청중을 수동적이고 종속적인 존재로 취급한 것이 사실이다. 언론인이 정보를 독점 내지는 선점하고 있으며, 따라서 이들 정보를 관리할 수 있다는 측면에서 이루어진 행태로 볼 수 있다. 그러나 최근 들어서는 이러한 정보 독점과 관련된 전문직업가주의의 의식 전환이 필요하다. 청중은 이미 소셜 미디어를 통해 필요한 정보를 얻고 있으며, 이들의 정보가 때로는 더욱 정확하고 신속하기 때문이다. 따라서 언론인이 어떻게 정보를 독점하고 관리해야 하는가를 교육할 것이 아니라, 어떻게 정보화된 청중과 함께 정보를 공유하고 소통하는가를 교육해야 한다는 것이다(진달용, 2010). 마지막으로, 언론인 재교육은 언론 환경의 변화뿐만 아니라 사회 전체의 변화 속에서 자칫 소홀하기 쉬운 언론 윤리관을 형성하기 위해 필요하다고 할 수 있다(Lambeth, Cristians and Cole, 1994).

이 장에서는 변화하는 환경에 가장 빠르게 대처해야 하는 과학기술 분야 저널리스트의 교육을 담당하는 일부 선진국의 과학 저널리즘 대학원 교과과정(〈표 9-1〉~〈표 9-5〉 참조)을 비교했다. 예를 들어 캐나다의 브리티시 컬럼비아대학교(University of British Columbia: UBC, 〈표 9-2〉 참조), 영국의 임피리얼 대학교(Imperial College, 〈표 9-3〉, 〈표 9-4〉 참조), 미국 캘리포니아 주립대학교 버클리 캠퍼스(University of California at Berkeley, 〈표 9-5〉 참조) 등이다. 과학 저널리즘·커뮤니케이션 분야의 비교 연구를 통해, 과연 방송기자와

PD, 신문기자가 새로운 환경에 걸맞은 커리큘럼으로 재교육을 받고 있는지를 중점적으로 고찰했다(Valenti and Tavana, 2005). 이러한 시도는 전체적으로 저널리스트를 위한 재교육이 어떤 방향으로 진행되어야 하는지에 대한 해답을 찾는 지름길이 될 수 있으므로 유용하다.

구체적으로 해당 학교의 홈페이지에 있는 교과목을 대상으로 이들이 어떤 내용을 담고 있는지 살펴보면서 각 과목의 특징을 비교했다. 더불어 필자가 2009년 11월 카이스트에 과학 저널리즘을 설립할 당시부터 2011년 8월까지 과학 저널리즘 대학원 교수로 참여하면서 겪은 경험을 바탕으로 한 참여관찰 연구방법을 설문조사에 연계했다. 이를 통해 좀 더 현장 중심적 경험과 목소리를 살려 전문대학원 교육의 현주소를 파악하고, 이에 따른 대안을 제공했다(진달용, 2011). 저널리즘 교육의 이해를 위한 참여 관찰이 내부자의 목소리를 제대로 전달하고, 조사 대상자의 정서적인 측면까지 담아낼 수 있다는 점에서는 긍정적인 요소가 있다. 그러나 더욱 객관적이고 체계적인 담론을 담아내기 위해서는 심층 인터뷰 등을 병행하는 것이 바람직하다(Cole and Mullins, 1976).

3. 과학 저널리즘 대학원 커리큘럼 국제 비교

2010년 봄 학기부터 운영되고 있는 카이스트 과학 저널리즘의 커리큘럼은 과학기술 분야의 이론 위주로 되어 있다. 과학 저널리즘의 탄생은 처음부터 현직 과학기술 분야를 취재하는 방송기자, PD, 신문기자를 주요 교육 대상으로 선정했으며, 실기 위주의 제작보다는 이론 분야에 초점을 맞추었다. 과학기술 분야를 취재하는 PD와 기자가 급변하는 과학기술 환경에 적응하지 못해 잘못된 정보를 전달하거나, 과학 분야에 대한 전문지식이 없어 새로 발견되는 과학기술 지식을 검증할 능력이 없다는 것을 감안해 이들에게 전문지식을 교육시킨다는 데 그 취지가 있었다. 황우석 사태나 광우병 파동, 천안함 사태에 이르기까지, 방송과 신문이 적절한 정보를 제대로 제공하지 못했거나 잘못된 정보를 여과 없이 전달했던 것에 비추어, 해당 분야의 전문지식을 제공해 실추된 전문직업가주의 정신을 회복하자는 데 큰 목적이 있었다(Macdonald, 2006). 실제로 카이스트 과학 저널리즘 대학원의 교과목은 국내 여타 대학의 특수대학원과 차이가 있다. 저널리즘 분야는 과학 저널리즘 이론과 과학 저널리즘 방법론만을 기초과목으로 한다. 그리고 나머지 필수과목이 모두 과학 분야 과목[바이오테크놀로지, 나노 테크놀로지, EEWS(Energy, Environment, Water, Sustainability)], 컨버전스 테크놀로지, 정보통신 테크놀로지 등으로 구성되어 있다.

과학 저널리즘 대학원은 지속적으로 시대에 맞는 교과목을 개발 첨가했으며, 미래학 분야 역시 포함시켰다. 학생들은 따라서 2021년 가을 학기 현재, 과학 저널리즘 이론, 과학기술 정책과 의료 보건 저널리즘, 디자인 경영과 지식재산권, 그리고 복잡계 네트워크 이론 등 각자 필요한 분야의 교과목을 선택할 수 있다(〈표 9-1〉 참조). 실습보다 이론 위주 교육에 치중하고 있는 특징을 보이고 있다. 현직 방송기자들과 PD들은 뉴미디어 저널리즘, 문화기술 등의 과목을 통해 최근 언론계에서 확대되고 있는 소셜 미디어를 비롯한 디지털 플랫폼에 대한 대응 방안을 공부할 수 있으나, 이들 과목 역시 실습보다 이론 위주로 편성되어 있다. 서면 인터뷰에 참여한 많은 학생이 이에 대해 "처음부터 해당 분야의 전문지식을 배양하기 위해 카이스트 대학원을 선택했으며, 뉴미디어 환경에 따른 방송제작과 운영 등을 염두에 두고 있지 않다"라고 밝혔다. 최소한 카이스트 과학 저널리즘 대학원생들은 실습을 기

표 9-1 KAIST 과학 저널리즘 대학원 교과과정(2021년 가을 학기 현재)

교과목명	강의 개요
정보기술 전략(Information Technology Strategy)	정보기술 발전과 정책
환경기술 전략(Environmental Technology Strategy)	환경 정책과 국제협력, 환경기술 개발이론
바이오 기술 전략(Bio Technology Strategy)	바이오 기술 발전과 신기술 이해
나노 기술 전략(Nano Technology Strategy)	나노 기술 이론과 발전 과정
융합 기술 전략(Convergence Technology Strategy)	융합 기술에 대한 발전 방향과 정책 방향을 모색
과학 저널리즘 이론	과학 저널리즘 이해, 저널리즘 일반 이론
과학 저널리즘 연구방법론 및 실습	저널리즘 연구방법론, 과학기술 연구방법론
미래학과 미래 예측	미래학 개론, 미래 예측 방법론
리더십 & Communication Ⅰ	성공적인 사회 활동을 위하여 리더십의 기본과 사례
리더십 & Communication Ⅱ	성공적인 사회 활동을 위하여 리더십의 기본과 사례
글로벌 이슈: 식량, 생명, 질병	인류 당면 과제 이론과 이해
과학기술 정책	과학기술의 발전이 공공 정책에 미치는 영향
복잡계 네트워크 이론	복잡계 네트워크의 이론 습득
기술 마케팅 & 오픈 이노베이션	기술 거래와 오픈 이노베이션을 소개 및 토론
현대 과학기술과 문명	20세기, 21세기 과학사와 문명의 연계
환경 저널리즘과 정책	환경 정책 발전사, 미국의 환경주의 및 정책의 역사적 흐름과 현황
금융공학	금융공학의 개념에 대한 이해를 증진, 기능 및 활용
메디컬 저널리즘 & 정책	보건의료 정책을 이해하고 분석 방법을 습득
정보 미디어 산업론	정보 미디어의 산업적 측면, 정보 미디어 산업과 문화 산업의 연계성
미래 예측 및 기획	미래 사회 변화 예측 방법론 소개
문화 기술 콘텐츠	문화 콘텐츠 기술 정책과 이론
소셜 미디어	소셜 미디어의 이해와 응용
지식재산개론	지식재산 경영 지식을 MBA 방식의 시뮬레이션을 통해 습득
브랜드 및 디자인 경영	고객의 만족과 경쟁력을 높일 수 있는 방법론
사회인지 신경과학	대중 인지 및 행동에 미디어가 미치는 역할
미래전략	미래 사회 변화 예측, 지구와 인류의 현안 조명
위험 커뮤니케이션	과학기술에 의해 만들어지고 인지되는 다양한 위험 논의
이노베이션 경영전략	지식 자본의 창출과 지식재산권을 통한 권리화 및 사업화
논문 연구(석사)	논문 작성을 위한 연구 교과목
개별 연구(석사)	개별 연구를 위한 연구 교과목

자료: KAIST 과학저널리즘 대학원(2021).

대하거나 요구하고 있지 않다.

한편 카이스트 과학 저널리즘 대학원의 교과과정과 달리 미국과 영국, 캐나다의 전문대학원 저널리즘 프로그램은 이론과 제작을 동시에 교육하는 체제로 운영되며, 이론 위주의 국내 대학원과는 많은 차이가 있다. 먼저 캐나다 UBC의 저널리즘 대학원은 전체 15개 과목이 학과 내에 주요 과목으로 개설되어 있다(〈표 9-2〉 참조). 카이스트 대학원과는 달리 UBC 대학원은 일부 과목을 제외하고는 신문기사 작성, 고급 비디오 리포팅, 저널리즘 실행과 표준 등의 교과목을 수강해야 한다는 점에서 큰 차이를 보인다. 예를 들어 고급 비디오 리포팅의 경우 학생들은 텔레비전 리포팅과 저널리즘 실무와 연계된 필름 기술과 편집 기술 등을 배우게 되어 있다. 이 과목의 주요 목적이 "학생들이 방송기자와 PD로서 전문 작업 환경에 잘 적응할 수 있도록 한다"라고 한 대목에서 알 수 있듯이, 무엇보다 방송 저널리즘을 준비하는 학생들을 위한 실무 중심의 과목이라고 할 수 있다.

국내 대학과 비교해서 또 하나 눈길을 끄는 것은 미디어 윤리, 법과 관련된 과목들이다. 미디어 윤리와 리더십, 미디어 법 등이 해당 과목들이다. 미디어 윤리와 리더십은 저널리즘 환경이 급변하면서 제기되는 윤리적 문제들을 집중 조명한다. 기존에는 지역 위주이고, 일방적인 '톱-다운' 방식이었던 저널리즘 실무 환경이, 글로벌화가 진행되고 인터넷 · 소셜 미디어 같은 쌍방 통행의 뉴미디어(interactive new media)가 등장하면서 나타나는 현상이다. 졸업 시에 8000자가량의 논문을 써서 제출하는 것으로 학위를 마무리한다는 점은 카이스트와 별반 다르지 않다. 이들을 종합해 보면 UBC 전문대학원은 현직 및 예비 방송기자 · 신문기자 · PD를 위해 이들의 전문적 지식은 물론, 이들에 대한 (재)실무교육과 뉴미디어 환경에 필요한 윤리 · 법 교육을 함께 한다는 점이 특징이다.

표 9-2 **브리티시 컬럼비아대학교(UBC) 저널리즘 대학원의 수업**

고급 비디오 리포팅 (Advanced Video Reporting)	학생들을 실무 환경에 적응시키기 위해 텔레비전 보도와 촬영 기술 습득
예술과 문화 저널리즘 (Arts & Culture Journalism)	예술 분야 보도에 필요한 지식과 기법 습득
과학 · 환경 · 보건 저널리즘 개인지도 (Directed Studies in Science, Environment & Health Journalism)	과학 환경, 그리고 보건 분야를 사회 · 정치 · 경제 등 제반 사회구조 내에서 해석할 수 있는 능력을 고취. 교수와 학생 간 개인지도 수업으로 저널리즘 분야에서 최고 수준의 문헌 연구 및 지도
신문기사 작성 (Feature Writing)	세미나 형태의 수업으로 학생들이 글쓰기 프로젝트를 통해 신문기사 작성 연습
통합 저널리즘 (Integrated Journalism)	저널리즘 현장에서 필요한 정확성, 데드라인, 저널리즘 스타일의 핵심요소 습득
국제보도 (International Reporting)	국제뉴스 보도에서 독특한 형태를 발전시키는 것으로 일주일간 외국 여행을 통해 얻은 자료를 가지고 보도 작성
탐사 저널리즘 (Investigative Journalism)	탐사보도에 필요한 비판적인 사고, 문헌 평가, 정확성과 문맥을 파악할 수 있는 교육 실시
저널리즘 실행과 표준 (Journalism Practices and Standards)	저널리즘 기술을 익히는 실습수업으로, 이야기를 인지하고, 조사하는 방법부터 질문 방법과 정보의 진실 여부를 가릴 수 있는 안목 확대가 중점
프로젝트: 고급 미디어 법 실례 (Innocence Project: Topics in Advanced Criminal Evidence–Preventing Wrongful Convictions)	저널리즘 학생들로 하여금 그들의 탐사보도 기술을 잘못된 판례에 적용해 실습해 볼 수 있는 기회 부여
미디어 윤리와 리더십 (Media Ethics and Leadership)	학생들이 저널리즘을 실습할 때 윤리적 프레임워크를 발전시킬 수 있도록 교육. 핵심적인 요소는 국제뉴스와 인터액티브 미디어로 변화하는 현재의 상황에 맞는 윤리적 요소를 확인하고 실행할 수 있도록 함
미디어 법 (Media Law)	명예훼손, 출판, 프라이버시, 지적재산권, 표현의 자유 등 저널리즘 실행에 필요한 법적 요소들을 연구하며, 법률이 온라인 미디어와 블로그, 시민 저널리즘에 미치는 영향을 토론
미디어와 사회 (Media and Society)	언론기관과 사회의 관계를 연구하는 과목으로, 미디어 이론, 윤리, 기술과 대표성 등을 역사적인 관점에서 수업
원주민 커뮤니티 보도 (Reporting in Indigenous Communities)	캐나다 브리티시 컬럼비아의 남부 지역에 거주하는 원주민 사회를 연구하고 보도. 학생들은 캐나다 원주민들의 문화와 역사를 배우고 미디어가 이들 원주민을 어떻게 투영하는가를 연구

과학 환경 저널리즘 특별 주제 (Special Topics in Science and Environment Journalism)	학생들에게 과학과 환경 저널리즘의 이론과 실행을 배울 수 있는 기회를 부여하며, 학생들은 과학 뉴스를 어떻게 발견하고 보도하는지 등을 집중적으로 논의
논문 프로젝트 (Thesis Project)	논문 프로젝트로 장기간에 걸쳐서 엄격한 학문적, 그리고 저널리즘적 관점에서 연구를 수행하는 방법과 이를 논문으로 작성하는 과정

영국 임피리얼대학의 경우 프로그램을 이론 트랙과 실습 트랙으로 나누어 운영하고 있다. 대부분의 나라는 전문대학원 프로그램 내에서 일부는 이론, 일부는 실습 위주로 구성되어 있는 데 반해, 이곳은 아예 처음부터 두 트랙으로 나누어 학생 교육을 단행하는 것이 특징이다.

물론 양대 트랙 모두가 기본적인 교과과목을 공유하고 있다. 학생들은 여러 개의 모듈(module)로 구성된 공통 필수과목을 수강하게 되어 있다. 이론 트랙의 주요 과목으로는 '과학과 사회적 문맥', '과학의 미디어 대표성'을 수강해야 한다. 학생들은 또 핵심 실습과목으로 '인터뷰와 리포팅', '뉴스와 신문기사 작성'을 배워야 한다. 인터뷰와 리포팅의 경우 주로 방송 분야에서 사용되는 기술인 디렉팅, 카메라 작동법, 비주얼 조합 등을 배우게 된다. 이들 공통과목 이외에 이론을 위주로 공부하고 싶은 학생은 다큐멘터리, 윤리, 국제 과학 정책 등을 수강하게 되며 '과학과 웹' 과목은 뉴 디지털 미디어 시대에 컴퓨터 매개 커뮤니케이션(Computer-mediated Communication)의 중요성을 공부한다. 한편 실무 과목으로는 웹사이트 디자인, 텔레비전 실무 등을 수강한다.

임피리얼대학의 프로덕션 트랙에서는 이론 트랙에서 일부 중복되는 이론 과목과 실무 과목 이외에 본격적으로 방송제작, 필름제작 등의 과정을 공부한다는 점에서 차이가 있다. '라디오 음향, 사인, 의미', '다큐멘터리 프로덕션', '제작 프로젝트' 등을 수강한다(〈표 9-4〉 참조). 제작 프로젝트의 경우 학

표 9-3 **임피리얼대학의 과학 커뮤니케이션(Science Communication)**

1학기(Term 1): 가을 학기	
과학과 사회적 문맥 (Science and its social contexts)	인문학과 사회과학에 역사적, 그리고 최신 문헌을 연구함으로써 학생들이 과학과 이들의 사회적 문맥에 대해 연구
과학의 미디어 대표성 (The media representation of science)	문화연구와 미디어 연구에서의 문헌을 토대로, 미디어 텍스트가 어떻게 문맥화되는지를 연구
핵심 실습: 인터뷰와 리포팅(Core practical: interviewing and reporting)	커뮤니케이션 기초실습으로, 텔레비전에 있어 학생들이 여러 가지 장르를 통해 과학을 보도하는 방법을 실습
2학기(Term 2): 봄 학기	
핵심 실습: 뉴스와 신문기사 작성(Core practical: news and feature writing)	프린트 미디어에 초점을 맞추어, 학생들이 간단한 뉴스 기사를 작성하는 방법을 배우고 실습
핵심 그룹 프로젝트 (Creative group project)	소규모 단위의 그룹 프로젝트로, 학생들이 이론 수업으로 배운 지식을 현장에서 사용할 수 있는 기법을 논의
선택(Academic options)	
다큐멘터리 (Documentary)	대표적인 다큐멘터리 영화를 통해 법적 · 정치적 · 철학적 · 윤리적 문맥을 찾아낼 수 있도록 하는 수업
윤리 (Ethics)	사례연구 등을 통해 과학 커뮤니케이션에서 발생하는 윤리적 문제를 어떻게 다루는가에 대해 이론적 · 실습적 연구
국제 과학 정책 (International science policy)	미국과 영국 등 선진국에서 커뮤니케이션과 과학, 그리고 정책결정 사이의 관계를 조망
내러티브 (Narrative)	스토리텔링이 커뮤니케이션의 핵심이라는 전제하에, 어떻게 이야기를 구성하고, 전달하는지를 연습. 특히 학생들 자신의 내러티브 기사 작성을 위해 필요한 이론을 연구
과학과 전시 (Science and display)	비주얼 미디어에서 의미 형상을 둘러싼 이슈들을 연구
과학과 웹 (Science and the Web)	뉴미디어의 중요성을 감안, 컴퓨터 매개 커뮤니케이션에서의 파워 역학관계를 연구
라디오에서의 음향, 사인, 의미 (Sounds, signs and meanings in radio)	라디오의 역사부터 라디오의 음향과 사인의 의미가 어떻게 발전되었는가를 연구
3학기(Term 3): 여름 학기	
논문 (Dissertation)	학생들은 1만 자 이내의 졸업논문을 작성
실무 선택과목(Practical options)	
전시 (Exhibitions)	학생들은 구체적인 전시 제안서를 만들어서 실제로 전시하는 과정을 통해 전시기법 등을 습득

웹사이트 디자인 (Website Design)	학생들이 실습을 통해 웹사이트를 만들 수 있도록 함
프린트 (Print)	학생들이 데드라인에 맞추어 신문기사를 작성하고 피드백을 받음으로써, 기사 작성 능력 향상
라디오 (Radio)	라디오 인터뷰와 오디오 프로덕션 실습
텔레비전 (Television)	소규모 프로젝트로 학생들이 10분 정도 분량의 다큐멘터리 필름을 제작 · 편집
여름 기간 인턴 실습 (Summer period)	여름 동안, 학생들이 논문 작성을 완성하고 인턴 등으로 4~6주 동안 언론기관에서 실습
인턴 (Work placement)	4~6주 동안 과학 커뮤니케이션 관련 기관에서 실습하면서 경험을 쌓고, 학기 동안 배운 지식을 실전에서 활용

표 9-4 **임피리얼대학의 과학 미디어 프로덕션(Science media production)**

1학기(Term 1)	
과학과 사회적 맥락 (Science and its social contexts)	과학과 과학이 세상에서 차지하는 위치를 둘러싼 논쟁에 대해 토론하고 연구
영화기초론 (Introduction to film form)	학생들에게 영화 형태와 내러티브의 다양한 형태를 소개
핵심 실습: 인터뷰와 리포팅(Core practical: interviewing and reporting)	방송 미디어 실습으로, 학생들이 연출기법, 카메라 작동 등에 대해 실습
2학기(Term 2)	
다큐멘터리 (Documentary)	역사적인 다큐멘터리 필름 감상 및 토론을 통해 비디오 읽기에 대한 비판적 시각을 증대
내러티브 (Narrative)	학생들의 내러티브 기사 작성을 돕기 위한 내러티브 이론에 관한 주요 개념 소개
라디오 음향, 사인, 의미 (Sound, sign, meaning in radio)	라디오의 역사부터 라디오의 음향과 사인의 의미가 어떻게 발전되었는가를 연구
라디오 제작론 (Radio production)	라디오 제작, 프레젠테이션과 기초 저널리즘 소개
다큐멘터리 제작 (Documentary production)	소규모 그룹으로 나누어 학생들이 다큐멘터리 필름의 인지, 연구, 제작 및 편집 실습
제3학기 여름 기간 (Term 3 and summer period)	여름 학기는 2일간의 시험기간을 시작으로, 4주간 인턴 실습으로 구성됨. 학년도의 나머지는 최종 프로덕션 프로젝트로 구성

인턴(텔레비전 또는 라디오) [Work placement(television or radio)]	인턴은 학생들로 하여금 실제 방송 분야의 과학 커뮤니케이션을 경험할 수 있도록 함
제작 프로젝트 (Production project)	학생들로 하여금 텔레비전이나 라디오 다큐멘터리를 위한 자신들의 아이디어에 근거한 그들 자신의 프로그램을 제작 · 편집할 수 있는 기회 제공

생들은 텔레비전과 라디오 다큐멘터리를 위한 그들 자신의 아이디어에 근거해 프로그램을 제작해야 한다. 이때 프로그램 제작에 따르는 전체 과정(조사, 원고 제작, 촬영, 편집)을 학생들이 완수해야 한다.

미국 캘리포니아 주립대학 버클리 캠퍼스의 프로그램도 실습 위주의 교과과정으로 편성되어 있다는 점에서 국내 대학들과 큰 차이를 보인다. 해당 프로그램의 교과목들은 '뉴스 리포팅', '멀티미디어 개론', '고급 과학 글쓰기 워크숍' 등이 실무 위주의 과목이다(〈표 9-5〉 참조). 이 중 멀티미디어 개론에서는 디지털 오디오, 비디오, 사진 기자재 다루는 법을 배우게 되며, 디지털 비디오와 오디오의 편집, 소셜 네트워크의 참여 등 최근 변화하는 뉴미디어 환경에 대비한다는 점에서 시사점을 던져준다. 이곳 역시 '법과 윤리' 과목을 필수로 하고 있다. 이러한 상황은 미국의 또 다른 대학원인 노스캐롤라이나 대학교 채플 힐(University of North Carolina at Chapel Hill)에서도 비슷한 형태로 나타난다. 이들 대학원은 실무 위주의 교과과정을 편성하고, 윤리와 법 과목을 중시한다는 측면에서 국내 대학원과는 많은 차이가 있다.

표 9-5 **캘리포니아 주립대학 버클리 캠퍼스의 환경과 과학 저널리즘(Environmental and Science Journalism)**

필수(Required)	
뉴스 리포팅(제1학기) [Reporting the News(first semester)]	뉴스 리포팅은 학생들의 뉴스 보도, 뉴스 작성 및 편집 능력 배양에 주목적이 있으며, 캘리포니아 오클랜드 북부 가상 지역의 상황에서 뉴스룸 운영에 대해 실습

뉴스 랩 리포팅 (Reporting the News Lab)	뉴스 리포팅 랩 실습
멀티미디어 개론(제1학기) [Introduction to Multimedia (first semester)]	5일에 걸쳐 진행되는 부트 캠프 형식의 코스. 학생들이 디지털 오디오, 비디오, 사진 기기에 대해 실습하고, 비디오와 오디오 편집, 그리고 멀티미디어 이야기 프로덕션에 대해 실습
공공기록 (Public Records)	학생들에게 주요 방송기사를 취재하는 데 도움이 되는 공공기록에 대해 실습
법과 윤리 (Law and Ethics)	저널리스트들에 의해 발생하는 법적 · 윤리적 갈등에 대한 개론 과목. 학기 절반은 프라이버시와 명예훼손, 언론자유 등 주요 미디어 관련 법을 배우며, 나머지는 윤리적 딜레마를 연구
인턴십 (Internship Credit)	학생들은 1~2학점 단위의 인턴십 실습을 하게 되며, 학생과 관리자의 보고서를 제출해야 함
고급 과목(Advanced)	
커뮤니티 사이트 (Community Site: Mission Local)	학생들은 한 주나 두 주 단위의 데드라인을 선정, 적절한 뉴스물을 제작
커뮤니티 사이트: 오클랜드와 리치먼드 (Community Sites: Covering Oakland and Richmond)	커뮤니티 위주의 실습으로, 텍스트, 사진, 비디오, 오디오 등 다양한 미디어를 혼합한 새로운 형식의 스토리 프레젠테이션을 실습
고급 과학 글쓰기 워크숍 (Advanced Science Writing Workshop)	신문과 매거진을 위한 글쓰기를 배우며, 과학적 주제에 특별한 관심을 부여
기업가주의 저널리즘 (Entrepreneurial Journalism)	학생들이 혁신적 저널리즘과 정보 전달 프로젝트에 대한 자신들의 사고를 재정의하고 발전시킬 수 있는 기회 제공
스캔들 (Juicy, Juicy Scandal)	섹스, 권력, 돈 등에 관련된 스캔들을 통한 우리 자신의 가치와 욕망을 탐구

4. 과학 저널리스트 재교육의 유사성과 차이점

미국, 영국, 캐나다 등 선진국의 저널리즘 대학원과 국내 대학의 저널리즘 대학원을 비교해 본 결과, 다음과 같은 공통점과 차이점이 있었다. 우선 국내 대학원이 실습 위주의 저널리즘 교육이 아닌 이론 위주의 재교육에 제한되어 있다는 점이다. 서구의 전문대학원들은 학생들이 미래의 방송 · 신문

언론인으로서 역할을 수행하기 위한 출발점으로 교육을 실시하거나, 저널리즘 경험이 있는 학생을 대상으로 한 재실무교육을 강조한다. 특히 선진국들의 현재 프로그램은 이미 디지털 미디어의 단계를 넘어서 소셜 미디어 도입에 따른 방송기자·PD의 재교육에 관심을 갖는다는 점에서 변화하는 미디어 환경에 발 빠르게 대처하고 있다고 할 수 있다.

국내 대학의 경우, 뉴미디어 저널리즘 과목이 개설되어 있어도 이론 위주 강의에 그치는 실정이다. 따라서 방송 저널리즘 종사자들이 필요로 하는 재교육, 특히 뉴미디어 환경에 적응하기 위한 재교육과는 다소 거리가 멀다. 또한 선진국의 저널리즘 프로그램은 법과 윤리 분야를 강조하는 특징을 보인다. 저널리즘의 윤리 문제가 장기적으로 거론되는 주요 과제라는 것을 감안할 때, 해당 국가들의 프로그램이 이를 핵심 과목으로 선정해서 강의한다는 것은 시사하는 바가 크다. 뉴미디어 환경 변화에 따른 법과 윤리 기준의 변화 역시 주요한 연구 대상이기 때문이다.

카이스트 과학 저널리즘 대학원을 비롯한 국내 대학원이 언론인 재교육 문제에서 조사 대상 선진국들의 프로그램과 차이를 보이는 것은 여러 가지 차원에서 고려할 수 있다. 가장 큰 차이점은 국내 언론인 채용 제도가 이들 국가와는 다른 데 원인이 있다. 국내 방송사와 신문사의 인력 채용은 주로 정기공채를 통해 단행되는 데 반해, 서구 국가들은 정기공채가 아닌 전문 인력의 스카우트를 통한다. 서구 국가에서는 대학 등에서 방송기자나 PD를 했던 인력들이 지역 방송국 등에서 방송 저널리스트로 입문한다. 그리고 일정한 경험을 거쳐 대학원에서 재교육을 받는 등의 방법으로 좀 더 큰 도시의 방송국으로 상승 이동하는 형태이기 때문에, 전문대학원에서 실무교육이 큰 비중을 차지하는 것이다. 반면 국내에서는 실무 경험이 전무해도 공채를 통해 방송기자나 신문기자가 되어 6개월간 수습기자 기간을 거친다. 따라서 굳이 전문대학원에서 실습 위주의 프로그램을 운영할 필요가 없다는 지적이 설득력이 있다.

둘째, 국내 (전문)대학원에서 공부하는 학생들은 대부분 현업에 종사하는 저널리스트로, 이들에게 충분한 실무교육을 시킬 만한 시간과 장비 등이 부족하다는 점을 들 수 있다. 예를 들어 캘리포니아 주립대학의 멀티미디어 실습 개론은 5일간 전일 실습(boot camp) 교육을 받은 뒤 매주 이를 반복하고 발전시키는 형태로 운영되는데, 국내 대학에서는 이러한 전일제 수업을 할 수가 없다. 국내 전문대학원은 또한 학생들의 실무를 지도할 교수진이나 실습 장비가 사실상 태부족하다는 점을 인지해야 한다. 학생들의 재교육을 이론 위주로 한다는 관념이 뿌리박혀 있는 상태에서 어느 대학원에서도 실무교육을 위한 기자재 도입과 이를 운영하고 교육할 전문 인력을 선발하는 데 나서지 않기 때문이다.

한편, 카이스트 과학 저널리즘 대학원의 경우 전공필수 7과목, 전공기초 2과목 등 9개 과목을 수강하게 되어 있어(13.5학점) 외국 저널리즘 대학원보다 필수과목이 많은 형태로 운영된다. 이는 카이스트가 과학기술대학으로 과학기술 분야의 방송 · 신문 저널리스트에게 해당 분야의 최신 전문지식을 교육한다는 취지에서 설립된 데 따른 것이다. 다만 영국의 대표적인 과학기술대학인 임피리얼대학은 카이스트와 달리 과학기술 과목을 제공하는 것이 아니라 저널리즘 실습을 통해 과학 분야를 취재하는 능력을 배양한다는 측면에서 차이점이 있다. 또 일부 필수과목을 제외하고는 대부분 선택과목이라는 점에도 차이를 보인다.

다른 한편으로 미국과 캐나다 등에서는 최근 들어 인공지능이 저널리즘에 접목되면서, 인공지능과 빅데이터를 강조하는 새로운 프로그램들이 속속 등장하고 있다. 앞에서도 잠시 설명했듯이, 컬럼비아대학의 경우 저널리즘과 컴퓨터 사이언스(Masters of Journalism and Computer Science)를, 뉴욕대학교는 컴퓨터와 디지털 저널리즘(Computational and Digital Journalism)을 접목한 융합 학과들을 새로 만든 바 있다. 인공지능과 메타버스, 디지털 플랫폼 그리고 빅데이터는 향후 많은 발전을 통해 일상생활에도 큰 영향을 미칠 것으로 전망되는 만큼 해당 주제와 관련된 교과의 신설 및 확대가 필요한 시점이라고 할 수 있다.

5. 저널리즘 재교육에 대한 과학 저널리스트의 관점

앞에서 주요 국가들의 전문대학원 교과과정을 비교해서 설명한 대로, 국내 전문대학원은 서구의 주요 전문대학원과는 여러 가지 차이점이 있다. 실제로 재교육을 받고 있는 저널리스트를 대상으로 인터뷰를 한 결과, 이러한 차이점을 뒷받침하고 있다. 카이스트 과학 저널리즘 대학원에서 교육을 받고 있거나 졸업한 방송기자나 PD들에 따르면, 소셜 미디어와 종편이 등장하면서 방송 · 신문 산업의 환경 변화에 따른 재교육이 필요하다는 사실은 저널리스트 사이에서 공감대가 광범위하게 형성되어 있다. 따라서 국내 여러 대학에서 석사과정을 공부했거나 현재 교육과정에 있는 방송기자, PD, 신문기자는 "무엇보다 사회 변화에 따른 교육이 필요하다"는 데 의견이 일치한다. 한 중견 라디오 PD는 "언론인은 사회의 변화 흐름을 일반인보다 앞서서 인지하고 통찰력 있는 시각이 필요하며, 그런 의미에서 재교육이 필요하다"라고 지적했다. 또 다른 방송사에 있는 40대 초반의 중견 기자는 "방송기자로 오랜 기간 현업에 종사하면서 기술적인 리포트 제작이나 기사 작성 능력은 확보했으나, 언론인으로서 소명의식이나 가치관이 약해지는 것이 사실"

이라며, "저널리스트로서 여론 형성과 사실 전달이라는 사회적 소명을 충실히 수행하기 위한 재교육이 필요하다"라고 말했다. 또 다른 방송사의 중견기자(30대 후반)는 "방송 현업인들의 재교육에 대한 욕구가 대단하다"라면서 "무엇보다 문화 트렌드가 변화하고 있는데, 자칫 문화의 첨병에 있어야 할 방송인들이 제 역할을 못할 경우가 많기에 문화 트렌드와 각자 전문 분야의 지식과 경험을 키울 수 있는 분야가 재교육 대상이어야 한다"라고 강조했다.

그러나 방송 저널리스트들은 "한국의 상황에서 방송장비 제작 등의 실무교육은 사실상 큰 의미가 없다"라며, "소셜 미디어 변화에 따른 다양한 이론 습득과 해당 취재 분야의 진문지식 제고"가 가장 중요하다고 지적했다. 지방 방송사의 한 PD는 이와 관련해서 좀 더 구체적으로 "실무교육보다는 언론계와 한국 사회 전체를 조망할 수 있는 인문학적 성찰을 강화하는 이론교육을 강화하는 편이 바람직하다"라고 강조했다. "실무 재교육을 대학원에서 한다는 것은 의미가 없으며, 새로운 방송장비 관련 업무는 회사 재교육으로도 충분하다"는 설명이다. 서울에 위치한 방송사의 한 부장급 PD는 "실무 재교육의 문제점은 실무의 경우 현업인이 가장 앞서 있기 때문에 전문대학원에서 교육하기가 힘들다는 점이라고 생각한다"라며 "실무교육보다는 첨단 분야에 대한 이해를 돕는 전문교육이 도움이 된다"라고 말했다. 그러나 한 지방 방송국 PD는 이와 관련해서 "입사 이후 PD의 실무 재교육은 거의 이루어지지 못해 실무 재교육이 필요하다"라고 전제한 후, "다만 실무교육은 방송장비나 시스템에 대해서는 이미 경험으로 이해하고 있는 만큼 새로운 미디어 환경 속에서 어떤 콘텐츠를 새롭게 개발해야 하는지에 대한 안목을 넓히는 방법"으로 이루어져야 한다고 밝혔다. "방송기자, PD의 재교육은 세계적으로 잘 알려진 콘텐츠 내용을 배우고, 콘텐츠 제작을 위해 사내 자원을 효율적으로 사용하는 방법 등을 배우는 것이 중요하다"라는 지적이다.

한편 언론인 재교육을 위한 방안으로는 많은 경우, 선진국 해외 언론인들에 대한 교육 프로그램 도입 및 개발, 언론재단이 중심이 되는 언론인 재교육 시스템 실현, 각종 언론인 협회 및 학회와의 협조 등을 지적했다. 국내 네트워크 방송사에 근무하는 촬영 전문기자는 이와 관련하여 "과학과 연계된 저널리스트 교육이라는 목적을 위해 과학창의재단이 카이스트와 협력하는 것처럼, 언론인 재교육을 위해서는 언론재단이 나서서 대학원 프로그램을 지원해야 한다"라고 지적했다. 한 전문 방송국 PD는 "방송인들에 대한 투자가 다시 방송의 질 향상으로 되돌아오는 만큼 총체적인 자원의 지원이 결코 헛되지 않을 것"이라며, "장학금 지원 등이 강화된 과정이 개발되어 많은 현업 언론인들의 참여가 있어야 한다"라고 밝히기도 했다.

6. 결론

저널리스트의 재교육을 더 이상 미루거나 남의 일로 치부해서는 안 될 시점이다. 언론이 사회에 미치는 역할을 감안할 때, 그리고 언론인이 다른 직종과는 달리 근무 중 자기 개발을 위한 기회가 상대적으로 미약하다는 점을 감안할 때, 일정 정도의 경력을 가진 저널리스트의 재교육은 매우 중차대하다. 따라서 언론인 재교육을 어떤 측면에서 강화해야 하는지에 대해 다음과 같은 제언을 하려고 한다.

첫째, 언론인의 재교육을 위한 체계적인 지원이 뒷받침되어야 한다. 언론인 재교육은 학교와 해당 업무의 전문기관이 공동으로 운영하는 형태가 바람직하다. 카이스트 과학 저널리즘 대학원과 한국과학창의재단이 몇 년 전까지도 과학 분야 저널리스트의 재교육에 공동 투자하고 공동으로 교육에 임했던 것처럼 일부 대학들도 비영리 법인단체 등의 후원을 통해 전문 인력을 양성해야 한다.

둘째, 방송국 등 언론사는 직접 전문대학원을 육성할 수는 없더라도 해당사 소속 저널리스트들이 변화하는 언론 환경에 적응할 수 있도록 재교육을 받을 수 있는 시스템을 구축해야 한다. 예를 들어 일정 정도의 경력을 쌓은 저널리스트는 국내의 전문대학원에 입학시켜, 최신 이론을 배우고, 담당 취재 및 촬영 업무에 필요한 전문지식을 습득하게 해야 한다.

셋째, (전문)대학원은 하루가 다르게 변화하는 언론 환경에 필요한 전문지식을 부여하기 위해 전담 교수진을 구성하고, 국내외 전문가 집단의 지속적인 특강을 개최하여 저널리스트들이 청중과 소통하고, 함께 호흡할 수 있도록 해야 한다. 즉, 해당 대학원 소속 교수뿐만 아니라 다른 대학의 교수진과 전문적인 능력을 지닌 전문가 그룹, 해외에서 첨단 지식을 쌓고 있는 교수진을 정기적으로 초청해 강연 등을 실시해야 한다. 해외 교수진 활용 등은 (전문)대학원과 언론재단과 같은 언론기관 등이 함께 실시함으로써, 비용을 절감하고 효과를 배가하는 방법을 고려해야 한다.

네 번째, 언론 (전문)대학원은 미국, 영국, 캐나다 등의 전문대학원의 변화하는 커리큘럼을 항상 눈여겨봐야 한다. 그럼으로써 소셜 미디어나 빅데이터 같은 첨단 교과목을 이들 전문대학원과 같은 시기에 강의할 수 있도록 안목을 키워나가야 한다. 해외 교수진 활용 및 선진국 커리큘럼에 대한 관심은 글로벌라이제이션(globalization)에 적극적으로 적응한다는 측면과 서구 언론의 흐름과 미디어 산업 등을 배울 수 있다는 점에서 필요하다(Tumber, 2005). 특히 소셜 미디어 등 디지털 플랫폼을 제작에 효과적으로 활용하는 방법을 교육하여 방송 언론인들이 양질의, 그리고 최신의 콘텐츠를 제작할 수 있게 해야 한다.

다섯째, 언론 (전문)대학원의 교육 목표는 중견 언론인에게 첨단 지식을 교육하는 것과 함께, 이들로 하여금 우리나라 경제 · 과학 · 기술 · 문화 분야에 있는 취재원들을 전문가로 인식할 수 있는 능력을 부여하는 데도 초점을 맞추어야 한다. 앞에서도 설명했듯이 과학기술과 경제 · 사회문제의 연계가 중요시되면서 과학자들을 국가 과학 정책과 미디어의 과학기술 정책여론 형성을 위한 공적 자문가(public advisor)로 인지할 때, 더욱 심도 있고 깊이 있는 보도를 단행할 수 있다(Peters, 2009).

마지막으로 언론 (전문)대학원은 저널리즘의 윤리의식 제고에도 큰 역할을 담당할 필요가 있다. 위조되거나 거짓된 정보가 지속적으로 방송되거나 신문에 나올 경우 저널리스트에게는 치명적인 독이 될 수 있다는 것을 감안해야 한다. 따라서 급변하는 언론 환경에 맞추어 변화하는 윤리의식 · 법의식을 철저히 교육해 전문가 직업윤리를 고양해야 한다.

종합적으로 언론인 재교육은 디지털 플랫폼 시대가 등장하면서 저널리즘의 역할이 달라지고 있다는 점을 인지해야 한다. 더불어 대중에게 단순한 지식을 제공하는 지식 생산자의 역할이 아니라 청중과 소통하고 이들에게 다가가는 저널리즘 환경을 조성하기 위해, 언론인 재교육은 체계적으로 이루어져야 한다. 이를 위해 국내 언론 전문대학원은 선진국의 커리큘럼을 토대로 국내 토양에 맞는 교육과정을 작성해야 하며, 중견 언론인들이 최고 수준의 교육을 받을 수 있게 해야 한다. 이와 함께 국내 (전문)대학원의 질적 제고를 위해 주요 언론사는 물론이고, 언론 유관기관들이 (전문)대학원과 긴밀하게 협조하는 것이 필요하다. 무엇보다 저널리스트의 전문직업가주의 정신을 변화하는 환경에 맞추어 제대로 인식할 수 있는 교육이 단행되어야 한다. 전문 직업인으로서 높은 수준의 규범적(normative) 원칙을 준수할 수 있는 교육과 함께, 디지털 플랫폼 시대를 맞아 일방적인 정보 전달자의 입장을 견지하기보다는 쌍방향 소통의 필요성을 인식해야 한다. 나아가 청중을 정서적으로 이해할 수 있는 자세에 대한 인문학적 · 정서적 요소의 중요성을 강조해야 한다.

제10장

과학 저널리즘의 미래

21세기 들어 과학기술은 한국 사회의 새로운 동력원으로 자리 잡았다. 과학기술의 발전을 통한 경제사회 발전이 국가부터 일반 시민에 이르기까지 핵심 관심사로 떠오르고 있다. 정보통신 분야의 스마트폰과 초고속 인터넷, 비디오 게임이 세계 최고의 기술을 보여주고 있고, 나노 · 바이오 · 원자력을 비롯한 여러 과학 분야에서 큰 성과를 내고 있다. 과학기술 분야에서도 우주개발계획의 일환으로 마련된 나로호가 2013년에 성공적으로 발사되었으며, 누리호가 2021년 10월 절반의 성공을 거두었다. 여러 국내 과학자가 노벨상 후보로도 거론되고 있다. 그러나 과학 분야는 아직도 일부 과학자만 관심을 두는 분야가 있는 데다가, 시민과의 소통에서 부족한 점을 보인다. 과학자들이 자신의 역할을 연구실에 제한시키는 측면도 있으나, 과학 저널리즘의 역할이 활성화되지 못한 점도 무시할 수 없다. 과학 저널리즘은 21세기 들어 새로운 역할을 요구받고 있다. 과학 저널리즘은 20세기 후반까지 과학의 대중화가 핵심이었으나, 최근에는 과학의 대중화가 아닌 과학의 소통이 주된 목표가 되었다. 좀 더 알기 쉽고 시각적 효과를 동원한 스토리텔링 방식의 과학 저널리즘이 필요하다는 주장이 제기되었다.

과학 저널리즘은 특히 소셜 미디어 등 디지털 플랫폼과 빅데이터 시대를 맞아 다시 한번 큰 변화를 겪고 있다. 빅데이터와 소셜 미디어의 발전은 과학 저널리즘이 시민과 소통할 때 단지 스토리텔링이나 기사의 시각화만으로는 해결할 수 없는 새로운 시대로 접어들었음을 예고한다. 전문지식과 데이터 처리 기법으로 무장한 저널리스트들이 요구되고 있기 때문이다. 과학자가 저널리스트의 비전문성을 문제 삼아 불신의 끈을 놓지 않고 있는 마당에, 새로운 미디어와 방법론의 도입은 기존의 관행대로 재미있는, 그리고 알기 쉬운 용어만으로는 과학을 전달할 수는 없음을 보여준다.

따라서 과학 저널리즘은 과학기술 분야가 국가 경제와 사회에 큰 영향을 미치는 핵심 분야임을 인식하고, 새로운 미디어의 발전에 따른 변화를 능동적으로 받아들여 미래를 설계해야 한다. 경제 위기와 뉴미디어가 등장하면서 과학 저널리즘이 위기에 처했다는 체념적인 인식에 사로잡혀 있으면 안 된다. 위기를 기회로 삼아 더욱 적극적이고 실제적으로 해결책을 마련하고 이를 실행해야 한다. 2009년 영국 런던에서 열린 '과학 저널리스트 국제 콘퍼런스(World Conference of Science Journalists: WCSJ)'에서 영국 ≪타임스≫ 편집인이었던 제임스 하딩(James Harding)은 "과학 저널리즘이 위기라는 표현은 맞지 않다"라며 "페이스북이나 트위터에 의해 과학 저널리스트들의 역할이 없어질 것이라는 진단은 기우에 불과하다"라고 강조했다. ≪타임스≫는 실제로 과학면을 확대했는데, 해양생태계 전문기자와 수학 칼럼니스트를 과학부에 새로 추가했으며, '과학 중심(Science Central)'이라는 블로그를 확대하기도 했다. 영국 BBC의 뉴스 편집인인 프란 언스워스(Fran Unsworth) 역시 "과학 저널리즘의 미래는 매우 긍정적"이라고 말하기도 했다. 이와 함께, 미국 ≪뉴욕 타임스≫의 과학면 편집인인 로라 창(Laura Chang)은 "많은 시민들이 과학면을 즐겨 읽는 것이 사실"이라며 "전통적인 과학 분야의 취재를 확대해야 하는 것이 주요한 과제"라고 지적했다(Russell, 2009). 앞에서도 설명했듯, 2020년대는 과학 저널리즘의 황금시기일 가능성이 높아지고 있다. 이는 결국 과학 저널리즘의 미래를 위해서는 과학 저널리스트와 언론기관이 현재 과학 저널리즘의 위치를 정확히 인식하고, 이를 바탕으로 새로운 규범을 만들어나가는 것이 중요함을 말하는 것이다. 따라서 이 책은 과학 저널리즘의 현재 위기를 극복하고 미래 지향적인 과학 저널리스트의 육성을 위해 다음과 같은 제안을 하려고 한다.

첫째, 빅데이터와 디지털 플랫폼 시대의 과학 저널리즘은 기존의 규범인 재미있고 오락적인 과학 이야기를 창출하는 범위에서 안주할 수 없다. 시각 이미지, 게임, 알기 쉬운 스토리텔링을 통한 과학 지식 전파는 매우 중요한 사안이며, 이러한 과학 저널리즘의 실행은 지속되어야 한다. 과학의 대중화를 위한 수단으로서, 그리고 딱딱하고 어렵게만 느껴지던 과학 분야를 재미있는 과학 이야기로 만들어야 한다는 원칙은 디지털 플랫폼 시대와 빅데이터 시대를 맞아 다시 한번 바뀌어야 한다.

과학자들이 과학 저널리스트의 전문성이 부족하다고 지적하는 상황을 인식하고, 한편으로는 재미있는 과학을 실행하면서도 다른 한편으로는 더욱 전문적인 보도의 필요성도 새롭게 감안해야 한다. 저널리스트는 이제 빅데이터를 통해 취재와 보도를 단행할 정도의 전문지식과 방법론을 습득해야 하며, 좀 더 체계적이고 심층적인 보도가 필요하다는 점을 알아야 한다. 단문 위주의 트위터로 기본 정보가 전파되고, 온라인상에서 보도 전문이 나오는 상황에서 전통 미디어는 특히 심층보도와 탐사보도를 담당해야 한다. 과학 저널리스트들이 탐사보도의 기준을 인식하고 이를 시행하려고 노력한다면 장기적으로는 과학 저널리즘의 신뢰를 확대할 수 있다.

둘째, 보도 탐사기능을 확대하기 위해, 과학 저널리즘은 비판적인 과학 저널리즘(Critical Science Journalism)이 중요하다는 인식을 해야 한다. 과학 저널리즘의 위기를 강조하며 시민들에게 가깝게 다가가기 위한 노력의 일환으로 과학을 정보오락화(infotainment)하는 기존의 노력을 과소평가하는 것은 아니다. 다만 과학 저널리즘에서 정보오락화의 기조에는 "동료 과학자들에 의해 평가받아서 출간된 과학 저널과 과학적 사실은 그 자체로 신뢰할 수 있다"라는 전제 역시 깔려 있는바, 이에 수반한 여러 가지 윤리적 문제나 발견 그 자체가 과학자의 의도에 따라 왜곡될 수 있다는 점을 간과하게 된다. 따라서 과학 저널리즘은 정보오락화의 가치를 존중하면서 또 다른 한편으로는 과학자나 과학 저널 등에서 제공하는 데이터를 주의 깊게 분석해야 하며, 이들 과학적 발견의 한계와 문제점에 주의를 기울여야 한다(Rehman, 2013).

셋째, 빅데이터 · 디지털 플랫폼 시대에는 인터넷 시대와는 또 다른 과학 저널리즘 규범이 요구된다는 점을 명심해야 한다. 21세기 과학 저널리즘은 여러 유형의 디지털 플랫폼을 넘나드는 다양한 기술을 요구하는 한편, 스마트폰 시대 트위터나 유튜브 등으로 무장한 채 언론 전문직업가주의를 위협하는 시민들의 도전에 맞서야 한다(Stuart, 2009). 디지털 플랫폼과 빅데이터 그리고 인공지능이 어떻게, 그리고 어느 정도로 과학 뉴스를 바꾸어나가는가에 대한 사려 깊은 관찰이 필요하다. 시민들과 새로운 네트워크를 추구하려는 과학 저널리스트들은 디지털 플랫폼에 대한 전문지식을 확대해야 한다. 소셜 미디어가 대안 미디어로 등장하고, 이들이 재난 · 위기 시에 전통 미디어보다 더 큰 역할을 하기 때문에 과학 저널리스트들은 그 중요성을 누구보다 잘 알고 있다. 과학 저널리즘의 새로운 규범 중 하나로 과학 저널리스트가 중심이 되어 시민을 위한 과학 재능 기부행사 및 과학 알리기 행사 등을 지속적으로 개최하는 등 과학의 저변을 확대하는 데 앞장서야 한다.

넷째, 과학을 전공하는 대학생과 대학원생을 대상으로 한 과학 저널리즘 및 커뮤니케이션 프로그램을 확대해야 한다. 제9장에서도 논의했듯이, 지금까지 과학 저널리즘 및 커뮤니케이션 교육은 이미 저널리스트로 활동하는 현업자를 대상으로 한 재교육이거나, 대학을 졸업한 후 과학 저널리스트가 되려는 대학 졸업자를 대상으로 하는 전문대학원 위주로 운영되었다. 카이스트와 서강대를 비롯한 일부 국내 대학이 과학과 저널리즘 또는 과학과 커뮤니케이션을 아우르는 학제 간(interdisplinary) 연계 프로그램을 실행하고 있기는 하다. 그러나 과학 저널리즘과 과학 커뮤니케이션이 제 역할을 하기 위해서는 과학 저널리즘의 한 축인 과학자들이 저널리즘과 커뮤니케이션 분야를 이해하는 것이 절대적이다(Nisbet and Scheufele, 2009).

과학 저널리스트가 (전문)대학원 과정을 통해 과학 분야를 이해하는 것에는 한계가 있을 수밖에 없다. 무엇보다 과학 저널리즘의 취재 대상이자 과학 분야의 발견과 발명에 매진하는 과학자들이 과학 저널리즘을 이해할 수 있어야 한다. 미래의 과학자인 과학 분야 대학생과 대학원생이 저널리즘 분야에 대한 최소한의 지식을 갖춘다면, 과학자와 과학 저널리스트 간 소통이 활발해질 것이다. 과학 저널리즘에서 요구하는 윤리적 기준이 무엇인지 등을 사전에 알면 더욱 객관적이고 투명한 연구 윤리를 확립하는 데 도움을 줄 수 있다. 따라서 카이스트 등 국내 과학기술대학은 물론 일반 종합대학의 과학·기술 분야 전공 학생들에게 '과학 저널리즘' 또는 '과학 커뮤니케이션' 관련 과목을 듣게 하는 것이 중요하다.

좀 더 구체적으로 과학 분야를 전공하는 대학생과 대학원생에게 과학과 미디어, 사회의 관계를 소개하고 생각하게 할 수 있는 과목을 만들어 이를 필수적으로 듣도록 해야 한다. 이들 과학기술 분야 전공 학생들은 졸업 후 연구와 개발에 전념하게 되며, 점차 연구 책임자가 될 것이다. 과학적 지식과 아울러 과학 커뮤니케이션을 위한 전략을 작성하고 운영하게 되는데, 이 과정에서 과학 분야에 대한 전문적인 지식과 함께 과학 커뮤니케이션 전략을 이해할 수 있는 과학계 지도자의 역할을 해야 한다. 대학 때부터 이러한 사고를 할 수 있도록 교육과정을 만드는 것이 선행 조건이다.

다섯째, 과학 저널리스트는 새로운 언론 환경에 부합하는 새로운 저널리즘 윤리의식을 고취해야 한다. 소셜 미디어 · 빅데이터 · 인공지능 시대의 윤리의식은 과거 전통 미디어만 있던 때와는 크게 다른 윤리의식이 필요하다. 소셜 미디어를 사용하면서 생긴 개인들의 프라이버시 침해와 정보의 상품화(Fuchs, 2010; Jin, 2014; Christians, 2019)는 전통 미디어와는 또 다른 차원의 윤리강령을 요구하고 있기 때문이다. 또 소셜 미디어가 발전하면서 특정한 과학기술의 발견과 발전이 이루어지면 다양한 목소리가 나올 수밖에 없다. 미디어는 자신의 이해관계에 따라 프레임해 주기를 요구하므로 이러한 현실에서 어떻게 균형 감각을 유지할 것인지를 항상 고민해야 한다.

또 과학기술 분야는 국민의 세금으로 연구비를 수주받는 만큼, 결과뿐만 아니라 과정에서도 투명성을 담보해야 한다. 예를 들어 2020년 현재 전 세계의 우주경제 규모는 4468억 달러로 2005년의 1619억 달러에 비해 176% 성장했다(Conn, 2021). 상업용 우주선 개발 등에 들어가는 비용과 이에 따른 효과를 이야기하는 것으로, 그만큼 우주선 관련 경제가 커지고 있다. 국내에서는 이제 누리호 발사 수준으로 우주선 기술이 발전하고 있으나, 향후 상업적으로도 큰 영향을 줄 것으로 예상된다. 관련 비용도 막대하다. 2010년 3월부터 2022년 10월까지 이어지는 누리호 개발에는 총 1조 9572억 원의 예산이 투입됐다(최준호 · 문희철, 2021). 상업용 우주선 개발이든 국가 연구개발비를 통한 우주선 개발이든 간에 막대한 비용이 들어가는 것이며, 많은 부분이 국민의 세금을 통해 조달될 수밖에 없다. 따라서 과학 저널리즘은 과학계가 사회적 책무를 다할 수 있도록 감시 기능을 소홀히 해서는 안 된다. 취재원인 과학자와의 관계를 단지 일반적인 취재원과 저널리스트라는 공식에서 볼 것이 아니다. 과학 저널리스트는 취재원이자 과학 발견의 핵심 연구자인 과학자들이 전문가로서 사회적 책무를 다하도록 유도할 의무가 있다는 점을 명심해야 한다. 과학자와 과학 저널리스트는 서로에 대한 이해를 바탕으로, 서로를 비판자로서 지지하는 새로운 관계 정립이 필요하다.

여섯째, 과학 저널리즘은 과학기사가 시민들의 건강 등 일상생활에 직접적인 영향을 미치는 주요한 영역임을 인식해야 한다. 보건 · 의료 분야의 중요성에다 자연재해와 위험보도가 증가하고 있는 것이 현실이며, 결과적으로 전체 과학기사의 수가 크게 증가하고 있다(Schäfer, 2011). 물론, 단순히 기사의 숫자가 증가했다고 해서 과학 분야의 중요성이 확대되었다고는 할 수 없다. 정치 · 경제 등 다른 저널리즘 영역의 기사도 크게 증가하고 있기 때문이다. 강조할 것은 과학 분야의 기사가 증가하는 것은 다른 분야와 달리 국가 경제부터 시민들의 일상생활까지 광범위하게 영향을 미친다는 점이다. 우리나라 언론사에서 과학 관련 부서와 과학 저널리스트는 경제 상황에 따라 부침을 거듭하고 있다. 하지만 과학 분야는 그 중요성에 비추어 더 이상 없어도 되는 영역이 아니라는 점을 알아야 한다.

일곱째, 현대사회에서 뉴스 미디어가 코로나 바이러스, 유전자 변형 곡물, 줄기세포, 기후변화와 나노 기술 등 새롭게 등장하는 기술과 자연재해로 발생하는 재난과 위기를 제대로 프레임할 수 있어야 한다. 과학 저널리스트는 21세기 들어 새로운 위기가 등장하고 이러한 위기가 미디어에 의해 확대 · 증폭된다는 점에서 미디어가 점증적으로 도전과 비난에 직면했다는 것을 잘 알고 있다. 따라서 불확실성이 늘 있는 과학 분야에서 뉴스의 신뢰성을 어떻게 확보할 수 있는가를 고민해야 한다. 과학 분야 보도는 더 이상 속보 경쟁이 중요하지 않다. 과학 저널리즘의 특수한 상황이라는 점을 명시하고, 과학 분야가 일반인에게 알려질 수 있도록 적절한 의제 설정을 하면서, 여러 현안을 어떻게 프레이밍할 것인가에 대한 전문성을 확보하는 것이 시급하다.

여덟째, 과학 저널리즘은 저널리즘의 다른 영역에 비해 국제 협력 강화가 중요하다. 선진국과 후진국의 경제와 기술 분야의 격차가 확대되는 가운데, 과학적 지식의 차이가 이러한 현상을 더욱 가속화할 수 있다. 또 교통이 발달하면서 코로나19와 에볼라 바이러스 같은 전염병은 그 전파 속도가 과거와는 비교할 수 없을 정도로 빠르게 확산되고 있다. 코로나19나 일본 원전 폭발로 인한 국제위기 등을 감안하면, 국경 없는 협조를 이끌어내기 위해 과학 저널리스트들이 국제 협력을 강화해야 한다. 과학 지식은 결국 한 국가에서 독단적으로 소유할 수 있는 것이 아니며, 전 세계가 공유해야 한다. 따라서 과학 저널리즘이 국제적인 협력관계를 확대해서 이러한 역할을 담당해야 한다. 과학 저널리스트들은 매해 과학 저널리스트 연맹이 주최하는 학회를 열고 있다. 그러나 아시아는 이러한 학회의 사각지대로 놓여 있으며 국제적인 협력체가 아직도 미비한 실정이다. 따라서 국가 간 주요 과학 이슈를 논의하고 함께 보도할 수 있는 기구를 설립하고, 이를 통한 협조 체제를 마련해야 한다.

아홉 번째, 과학 저널리즘을 확대 발전시키기 위해서는 국가의 지원을 강화해야 한다. YTN 사이언스 채널 등 정부의 지원이 전혀 없는 것은 아니다. 그러나 과학 저널리즘이 시민의 안전과 직결되고, 과학 발전과 떼놓을 수 없는 주요 영역이라는 점을 인식한다면 정부는 해당 분야에 대한 지원을 강화해야 한다. 한국언론재단과 한국과학창의재단을 통해 과학 대중화 사업 역시 과학 저널리즘을 직접적으로 지원할 수 있는 방식으로 변화해야 한다. 구체적으로, 과학 저널리스트의 국내외 연수 기회 확대, 과학 대중화와 소통을 위한 과학 재능 나누기 프로그램의 운영과 확대 지원, 과학 저널리스트에 대한 언론인상 확대 등을 들 수 있다. 이와 함께 이 책의 출발점으로 지적했듯이, 과학 저널리즘은 과학 저널리스트와 과학 저널리즘 학자의 공동 공간이라는 점을 인식해, 과학 저널리즘 연구자에 대한 체계적인 연구 지원 등도 강화해야 한다.

열 번째, 과학 저널리스트는 과학 저널리즘의 위기를 극복해야 할 사안이라기보다 과학 저널리즘의 밝은 미래를 만들어갈 계기로 인식하여 좀 더 긍정적인 자세로 현업에 임하는 것이 중요하다. 현재 과학 저널리즘이 겪는 변화에 대해 '과학 저널리즘이 적응하지 못하면 죽는다'는 단순한 비관론을 강조하면 과학 저널리즘의 미래를 보장하기 어렵다. 과학 저널리스트는 자신들의 미래를 스스로 개척해 나가야 한다. 과학 저널리스트는 다른 분야의 저널리스트보다 상대적으로 더 높은 수준의 전문성을 쌓아야 하고, 필요한 기술을 빠르게 습득해야 하며, 시민들의 요구가 무엇인지를 잘 알아야 한다. 과학 저널리스트는 저널리즘의 전체 미래를 이끌어간다는 자부심을 가지고 '미래는 주어지는 것이 아니라 개척하는 것'이라는 긍정적이고 적극적인 자세를 유지해야 한다.

결론적으로, 과학 저널리즘은 과학 분야를 공부한 저널리스트들에 의해, 그리고 저널리즘을 공부한 과학자들에 의해 수행되어야 한다. 이 같은 구조가 완성될 때 다양한 관점에서, 그리고 적절한 높이에서 과학에 대한 대중의 이해를 깊게 할 수 있으며, 잘못된 주장이나 거짓 뉴스들이 양산되는 것을 방지할 수 있다. 다만 과학 저널리즘에 있어 다양성은 과학 저널리즘을 실행하는 두 행위자들—과학 저널리스트와 과학자들—의 학문적 배경에 국한되어서는 안 된다. 무엇보다 사회적으로 잘 대표되지 않거나 약자로 구분되는 개인들을 포함하는 것이 중요하다(Ketchell, 2019). 배경이 보다 다양한 개인들이, 그리고 교육 배경이 다양한 분야에 걸친 행위자들이 과학 저널리즘 영역에서 활동하는 것이 중요하며, 재교육 등을 통해 필요한 지식을 쌓아가는 것이 필요하다. 과학 저널리즘의 미래는 주어지는 것이 아니라 과학 저널리즘의 실행자들이 만들어가는 것이기도 하기 때문이다.

참고문헌

국문자료

강내원 · 김경모 · 김남두 · 김사승 외. 2010. 『저널리즘의 이해』. 한울.

강재호. 2021. 『발터 베냐민과 미디어』. 곽현자 옮김. 커뮤니케이션북스.

강준만. 2014. 『대중매체 이론과 사상』. 개마고원.

고재원 · 조승환. 2021.3.16. "'3억 상금 반납 거부' 황우석 전 서울대 교수 결국 법정 선다". ≪동아사이언스≫.

과학기술정보통신부. 2020. 「2019년도 연구개발활동조사보고서」.

곽희양. 2014.5.7. "KBS 막내 기자들 현장에서 KBS 기자는 기레기 중 기레기". ≪경향신문≫.

구본권. 2019.1.9. "기계학습의 맹점, '흑인=고릴라' 오류가 알려주는 것". ≪한겨레신문≫.

김경희. 2014.8.5. "에볼라 바이러스 치료제 찾았다". ≪한국일보≫.

김사승. 2008. 「저널리즘의 기술적 재구성에 대한 이론적 고찰: 뉴스생산 과정을 중심으로」. ≪커뮤니케이션 이론≫, 4(2), 7~47쪽.

김성배 · 이은정. 2009. 「정보의 연쇄파급현상이 주민의 집단적 선호변화에 미친 영향: 방폐장 부지선정 사례의 경우」. ≪사회과학논총≫, 12, 59~90쪽.

김성재. 2004.6.25. "한국 과학 저널리즘의 현황과 과제". ≪Science Times≫.

김수정 · 조은희. 2005. 「생명과학에 대한 한국과 미국의 뉴스 프레임 비교 연구」. ≪한국언론학보≫, 49(6), 109~139쪽.

김연식 · 윤영철 · 오소현. 2005. 「PD저널리즘에 대한 제작진의 인식과 제작 관행」. ≪한국방송학보≫, 19(4), 79~122쪽.

김영욱 · 박성철. 2005. 『과학보도와 과학 저널리즘』. 한국언론재단.

김완. 2013.4.4. "뉴스스탠드 향한 언론의 아우성이 원하는 것은 기레기 체제? 실리와 명분 사이에서 길을 잃은 언론들". ≪미디어스≫. http://www.mediaus.co.kr/news/

articleView.html?idxno=33180
김원용 · 이동훈. 2004.「신문의 보도 프레임 형성과 뉴스제작과정에 대한 연구」. ≪한국언론학보≫, 48(4), 351~380쪽.
김주환. 2000.「디지털 미디어 환경과 언론의 새로운 역할에 대한 시론」. 한국언론학회 봄철 정기학술대회 논문집. 267~289쪽.
김철규 · 조성익. 2004.「핵폐기장 갈등의 구조와 동학」. ≪경제와 사회≫, 63, 12~38쪽.
김태종. 2020.「뉴스 빅데이터를 활용한 코로나19 언론보도 분석: 토픽모델링 분석을 중심으로」. ≪한국콘텐츠학회논문지≫, 20(5), 457~466쪽.
김한솔. 2021.9.19. "'2050 탄소중립은 늦다'… 청년 기후활동가들 '2040 기후중립' 시나리오 발표". ≪경향신문≫.
노진철. 2004.「위험사회학: 위험의 사회의 관계에 대한 사회이론화」. ≪경제와 사회≫, 63, 98~123쪽.
≪뉴시스≫. 2021.4.7. "백신 접종 위한 기다림".
≪동아일보≫. 2014.8.4. "에볼라 바이러스 치료는? 40년째 치료제 개발 중".
_____. 2014.8.5. "에볼라 바이러스 발생국가… 기니 · 라이베리아 · 나이지리아".
_____. 2021.10.21. "'우주개발 독립' 꿈 싣고… 누리호 우주로 날았다".
미래창조과학부. 2013.「연구개발활동조사」. 미래창조과학부.
박대민. 2013.「뉴스 기사의 빅데이터 분석 방법으로서 뉴스정보원 연결망 분석」. ≪한국언론학보≫, 57(6), 234~262쪽.
박성희. 2006.「위험보도의 위기구축 기제 프레임 분석」. ≪한국언론정보학보≫, 35, 181~210쪽.
박용하. 2021.11.2. "COP26 특별정상회의 시작… '지구종말 시계, 자정 1분 전'". ≪경향신문≫.
박재영 · 전형준 · 이규연 · 이진영. 2008.「황우석 사건의 교훈: 기자들은 무엇을 배웠으며 과학보도는 어떻게 변했다고 인식하는가?」. ≪한국언론학보≫, 52(2), 226~253쪽.
박종인. 2013.『사이언스 저널리즘』. 커뮤니케이션북스.
반현. 2007. "의제설정 이론의 재고찰: 5단계 진화 모델을 중심으로". ≪커뮤니케이션 이론≫, 3(2), 7~51쪽.
방송통신위원회. 2021.8.27. "디지털 미디어 소통역량 강화 종합계획". 보도자료.
벡, 울리히(Ulrich Beck). 1997.『위험사회』. 홍성태 옮김. 새물결.

브라이언트(Jenings Bryant)·올리버(Mary Beth Oliver) 편저. 2010.『미디어 효과 이론』. 김춘식·양승찬·이강형·황용석 옮김. 나남.
손영준. 2011.「TV 뉴스 공정성에 대한 시민인권조사: 시민은 동등 비중의 원칙을 더 원한다」. ≪한국방송학보≫, 25(5), 122~158쪽.
송해룡·김원제·조항민. 2012.「과학전문채널 활성화 위한 콘텐츠 개발 및 홍보전략」. ≪한국콘텐츠학회논문지≫, 5, 103~112쪽.
신동희. 2014.6.20. "데이터 저널리즘, 생각을 바꿔라". ≪머니투데이≫. http://www.mt.co.kr/view/mtview.php?type=1&no=2014061914280578959&outlink=1
신두식. 2010.「멀티를 요구하는 글로벌 시대」. ≪방송기자≫, 가을호, 10월 7일.
알철, J. 허버트(J.H. Altchull). 1991.『지배권력과 제도언론』. 강상현·윤영철 옮김. 나남.
양정혜. 2001.「사회갈등의 의미 구성하기: 의료분쟁 보도의 프레임 분석」. ≪한국언론학보≫, 45(2), 284~315쪽.
연합뉴스. 2019.7.18. "재난보도준칙, 구체성 떨어져... 모호한 부분 명확히 개정해야".
오미영·최진명·김학수. 2008.「위험을 수반한 과학기술의 낙인효과: 원자력에 대한 위험인식이 방사선기술 이용 생산물에 대한 위험인식과 수용에 미치는 영향」. ≪한국언론학보≫, 52(1), 487~500쪽.
오철우. 2010.10.8. "과학의 윤리, 과학의 신뢰를 생각하며". ≪사이언스온≫. http://scienceon.hani.co.kr/29851
원성윤. 2014.3.19. "오보카타와 황우석". ≪허핑턴포스트 코리아≫.
원용진. 2014.8.6. "미디어의 먹이가 된 한 과학자의 죽음". ≪미디어스≫.
원용진·박서연. 2021.『메가 플랫폼 네이버: 한국 인터넷 산업의 성장과 그늘』. 컬처룩.
윤영철. 1991.「언론의 현실 재구성에 관한 연구」. ≪신문학보≫, 26, 251~286쪽.
_____. 1992.「언론환경의 변화와 보도의 다양성」. ≪한국언론학보≫, 28, 267~308쪽.
_____. 1994.「방송정책과 민주주의 위기: 이론적 논의」. ≪언론과 사회≫, 6, 65~100쪽.
윤현. 2014.8.3. "에볼라 바이러스 확산/공포에 떠는 세계". ≪Ohmynews≫. http://www.ohmynews.com/NWS_Web/View/at_pg.aspx?CNTN_CD=A0002019763
이광석. 2013.「빅데이터 위험 정보사회의 정보재난의 문제점」. 조현석 엮음.『빅데이터와 위험사회』. 커뮤니케이션북스.
이광영. 1996.「과학보도와 과학기자」.『과학보도』. 161~208쪽. 한국언론연구원.
이귀옥·박조원. 2006.「식품 위해(food risk)보도의 뉴스 프레임 분석」. ≪한국방송학보≫,

20(5), 260~305쪽.
이남표. 2002. 「온라인 저널리즘과 공론장」. http://comm.pe.kr/56
이덕환. 2005. 「과학자가 본 한국의 과학보도」. 김영욱 · 박성철 지음. 『과학보도와 과학 저널리즘』. 한국언론재단.
_____. 2006. 「과학저널리즘의 한계와 원칙」. ≪관훈저널≫, 47(1), 11~18쪽.
이승원. 2013. 「한성순보: 문명세계를 편집하다」. http://www.nl.go.kr/upload/nl/publish/201304/book-data/7.pdf
이영희. 2008. 「과학기술 민주화 기획으로서의 합의회의: 한국의 경험」. ≪동향과 전망≫, 73(6), 294~324쪽.
이원태 · 차미영 · 박현유. 2010. 「모바일 소셜 미디어에서 유력자의 역할」. 정보통신정책연구원.
이재구. 2010.2.2. "미 달 착륙계획, 쿠오바디스?" ≪ZDNet Korea≫. http://www.zdnet.co.kr/news/news_view.asp?artice_id=20100202202652
이준웅. 2000. 「프레임, 해석 그리고 커뮤니케이션 효과」. ≪언론과 사회≫, 29, 85~153쪽.
_____. 2010. 「뉴스의 효과」. 강내원 외 지음. 『저널리즘의 이해』. 한울.
이해성. 2009.10.26. "사이언스 '줄기세포' 논문 조작 의혹서 촉발". ≪한국경제신문≫.
이해성 · 이시은. 2021.10.22. "누리호 3단 속도 '초속 7.5km'… 왜 성공 · 실패 분수령 됐나". ≪한국경제신문≫.
이혜인. 2014.10.1. "2일 개봉 제보자 연출 임순례 감독 황우석사태 10년, 언론역할 다루고 싶었다". ≪경향신문≫.
이화행. 2007. 「일간지 과학지면의 특성과 보도 경향 비교 연구: 1994년과 2004년의 조선, 중앙, 동아일보를 중심으로」. ≪언론과학연구≫, 7(1), 223~261쪽.
일본과학기술저널리스트회의. 2010. 『과학 저널리즘의 세계』. 박성철 · 오카모토 마사미 옮김. 한울.
조계완. 2020.3.12. "WHO, 코로나19 '팬데믹' 공식 선언… '통제될 수 있다'". ≪한겨레신문≫.
조성우. 2011. 「Big Data 시대의 기술」. KT 종합기술원.
조소진. 2021.10.21. "[속보] '아쉽다' 누리호, 위성 궤도 안착은 실패… '절반의 성공'". ≪한국일보≫.
조항민. 2014. 『과학기술, 미디어와 만나다』. 한국학술정보.
조항민 · 김원제 · 박성철. 2017. 『과학기술 저널리즘 쟁점과 사례』. 커뮤니케이션북스.

진달용. 2010.「과학저널리즘의 역할과 미래전망」. ≪Future Horizon≫, 7(13), 12~13쪽.
_____. 2011.「실기보다 이론교육 치중, 자기계발 기회도 적어: 소셜 미디어 시대 언론인 재교육 실태」. ≪신문과 방송≫, 1월 호, 70~77쪽.
질병관리본부. 2020a.1.20. “검역단계에서 해외유입 신종코로나바이러스 확진환자 확인, 감염병 위기 경보를 ‘주의’단계로 상향, 대응”. 보도자료.
_____.2020b.2.23. “코로나바이러스감염증-19 범정부대책회의 브리핑”. 보도자료.
최준호 · 문희철. 2021.10.21. “우주 700km까지 날아오른 누리호… 마지막 고비는 못 넘었다”. ≪중앙일보≫.
최진식. 2008.「주민투표 후 방폐장에 대한 위험판단과 위험수용성에 관한 연구」. ≪한국행정학회≫, 42(2), 149~168쪽.
코코란, 노바(Nova Corcoran) 엮음. 2009.『헬스 커뮤니케이션』. 정의철 · 이희복 옮김. 한울.
키어넌, 빈센트(Vincent Kiernan). 2008.『엠바고에 걸린 과학: 엠바고와 과학저널리즘의 짧은 역사』. 이종민 옮김. 알마.
≪한겨레신문≫. 2014.3.5. “8년만의 고백 ‘내가 황우석 사기 제보한 이유는…’”.
한국과학기자협회. 2014. “회원소개”. http://www.scinews.co.kr/
_____. 2021. “한국 과학기자 회원 검색”. https://www.koreasja.org/kr/member/search.php?cate=&cate1=&anj=&key=&cate2=&startPage=340
한국과학창의재단. 2020.「과학기술 국민 인식도 조사 및 발전방안 연구 용역」. 한국과학창의재단.
한국기자협회. 2014. “한국기자협회 정관: 윤리강령 및 실천요강”. http://www.journalist.or.kr/news/section4.html?p_num=4
한국언론진흥재단. 2014.「2014 신문사재무분석보고서」. 한국언론진흥재단.
_____. 2020.「2020 신문산업실태조사보고서」. 한국언론진흥재단.
_____. 2021. Big Kinds. https://www.bigkinds.or.kr/
한동섭 · 임종수. 2002.「미디어의 정보원 진술활용과 현실정의: 미디어는 이데올로기적으로 쟁점이 되는 뉴스 아이템의 정보원을 어떻게 가공 하고 선택하는가?」. ≪한국언론학보≫, 46(3), 520~556쪽.
≪한성순보≫. 1883.10.31. 제1호.
_____. 1883.11.10. 제2호.

한태학. 1998. 「사회적 구성으로서 위험: 위험커뮤니케이션 관점에서 위험인지와 그 수용에 관한 연구」. ≪사회조사연구≫, 13(1), 135~148.
허문명. 2014.2.24. "허문명 기자의 사람이야기: 황우석 박사 단독 인터뷰". ≪동아일보≫.
≪헬스조선≫. 2014.8.4. "에볼라 바이러스 감기증상과 비슷, 출혈 있으면 심각".
황주성. 2013. 「빅데이터 환경에서 프라이버시 문제의 재조명」. 조현석 엮음. 『빅데이터와 위험사회』. 커뮤니케이션북스.
히라츠카 치히로(平塚千尋). 2012. 『재해보도와 미디어』. 김경환 옮김. 논형.
KAIST 과학저널리즘 대학원. 2021. 「KAIST 과학 저널리즘 대학원 프로그램」. 대전: KAIST.
YTN News. 2021.10.21. "2050년 용광로 사라진다… '탄소중립'에 산업계 '비명'".

영문자료

Acquisti, A. and R. Gross. 2009. "Predicting Social Security Numbers from Public Data." *Proceedings of the National Academy of Sciences of the United States of America*, 106(27), pp.10975~10980.
Aldridge, M. and J. Evetts. 2003. "Rethinking the Concept of Professionalism: the Case of Journalism." *British Journal of Sociology*, 54(4), pp.547~564.
Allan, S. 2002. *Media, Risk and Science*. Philadelphia, PA: Open University Press.
_____. 2009. "The Future of Science Journalism." *Journalism: Theory, Practice and Criticism*, 10(3), pp.280~282.
_____. 2011. "Introduction: Science Journalism in a Digital Age." *Journalism: Theory, Practice and Criticism*, 12(7), pp.1~7.
Althaus, S. and D. Tewksbury. 2002. "Agenda Setting and the 'New' News Patterns of Issue Importance Among Readers of the Paper and Online Versions of the New York Times." *Communication Research*, 29(2), pp.180~207.
Anderson, A., A. Peterson, C. Wilkinson and S. Allan. 2009. *Nanotechnology, Risk and Communication*. New York: palgrave.
Anderson, A., S. Allan, A. Petersen and C. Wilkinson. 2005. "The Framing of Nanotechnologies." *Science Communication*, 27(2), pp.200~220.

Appelgren, E. and G. Nygren. 2014. "Data Journalism in Sweden: Introducing New Methods and Genres of Journalism into 'Old' Organizations." *Digital Journalism*, 2(3), pp.394~405.

Badenschier, F. and H. Wormer. 2012. "Issue Selection in Science Journalism: Towards a Special Theory of New Values for Science News?" In S. Rödder et al.(eds.). *The Sciences' Media Connection-Communication to the Public and its Repercussions(Sociology of the Sciences Yearbook)*, 28, pp.59~85.

Bell, E. 2012. "Journalism by Numbers." *Columbia Journalism Review*, 51(3), pp.48~49.

Berkeley Graduate School of Journalism, University of California at Berkeley. 2014. http://journalism.berkeley.edu/

Bertrand, C. J. 2002. *Media Ethics and Accountability System*. New Brunswick, NJ: The Transaction Publishers.

Bijker, W., T. Hughes and T. Pinch. 2012. *The Social Construction of Technological Systems*(Anniversary edition). Cambridge, MA: The MIT Press.

Binehan, J. 1988. "A Historical Account of the Hypodermic Model in Mass Communication." *Communication Monographs*, 55, pp.230~246.

Blum, D. and M. Knudson. 1997. *A Filed Guide for Science Writers*. London: Oxford University Press.

Blumler, J. G. and E. Katz. 1974. *The Uses of Mass Communication*. Newbury Park, CA: Sage.

Boyd, d. and K. Crawford. 2012. "Critical Questions for Big Data: Provocations for a Cultural, Technological, and Scholarly Phenomenon." *Information, Communication & Society(online first)*, pp.1~18.

Brainard, C. 2008. "CNN Cuts Entire Science, Tech Team." *Columbia Journalism Review*, December 4.

Brake, Mark L. and Emma Weitkamp(eds.). 2010. *Introducing Science Communication*. New York: Palgrave.

Brumfiel, G. 2009. "Supplanting the Old Media." *Nature*, 458(19), pp.274~277.

Bubela, T. 2009. "Science Communication Reconsidered." *Nature Biotechnology*, 27(6), pp.514~518.

Cambell, S. and T. Russo. 2003. "The Social Construction of Mobile Telephony: An Application of the Social Influence Model to Perceptions and Uses of Mobile Phones Within Personal Communication Networks." *Communication Monographs*, 70(4), pp.317~334.

Campbell, R., C. Martin and B. Fabos. 2011. *Media and Culture: an Introduction to Mass Communication*. New York; Macmillan.

Campbell, W. J. 2001. *Yellow Journalism: Puncturing the Myths, Defining the Legacies*. Westport, Conn.: Praeger.

Carpenter, S. 1999. "An Application of the Theory of Expertise: Teaching Broad and Skill Knowledge Areas to Prepare Journalists for Change." *Journalism and Mass Communication Educator*, 64(3), pp.287~304.

Castelfranchi, Y. 2009. "Control Societies and the Crisis of Science Journalism." *Journal of Science Communication*, 8(4), pp.1~2.

Centers for Disease Control and Prevention. 2015. Ebola(Ebola Virus Disease). http://www.cdc.gov/vhf/ebola/outbreaks/2014-west-africa/case-counts.html

Chandler, D. 1996. "Shaping and Being Shaped: Engaging with Media." *Computer-Mediated Communication Magazine*, 3(2).

Choi, S. 2015. "The Two-step Flow of Communication in Twitter-based Public Forums." *Social Science Computer Review*, 33(6), pp.696~711.

Christians, C. 2011. "Primordial Issues in Communication Ethics." In R. Fortner and M. Fackler(eds.). *The Handbook of Global Communication and Media Ethics*, pp.1~19. New York: Wiley-Blackwell.

_____. 2019. *Media Ethics and Global Justice in the Digital Age*. Cambridge, UK: Cambridge University Press.

Clark, F. and D. Illman. 2006. "A Longitudinal Study of the New York Times Science Times Section." *Science Communication*, 27(4), pp.496~513.

CNN Business. 2021.10.29. "Facebook Changes Its Company Name to Meta." https://edition.cnn.com/2021/10/28/tech/facebook-mark-zuckerberg-keynote-announcements/index.html

Cohen, S., J. T. Hamilton and F. Turner. 2011. "Computational Journalism." *Communi-*

cations of the ACM, 54(10), pp.66~71.

Cole, R. and E. Mullins. 1976. "First-Person Reporting Yields Good Stories, but There are Hazards." *Journalism Educator*, 31(2), pp.36~38.

Conn, L. 2021.8.24. "The Space Report 2021: 36th Annual Space Symposium Special Edition Executive Summary." SATNEWS. https://news.satnews.com/2021/08/24/the-space-report-2021-36th-annual-space-symposium-special-edition-executive-summary/

Cornell, J. 2009. "Advocates, Adversaries, and Adjuncts: the Ethics of International Science Journalism from a US Perspective." *Ethics in Science and Environmental Politics*, 9, pp.17~24.

Cox, M. and D. Ellsworth. 1997. "Application-Controlled Demand Paging for Out-of-Core Visualization." *IEEE Visualization '97*, pp.235~244.

Delgago, R. 2014. "This Just In: How Big Data is Changing Journalism." 17 July. http://www.datasciencecentral.com/profiles/blogs/this-just-in-how-big-data-is-changing-journalism

Dickson, B. 2018.6.15. "Artificial Intelligence Has a Bias Problem, and It's Our Fault." PCMag. https://in.pcmag.com/netflix/123462/artificial-intelligence-has-a-bias-problem-and-its-our-fault

Dunwoody, S. 2009. "Science Journalism." In M. Bucchi and B. Trench(eds.). *Handbook of Public Communication of Science and Technology*, pp.15~26. London: Routledge.

Einsiedel, E. 2009. "Public Participation and Dialogue." In M. Bucchi and B. Trench (eds.). *Handbook of Public Communication of Science and Technology*, pp.173~184. London: Routledge.

Entman, R. M. 1985. "Newspaper Competition and First Amendment Ideals: Does Monopoly Matter?" *Journal of Communication*, 33(5), pp.147~165.

_____. 1993. "Framing: Toward Clarification of a Fractured Paradigm." *Journal of Communication*, 43(4), pp.51~58.

Facebook. 2020. "United States Securities and Exchange Commission Form 10-K." Menlo Park, CA: Facebook.

Fairfield, J. and H. Shtein. 2014. "Big Data, Big Problems: Emerging Issues in the Ethics of Data Science and Journalism." *Journal of Mass Media Ethics*, 29(1), pp.38~51.

Flew, T., C. Spurgeon, A. Daniel and A. Swift. 2012. "The Promise of Computational Journalism." *Journalism Practice*, 6(2), pp.157~171.

Fuchs, C. 2010. "Labor in Informational Capitalism and on the Internet." *The Information Society*, 26(3), pp.179~196.

Gamson, W. A. and A. Modigliani. 1989. "Media Discourse and Public Opinion on Nuclear Power: A Construction Approach." *American Journal of Sociology*, 95(1), pp.1~37.

Gans, H. 2005. *Deciding What's News: A Study of CBS Evening News, NBC Nightly News, Newsweek, and Time*. Chicago: Northwestern University Press.

Gerbner, G. and L. Gross. 1976. "Living with Television: The Violence Profile." *Journal of Communication*, 26(2), pp.172~199.

Global Science Journalism Report 2021. 2021. "Working Conditions and Practices, Professional Ethos and Future Expectations." SciDev.Net.

Goff, D. 2013. "A History of the Social Media Industries." In A. Albarran(ed.). *The Social Media Industries*. London: Routledge.

Goffman, E. 1974. *Frame Analysis: An Essay on the Organization of Experience*. New York, NY: Harper & Row.

Gross, T. 2014. "From the Rhetoric of Science to Scientific Journalism." *Interactions: Studies in Communication & Culture*, 5(1), pp.25~40.

Guo, L. and C. Vargo. 2017. "Global Intermedia Agenda Setting: A Big Data Analysis of International News Flow." *Journal of Communication*, 67, pp.499~520.

Habermas, Jügen. 1962; 1991. *The Structural Transformation of the Public Sphere: An Inquiry into a Category of Bourgeois Society*. Boston: MIT Press.

_____. 1964. "The Public Sphere: an Encyclopedia Article." *New German Critique*, no.3(Autumn, 1974), pp.49~55.

Hallin, D. C. 1986. *The Uncensored War: The Media and Vietnam*. Berkeley: University of California Press.

Hansen, A. 1991. "The Media and the Social Construction of the Environment." *Media,*

Culture and Society, 13, pp.443~458.

Harcup, H. 2004. *Journalism: Principles and Practice*. London: Sage.

Hayden, T. and E. Hayden. 2018. "Science Journalism's Unlikely Golden Age." https://www.frontiersin.org/articles/10.3389/fcomm.2017.00024/full

Heath, A. 2021.10.19. "Facebook is Planning to Rebrand the Company with a New Name." The Verge. https://www.theverge.com/2021/10/19/22735612/facebook-change-company-name-metaverse

Heyboer, K. 2003. "Taking a Walk on Space." *American Journalism Review*, March.

Hughes, T. 1994. "Technological Momentum." In M. R. Smith and L. Marx(eds.). *Does Technology Drive History: The Dilemma of Technological Determinism*. Cambridge, MA: The MIT Press.

IBM. 2014. "The Four V's of Big Data." http://www.ibmbigdatahub.com/sites/default/files/infographic_file/4-Vs-of-big-data.jpg

Jang, M. J., P. S. Hart, L. Feldman and W. K. Moon. 2020. "Diversifying or Reinforcing Science Communication? Examining the Flow of Frame Contagion Across Media Platforms." *Journalism & Mass Communication Quarterly*, 97(1), pp.98~117.

The Jefferson Center. 2004. *Citizens Jury Handbook*. www.jefferson-center.org

Jin, D. Y. 2014. "Critical Analysis of User Commodities as Free Labor in Social Networking Sites: A Case Study of Cyworld." *Continuum: Journal of Media and Cultural Studies*.

_____. 2021. *Artificial Intelligence in Cultural Production: Critical Perspectives on Digital Platforms*. London: Routledge.

Johnson-Cartee, K. 2005. *News Narratives and News Framing: Political Reality*. Lanham, MD: Roman & Littlefield.

Kaplan, R. 2008. "Yellow Journalism." *The International Encyclopedia of Communication*, pp.5369~5370. New York: Blackwell.

Katz, E. 1959. "Mass Communications Research and the Study of Popular Culture: An Editorial Note on a Possible Future for This Journal." *Studies in Public Communication*, 2, pp.1~6. Retrieved from http://repository.upenn.edu/asc_papers/165

Katz, E. and P. Lazarsfeld. 1955. *Personal Influence*. New York: The Free Press.

Ketchell, M. 2019.2.26. Why We See Hope for the Future of Science Journalism. *The Conversation*. https://theconversation.com/why-we-see-hope-for-the-future-of-science-journalism-111244

Kiernan, V. 2006. *Embargoed Science*. Urbana, IL: University of Illinois Press.

Kim, D. S. 2021.10.26. "[KH Biz Forum] New Business Opportunity in Metaverse Imminent: SKT VP." *The Korea Herald*.

Lambeth, E., C. Cristians and K. Cole. 1994. "Role of the Media Ethics Course in the Education of Journalists." *Journalism Educator*, 49(3), pp.20~26.

Lasswell, H. 1941. *Democracy through Public Opinion*. Menasha, WI: George Banta Publishing.

Lazarsfeld, P. F., B. Berelson and H. Gaudet. 1944. *The People's Choice: How the Voter Makes up His Mind in a Presidential Campaign*. New York: Columbia University Press.

Lee, Y. H. and D. Y. Jin. 2014. "Technology and Citizens: A Case Study of Citizens' Jury on the National Pandemic Response System." *Javnost-the Public*, 24(1). pp.23~38.

Lewis, S. C. 2012. "The Tension Between Professional Control and Open Participation: Journalism and its Boundaries." *Information, Communication & Society*, 15(6), pp.836~866.

_____. 2014. "Journalism in an Era of Big Data." *Proposal for a Special Issue of Digital Journalism*.

Lewis, S. C., R. Zamith and A. Hermida. 2013. "Content Analysis in an Era of Big Data: A Hybrid Approach to Computational and Manual Methods." *Journal of Broadcasting & Electronic Media*, 57(1), pp.34~52.

Lippmann, W. 1997. *Public Opinion*. New York: Free Press.

Littmann, Mark. 2008. "American Newspapers and the Great Meteor Storm of 1833: A Case Study in Science Journalism." *Journalism Communication Monographs*, 10(3), pp.249~284.

Logan, R., J. Y. Park and H. J. Jeon. 2010. "The Hwang Scandal and Korean News Coverage: Ethical Considerations." *Journal of Mass Media Ethics*, 25(3), pp.171~191.

Lorentz, A. 2013. "Big Data, Fast Data, Smart Data." *Wired.* 13 April. http://www.wired.com/2013/04/big-data-fast-data-smart-data/

Lowery, S. A. and M. DeFleur. 1995. *Milestones in Mass Communication Research*(3rd ed.). White Plains, NY: Longman.

Macdonald, I. 2006. "Teaching Journalists to Save the Profession: A Critical Assessment of Recent Debates on the Future of US and Canadian Journalism Education." *Journalism Studies*, 7(5), pp.745~764.

Mackenzie, D. and J. Wajcman. 1999. *The Social Shaping of Technology: How the Refrigerator Got its Hum* (2nd. ed.). Philadelphia, PA: Open University Press.

Maillé, M., J. Saint-Charles and M. Lucotte. 2010. "The Gap between Scientists and Journalists: the Case of Mercury Science in Québec's Press." *Public Understanding of Science*, 19(1), pp.70~79.

Manovich, L. 1999. "Database as Symbolic Form." *Convergence: The International Journal of Research Into New Media Technologies*, 5(2), pp.80~99.

_____. 2011. "Trending: The Promises and the Challenges of Big Social Data." In M. K. Gold(ed.). *Debates in the Digital Humanities.* Minneapolis, MN: The University of Minnesota Press.

Manyika, J. et al. 2011. "Big Data: The Next Frontier for Innovation, Competition, and Productivity." McKinsey Global Institute.

McChesney, R. 1999. *Rich Media, Poor Democracy.* Urbana, IL: University of Illinois Press.

_____. 2008. *The Political Economy of Media.* New York: Monthly Review.

McCombs, M. 2014. *Setting the Agenda: Mass Media and Public Opinion.* Boston, MA: Polity.

McCombs, M. and D. Shaw. 1972. "The Agenda-Setting Function of Mass Media." *The Public Opinion Quarterly*, 36(2), pp.176~187.

_____. 1993. "The Evolution of Agenda-Setting Research: Twenty-Five Years in the Marketplace of Ideas." *Journal of Communication*, 43(2), pp.58~67.

McKelvie, A. and R. Picard. 2008. "The Growth and Development of New and Young Media Firms." *Journal of Media Business Studies*, 5(1), pp.1~8.

McQuail, D. 1994. *Mass Communication Theory: An Introduction.* London: Sage.

Mike S. Schafer. 2009. "From Public Understanding to Public Engagement: An Empirical Assessment of Changes in Science Coverage." *Science Communication*, 30(4), pp.475~505.

Mosco, V. 2014. *To the Cloud: Big Data in a Turbulent World.* London: Paradigm Publishers.

MSc in Science Communication, Imperial College. 2014. http://www3.imperial.ac.uk/humanities/sciencecommunicationgroup/masters/mscinsciencecommunication

MSc in Science Media Production, Imperial College. 2014. http://www3.imperial.ac.uk/humanities/sciencecommunicationgroup/masters/mscinscinecemediaproduction

NASA. 2011. "NASA'S Proud Space Shuttle Program Ends with Altantis Landing." 21 July. Press Release.

New York Times. 2013.6.22. "Social Networking Sites in the 1600s." http://www.nytimes.com/2013/06/23/opinion/sunday/social-networking-in-the-1600s.html?pagewanted=all&_r=0

Nguyen, A. and M. Tran. 2019. "Science Journalism for Development in the Global South: A Systematic Literature Review of Issues and Challenges." *Public Understanding of Science*, 28(8), pp.973~990.

Nisbet, M. 2007. "Framing Science." *Science Blogs.* http://scienceblogs.com/framing-science/2007/12/31/horse-race-coverage-the-politi/

_____. 2009. "Communicating Climate Change: Why Frames Matter for Public Engagement." *Environment: Science and Policy for Sustainable Development*, 51(2), pp.12~23.

_____. 2010. "Framing Science: A New Paradigm in Public Engagement." In L. Kahlor, P. Stout(ed.). *Communicating Science: New Agendas in Science Communication.*

Nisbet, M. C. and D. Scheufele. 2009. "What's Next for Science Communication? Promising Directions and Lingering Distractions." *American Journal of Botany*, 96(10), pp.1767~1778.

Oboler, A., K. Welsh and L. Cruz. 2012. "The Danger of Big Data: Social Media as Computational Social Science." *First Monday*, 17(7-2). http://firstmonday.org/htbin/

cgiwrap/bin/ojs/index.php/fm/article/view/3993/3269

Park, J. Y., H. J. Jeon and R. Logan. 2009. "The Korea Press and Hwang's Fraud." *Public Understanding of Science*, 18(6), pp.653~669.

Parks, M. 2014. "Big Data in Communication Research: Its Contents and Discontents." *Journal of Communication*, 64, pp.355~360.

Peiser, J. 2019.2.5. "The Rise of the Robot Reporter." *The New York Times*. https://www.nytimes.com/2019/02/05/business/media/artificial-intelligence-journalism-robots.html

Pence, H. E. 2013. "An Introduction to Big Data." http://www.oneonta.edu/library/nc/MilneBigData313.ppt

Peters, H. P. 1995. "The Interaction of Journalists and Scientific Experts: Co-Operation and Conflict between Two Professional Cultures." *Media, Culture & Society*, 17, pp.31~48.

_____. 2009. "Scientists as Public Experts." In M. Bucchi and B. Trench(eds.). *Handbook of Public Communication of Science and Technology*, pp.131~146. London: Routledge.

_____. 2013. "Gap Between Science and Media Revisited: Scientists as Public Communicators." *Proceedings of the National Academy of Sciences*, 110(3), pp.14102~14109.

Pew Research. 2009. "Public Praises Science; Scientists Fault Public, Media: Scientific Achievements Less Prominent Than a Decade Ago." JULY 9.

Pinch, T. J. and W. E. Bijker. 1984. "The Social Construction of Facts and Artefacts: or How the Sociology of Science and the Sociology of Technology Might Benefit each Other." *Social Studies of Science*, 14(3), pp.399~441.

Poerksen, B. 2008. "The Ideal and the Myth of Objectivity: Provocations of Constructivist Journalism." *Journalism Studies*, 9(2), pp.295~304.

Postman, N. 1992. *Technopoly: The Surrender of Culture to Technology*. New York: Vintage.

Rehman, J. 2013. "The Need for Critical Science Journalism." *The Guardian*. 16 May.

Rubin, A. 2002. "The Uses-and-Gratifications Perspective of Media Effects." In Jennings

Bryant and Dolf Zillman(eds.). *Media Effects: Advances in Theory and Research* (2nd ed). pp.525~548. Mahwah, NJ: Erlbaum.

Russell, C. 2009. "Some Optimism for the Future of Science Journalism." *Columbia Journalism Review*, 2 July. http://www.cjr.org/the_observatory/some_optimism_for_the_future_o.php?page=all

Schäfer, M. 2009. "From Public Understanding to Public Engagement: An Empirical Assessment of Changes in Science Coverage." *Science Communication*, 30(4), pp.475~505.

_____. 2011. "Sources, Characteristics and Effects of Mass Media Communication on Science: A Review of the Literature, Current Trends and Areas for Future Research." *Sociology Compass*, 5(6), pp.399~412.

_____. 2012. "Taking Stock: A Meta-analysis of Studies on the Media's Coverage of Science." *Public Understanding of Science*, 21(6), pp.650~663.

Schulte, F., D. Donald and G. Witkin. 2012. "Cracking the Codes." The Center for Public Integrity.

Singer, J. 2011. "Journalism Ethics in a Digital Network." In R. Fortner and M. Fackler (eds.). *The Handbook of Global Communication and Media Ethics*, pp.845~863. New York: Wiley-Blackwell.

Slotnik, D. 2021.11.1. "The Official Global Virus Death Toll Has Passed Five Million. The Full Count is Undoubtedly Higher." *The New York Times*. https://www.nytimes.com/2021/11/01/world/5-million-covid-deaths.html

Society of Professional Journalists. 2014. "Code of Ethics."

Stanford, M. 2013. "The Innocent Origin of Yellow Journalism: How the Yellow Kid Fueled the Pulitzer/Hearst Rivalry." 4 February. *Mental-floss*. http://mentalfloss.com/article/48736/innocent-origin-yellow-journalism-how-yellow-kid-fueled-pulitzerhearst-rivalry

Statista. 2021. "Volume of Data/Information Created, Captured, Copied, and Consumed Worldwide From 2010 to 2025." https://www.statista.com/statistics/871513/worldwide-data-created/

Stocking, S. H. 1999. *Communicating Uncertainty: How Journalists Deal with Scientific*

uncertainty, pp.23~41. Mahwah, NJ: Lawence Erlbaum Associates.
Talbi, C. 2014. "Should We Be Afraid Or Excited About Robot Journalism?" *The Huffpost*, 11 July. http://www.huffingtonpost.com/2014/07/11/robot-journalism-good-technology-_n_5577651.html
Taylor, B. 2019.8.22. "Neural Networks Can Disempower Human Workers." *AI Business*. https://aibusiness.com/neural-networks-can-disempower-human-workers/
The Proposal for WCSJ 2015. 2013. World Conference of Science Journalists 2015 In Seoul.
Thornton, L. and S. Keith. 2009. "From Convergence to Webvergence: Tracking the Evolution of Broadcast-print Partnerships through the Lens of Change Theory." *Journalism and Mass Communication Quarterly*, 86(2), pp.257~276.
Thussu, D. 2006. *International Communication: Continuity and Change*. London: Bloomsbury.
Tuchman, G. 1978. *Making News*. New York: The Free Press.
Tumber, H. 2005. "Do the Study of Journalism and the Education of Journalisms Matter?" *Gazette: The International Journal for Communications*, 67(6), pp.551~553.
UBC Graduate School of Journalism. 2014. http://www.journalism.ubc.ca/about/academic_program/
UNESCO. 2020. "Science Journalism Needed Now, More than Ever." Paris: UNESCO.
University of Colorado at Boulder. 2018. "50 Years in Agenda Setting Research: Past and Future Perspectives Conference." https://www.colorado.edu/cmci/2018/07/18/50-years-agenda-setting-research-past-and-future-perspectives-conference
Usher, N. 2011. "With the End of NASA's Shuttle Program, Science Journalists are Rethinking the Space Beat." *Nieman Lab*. 21 July. http://www.niemanlab.org/2011/07/with-the-end-of-nasas-shuttle-program-science-journalists-are-rethinking-the-space-beat/
Valenti, J. 1999. "Commentary: How Well do Scientists Communicate to Media?" *Science Communication*, 21(2), pp.172~178.
Valenti, J. and G. Tavana. 2005. "Report: Continuing Science Education for Environmental Journalists and Science Writers." *Science Communication*, 27(2), pp.300~310.

Väliverronen, E. 1998. "Biodiversity and the Power of Metaphor in Environmental Discourse." *Science Studies*, 11(1), pp.19~34.

_____. 2001. "Popularisers, Interpreters, Advocates, Managers and Critics: Framing Science and Scientists in the Media." *Nordicom*, 22(2), pp.21~29.

Volpers, A. M. 2014. "What's Science? Where's Science?- Science Journalism in Print Media." International Communication Association Conference. Seattle, May 23~25.

Volti, R. 2008. *Society and Technological Change*(6th ed). New York: Worth Publishers.

Vopson, M. 2021.5.5. "The World's Data Explained: How Much We're Producing and Where It's All Stored." The Conversation. https://theconversation.com/the-worlds-data-explained-how-much-were-producing-and-where-its-all-stored-159964

Washer, P. 2006. "Representations of Mad Cow Disease." *Social Science and Medicine*, 62, pp.457~466.

Weiss, A. S. and C. Royal. 2013. "At the Intersection of Journalism, Data Science, and Digital Media: How Can J-schools Prep Students for the World They're Headed into?" Nieman Journalism Lab. July 20. http://www.niemanlab.org/2013/07/at-the-intersection-of-journalism-data-science-and-digital-media-how-can-j-schools-prep-students-for-the-world-theyre-headed-into/

Wilinat, L. and D. Weaver. 2014. "The American Journalist in the Digital Age." Bloomington, IN: School of Journalism at Indiana University.

Winner, L. 1977. *Autonomous Technology: Technics out of Control as a Theme in Political Thought*. Cambridge, MA: MIT Press.

_____. 1993. "Upon Opening the Black Box and Finding It Empty: Social Constructivism and the Philosophy of Technology." *Science, Technology and Human Values*, 18(3), pp.362~378.

World Health Organization. 2005. "WHO Emergency Risk Communication International Health Agreements Module B1." Geneva, Switzerland: WHO.

_____. 2014. "Ebloa Response Roadman Situation Report Update." November 21. http://apps.who.int/iris/bitstream/10665/144117/1/roadmapsitrep_21Nov2014_eng.pdf

Wormer, H. 2008. "Science Journalism." In Wolfgang Donsbach(ed.). *The International*

Encyclopedia of Communication, pp.4512~4514. Malden, MA: Wiley-Blackwell.
Zehr, S. 1999. "Scientists' Representations of Uncertainty." in S. Friedman, S. Dunwoody, and C. Rogers(eds.). *Communicating Uncertainty*, pp.3~21. Mahwah, NJ: Erlbaum.
Zhang, X. and W. Li. 2020. "From Social Media with News: Journalists' Social Media Use for Sourcing and Verification." *Journalism Practice*, 14(10), pp.1193~1210.

찾아보기